계정과목별

세무회계처리편람

김 병 기 저

경제서적

머리말

우리는 내일을 지향한 의지와 희망을 갖고 있다. 타오르는 사명감을 갖고 있다. 그러기에 오늘을 노력하며, 가꾸고 있는 것이다.

기업은 합리적이며, 체계적인 경영활동을 통하여서만이 기업의 이윤을 획득할 수 있다.

그러기 위해서는 자기기업의 정확한 재정상태나 경영성과를 파악하여야 함은 물론, 경영활동에서 세금이 미치는 영향을 중시함은 당연하다.

근래에 기업회계에 대한 관심이 깊어지고 정확한 제수관리에 의거한 경영합리화를 기하고자 하는 경향이 점차 높아지고, 세무에 의한 대책을 수립하기 위하여 기업회계는 물론, 세무회계에 대한 인식을 새로이 하고 기업회계와 세무회계에 일치될 수 있는 회계처리를 하고자 노력하고 있는 실정이다.

회계는 제무제표의 이용자가 기업실체에 관하여 올바른 판단을 행할 수 있도록 재정상의 자료를 체계적인 정규부기의 방법으로 처리하고, 이에 관련되는 정보를 정확히 파악하여 진실한 보고를 하게 하는 것을 기본목적으로 하고 있다. 때문에 우리는 경영거래에 대한 적합함, 타당성 있는 계정과목을 선택할 필요가 있겠으며, 경영거래가 세법에 관련하여 기업에 미치는 영향 등에 대하여 깊이 이해하여야 한다.

본서는 일상 발생하는 경영거래에 있어 주요하다고 생각되는 것으로서 거래처와의 관계, 매입, 제조관계, 중업원관계, 금융기관관계, 국가 · 지방자치단체 · 공공단체관계, 임원 · 주주 등 관계의 항목으로 대별하여 일반적으로 사용하게 되는

머리말

개정과목 그 유의점, 세무상의 요점을 요약함으로써 세무회계 실무에 이해의 도움과 자료를 제공함에 그 주안을 두었다.

따라서 국내외의 서류와 전문서적을 참고도 하였으며, 경우에 따라서는 서류의 일부를 발췌한 부분도 있으며, 선례를 모방한 부분도 있다.

필자가 직업공인회계사로서 실무를 하는 입장에서 느껴본 문제점을 가능한 한 자세히 다루어 보려고 하였으나, 아직 전 하매제하매 배움의 과정에 있는 사람인지라 미비한 점이 많을 것으로 안다.

새로운 비전은 결코 습관이나 경험에서만 이루어지는 것이 아니고 새로운 것을 탐구하고 개척하는 의욕에서 나올 수 있다는 신념으로 동학제현의 비판과 앞으로의 연구에 의하여 보정할 것을 기약하면서 실무를 하는 여러분에게 다소나마 도움이 되었으면 하는 마음 간절하다.

저자 식

목 차

제1장 종업원 등에 관련하여 발생하는 거래의 세무 처리 요령 － 노무비·급료·수당·복리후생비 등

1. 근로의제공으로 인하여 받는 봉급·급료·임금·보수·세비·상여·수당을 지급하는 경우--------------------------------------17
2. 근로수당·가족수당·전시수당·물가수당·출납수당·직무수당의 경우--17
3. 시간외근무수당·통근수당·개근수당·특별공로금의 경우-------18
4. 급식수당·주택수당·피복수당의 경우-----------------------19
5. 기술수당·보건수당·연구수당의 경우-----------------------19
6. 벽지수당·별거수당·해외근무수당의 경우--------------------20
7. 퇴직으로 인하여 받는 소득으로서 퇴직소득에 속하지 않는 퇴직위로금의 경우------------------------------------20
8. 아르바이트·임시고용원 등의 퇴직급여의 경우----------------21
9. 일직·숙직료를 지급하는 경우------------------------------42
10. 장기근속자·우수종업원·공로종업원 등에게 지급하는 기념품·금일봉 등의 경우 ------------------------------------ 44
11. 회사의 명령에 따라 업무상의 필요로 자동차면허를 취득하기 위한 수험료·보험료·등록료·참고서적대 등의 비용 (비용을 회사가 부담하는 경우)---------------------------46
12. 열관리자·위생관리자·보일러맨·건설기계취급자 등의 자격을 취득하기 위하여 직접 소요되는 비용으로서 1~11에 준하는 (비용을 회사가부담하는 경우)---------------------------47
13. 회사의 연구기관·대학 등에 회사의 명령에 의하여 파견되어 연구 또는 교육을 받기 위하여 직접 소요되는 경비로서 급여 이외의 것(비용을 회사가 부담하는 경우)-------------------48

14. 회사의 명령에 종업 후 교육기관에 통학하여 수업을 받기 위하여 직접 필요로 하는 입학금·수업료·교재비 등의 비용을 회사가 부담하는 경우)------49
15. 종업원 또는 그 친족이 보험료 수취인 보험계약에 의한 보험료를 회사가 지급한 경우(생명보험)------50
16. 퇴직금의 일부로서 생명보험료계약에 관한 권리증서(보험증서를 교부한 경우------50
17. 법인이 종업원을 보험계약자로 하는 신원보증보험료를 보증보험회사에 지급하였을 경우------51
18. 종업원의 통근정기대금자동차 등에 의한 통근자에 대하여 교통비를 지급하는 경우------52
19. 통근용 정기승차권의 일부를 회사가 부담한 경우------53
20. 종업원의 통근을 위하여 임차한 통근차량에 대하여 지급하는 임차료를 회사가 부담할 경우------53
21. 종업원의 통근을 위하여 임차한 통근차량에 대하여 지급하는 임차료를 회사가 부담할 경우------54
22. 여비명목으로 지급되는 년액 및 월액의 경우------54
23. 실비변상적인 여비------55
24. 전근자에 대한 근무지 도착후에 지급하는 채재비------57
25. 종업원의 위안여행에 소요되는 비용------57
26. 운동회·관극회·볼링대회 등의 비용------57
27. 종업원의 골프그룹의 스포츠동호회등의 원조에 요하는 비용-58
28. 휴양소 운동장오락유회시설의 입장료, 유지비------58
29. 종업원의 관혼상재·질환 기타 사정으로 급료를 선급하였을 경우------60
30. 직무상 착용의 의무가 법정취업규칙등에 정하려져 있는 자에게 지급하는 제복·제모·제화의 비용------60
31. 병원·실험실·금융기관·공장이나 광산에서 근무하는 자 또는 작업이나 역무에 종사하는 자에게 지급하는 작업복이나 그 직장에서만 착용하는 피복------61
32. 안전모·안정화·방호복·용접용안경 등 업무상 착용이 필요한 물품을 지급함에 소요된 비용------62

33. 기숙사에 입주하고 있는 공원에게 제공하는 식사----------62
34. 해외근무에 따른 귀국휴가여비-------------------------62
35. 연말, 창립기념일 등 일정일에 종업원을 대상으로 하여 행하는 위안을 위하여 음식에 소요된 비용--------------------62
36. 사내에 종업원들이 일정한 목적을 위하여 회의를 개최하고 식사를 하게 되는 경우에 소요된 비용으로서 통상적인 것---65
37. 여행등에 초대하고 행하는 경우의 비용------------------66
38. 출장지에서 개최하는 회의비용-------------------------66
39. 거래처와의 정기회합비용-----------------------------66
40. 무료로 종업원에 대하여 사택 등을 제공한 경우-----------66
41. 종업원 등 타인의 개인소유 가옥을 다른 종업원에 대한 사택으로서 제공하기 위하여 임차하고 당해 임차료보다 저렴한 임대로서 종업원에게 임대하였을 경우의 임차료와 임대료와의 차액--------------------------------------67
42. 자택 거주자 또는 개인적으로 계약하고 있는 임차아파트 거주자 등에 대하여 사택거주자와의 공평상 주택수당을 지급한 경우--------------------------------------68
43. 근로소득에서 제외되는 사택의 범위---------------------68
44. 회사소유의 가옥을 주택으로 종업원 및 임원에게 임대한 경우의 임대료---------------------------------------69
45. 시간외 근무를 통례로 하는 직원에게 제공한 사택----------69
46. 사원이나 직공에게 사택 또는 기숙사를 제공하고 이에 소요되는 전기료·수도료등의 요금을 회사가 부담하는 경우------69
47. 종업원의 친족 등의 경조화복에 있어 일정기준에 따라 지급하는 금품의 가액(종업원에 대하여 지급하는 결혼·출산 또는 재해 등 위문품 등에 관한 비용-------------------------70
48 근로기준법에 따라 근로자 및 그 유족에게 지급하는 요양보상금·휴업보상금·장해보상금·유족보상금 및 장사비 ------72
49. 업무상 상병자에의 위로금, 위자료손해배상금--------------73
50. 사택 등을 저렴한 가액으로 종업원에게 양도하였을 때------73
51. 수학 중의 자녀가 있는 종업원에게 지급하는 학자금--------74
52. 건강진단을 위하여 위촉한 의사에게 지급한 보수-----------75

53. 지급자가 종업원의 근로소득세를 부담한 경우-------------75
54. 자기회사의 제품상품 등을 원가이하로 종업원에게 판매한 경우의 시가와의 차액-------------------------------76
55. 종업원에게 제품·상품 등을 현물급여로 제공하였을 경우----76
56. 종업원에게 현물을 무상으로 지급한 경우------------------77
57. 구인광고에 소요된 비용-------------------------------78
58. 종업원의 입사계약금---------------------------------78
59. 채용자에 대한 전거비용-------------------------------79
60. 용도불명의 접대비를 종업원에게 지급한 경우의 그 지급액--79
61. 종업원이 공금·외상매출금등의 회사재산을 횡령한 경우----80
62. 법인의 경리직원이 임의로 어음을 발행하여 유용하고 회사에 손실을 끼쳐 피소되고 법원의 확정판정이 있었으나 회수할 재산이 없는 경우-------------------------------80
63. 종업원의 해외출장에 소요된 여비,출입국수속에 요한 비용--81
64. 법인이 임의로 조직한 건강공제회에 매월 근로자 자신이 부담하여야 할 공제회비의 일부를 부담한 경우-------------84
65. 하계단련비명목으로 연1회지급되는 급여-------------------85
66. 사내 신문에 투고한 원고료(종업원의 경우)-----------------85
67. 법인이 외래강사를 초빙하여 직원들에게 강연하게 하고 법인이 강사료를 지급한 경우-----------------------------85
68. 대학의 시간강사료-----------------------------------86
69. 신입사원 채용 및 직원교육을 위한 직원에게 출제 및 채점감독을 시키고 지급하는 수당-----------------------------86
70. 직원에게 지급한 퇴직급여-----------------------------86
71. 사원이 타지방에서 퇴직을 하게되는 경우에는 자기고향까지의 교통실비·이전료 등을 퇴직수당과는 별도로 지급하였을 경우---91
72. 회사의 사규에 따라 사업연도 중 퇴직하는 직원에 대하여는 퇴직수당 외에 사업연도 초에서 퇴직시까지의 기간에 상응하여 계속 재직하는 직원에게 지급하는 상여의 계속기준에 따라 계산한 상여를 지급하기로 되어 있을 경우-----------92
73. 회사에서 운영상의 사정으로 직원의 1%를 해고하게 되어

해고예고수당을 지급하기로 되어 있는데 이 경우 그 지급
   하는 해고예고수당--93
74. 출자자가 아닌 임원과 직원에게 지급한 퇴직금에 있어서
   사실상의 퇴직에 대하여 지급한 것은 아니지만 퇴직전에
   이를 지급한 경우--94
75. 당사의 직원이 재직 중 사망하였기에 그 사망시까지의
   재직기간에 재직기간에 다른 퇴직수당을 그 직원의 유족
   에게 지급라기로 한 경우-----------------------------------94
76. 퇴직급여충당금---94
77. 사업양도·양수 등에 의한 직원인수·인계시의 퇴직급여
   충당금--94
78. 퇴직보험료---99

제2장 임원·주주 등에 관련하여 발생하는 거래의 세무처리 요령

1. 정관·주주총회의 결의에 의하여 정하여진 임원보수, 객관적
   으로 타당성이 인정되는 범위의 금액----------------------105
2. 회사의 특수관계자에 대하여 금전을 무상으로 제공하였을
   경우--110
3. 회사의 특수관계자에 대하여 금전을 저율로 대여하였을
   경우--110
4. 가지급금 등의 인정이자의 계산--------------------------112
5. 법인의 고유목적사업과 직접적인 관련이 없는 특수관계자
   에게 자금을 대여한 경우---------------------------------112

6. 회사에서 출자자·임원등에게 자산을 무상으로 임대하였을
   경우--114
7. 회사에서 출자자·임원 등에게 자산을 저렴한임대료로 대여
   한 경우---114
8. 회사에서 출자자·임원 등에게 자산을 무상으로 제공 하였을
   경우--115

9. 회사에서 출자자·임원 등에게 용역을 저렴한 대가로 제공
   하였을 것--115
10 출자자임원 등에 대하여 회사 자산을 현저히 저렴한 가액
   으로 양도한 경우---115
11. 출자자·임원 등의 소유자산을 현저히 고가로 회사가 매입
    하였을 경우--117
12. 출자자·임원등으로부터 무수익자산을 매입하거나 그 자산
    에 대한 비용을 부담한 경우---------------------------------118
13. 출자자·임원 등의 출연금을 법인이 부담하였을 경우-------118
14. 출자자·임원 등으로부터 불량자산을 차환하였을 경우------119
15. 출자자·임원 등으로부터 불량채권을 양수하였을 경우------120
16. 출자자·임원 등으로부터 금전을 고율로 차용하였을 경우---120
17. 출자자·임원 등으로부터 자산을 높은 임차료를 지급하고
    임차하였을 경우---121
18. 출자자·임원 등으로부터 용역을 높은 대가로 지급하고
    제공받았을 경우---121
19. 회사가 임원에 대하여 금품을 무상으로 증여한 경우-------122
20. 회사가 임원에 대한 채권을 포기 또는 면제하였을 경우----122
21. 임원의 개인적인 채무를 회사가 무상 또는 현저히 저렴한
    가액으로 인수한 경우---------------------------------------122
22. 임원의 개인적인 비용을 회사가 지급하고 그 반제를 요구
    하지 아니하는 경우---123
23. 임원에 대하여 용도불명의 접대비 등을 지급하였을 경우
    (부정기적인 것)--- 123
24. 주주·임원 등 개인이 부담하여야 할 접대비를 법인이 치출
    하였을 경우 --124
25. 합명회사·합자회사의 노무출자사원에게 지급한 보수------ 124
26. 국외에서 근로를 제공하고 받는 내국법인 임원의 급여 ----124
27. 법령·조례 등에 의하여 보수를 받지 아니하는 위원 등에게
    출석일수에 따라 지급하는 수당-----------------------------125
28. 임원·직원·종업원 등에게 증여한 자기제품의 경우---------125
29. 자기제품 등을 임원·직원·종업원 기타 사용인 에게 판매

하였을 경우--128
30. 임원의 해외출장비 해외체재비준비금 등으로써 손금산입이
    인정되지 않는 부분--129
31. 회사소유자산을 담보로 하여 차입하고 그 차입금을 당
    법인의 대표자 개인이 사용하고 있을 경우------------------129
32. 비상근임원에게 차마비명목으로 지급하였을 경우----------129
33. 회사대표 개인의 부동산을 담보로하여 회사가 당좌차월하고
    부동산차용의 대가로 수수료를 지급하였을 경우------------130
34. 상근이 아닌 임원에게 보수를 지급하였을 경우------------130
35. 특수관계자의 가지급금에 대하여 인정이자를 법인 스스로가
    계산하여 수익계상 하였을 경우--------------------------131
36. 임원에게 상여금을 지급하였을 경우----------------------131
37. 임원에게 지급한 퇴직급여------------------------------ 135
38. 임원이 회사의 임원으로서 입회하는 로터리크럽·라이온스
    클럽 등의 입회 및 통상회비------------------------------137
39. 청년회의소의 정회원이 되기 위한 입회금 및 통상의 회비--137
40. 회사가 골프그룹에 법인회원으로 입회하는 경우의 입회금--138
41. 사교그룹 등에 대하여 지출하는 입회금--------------------139
42. 법인이 임원을 피보험자 또는 보험수취인으로 하여 생명조험
    을 체결하고 그 보험료의 정액 또는 일부를 부담한 경우----139
43. 법인이 임원의 소유건물 등을 장기의 손해보험계약을 체결

    하고 그 보험료를 지급한 경우----------------------------140
44. 임원·직원 또는 사용인이 동 법인의 업무에 관하여 관세법
    등을 위반하였을 경우에는 동 법인이 그 벌과금을 손비로
    처리 하였을 경우--141
45. 시가를 초과하는 현물출자를 하거나 그 자산을 과대상각
    하였을 때--141
46. 무수익자산을 출자받았거나 그 자산에 대한 비용을 부담
    한 때--143

제3장 지방자치단체 등에 관련하여 발생하는 거래의 세무처리 요령 - 세금벌과금 등 -

1. 결산시 당기의 부담에 속하는 법인세·지방소득세·주민세·부가가치세의 매입세액을 산출하고 자진신고에 의하여 납부하였을 때 ---147
2. 법인세·지방소득세·주민세를 원천징수 당하였을 경우-------153
3. 법인세를 중간에 납부하였을 경우------------------------155
4. 법인세중간예납에 따른 지방소득세를 납부하였을 경우------155
5. 법인세추납액을 납부하였을 경우------------------------- 157
6. 각 사업연도에 납부한 법인세를 환급받았을 경우-----------157
7. 환급받을 법인세액을 다른 세액에 충당하였을 경우---------158
8. 각 사업연도에 납부한 주민세를 다른 세액에 충당 하였을 경우---158
9. 환급받을 주민세를 다른 세액에 충당하였을 경우-----------158
10. 국세 또는 지방세의 과오납금과 환급금에 대한 이자를 받았을 때---160
11. 무신고·무기장가산세 과소신고가산세·보고불성실가산세를 납부하였을 때--162
12. 원천징수불이행가산세를 납부하였을 경우------------------163
13. 벌금·과료·과태료·가산금을 지급하였을 경우---------------164
14. 법인이 부당이득세를 납부하였을 경우---------------------167
15. 재산세를 납부하였을 경우------------------------------168
16. 자동차세를 납부하였을 경우----------------------------169
17. 등록면허세를 납부하였을 경우--------------------------169
18. 소득할주민세를 납부하여을 경우------------------------170
19. 손해배상금을 지급하였을 경우--------------------------170

제4절 유형자산등에 관련하여 발생하는 거래의 세무처리 요령

1. 토지를 취득하기 위하여 측량·성토작업·매립 등 의 정지
   작업에 소요된 비용------------------------------------175
2. 토지·건물을 취득하고 취득세를 납부하였을 경우----------176
3. 토지·건물을 취득하고 등록면허세를 납부하였을 경우------176
4. 토지매입에 따른 중개수수료를 지급하였을 경우------------176
5. 도로개설부담, 공공시설부담배수공사비 등 토지구입을
   위하여 지출하는 비용---------------------------------177
6. 토지를 취득하기 위하여 그 토지의 사용자에게 지급하는
   퇴거료--177
7. 구입한 토지에 대하여 잔디 등의 식수비용------------------177
8. 구입한 토지에 지상건물이 있는 경우 토지의 구입목적을
   위하여 철거경생 하는 경우의 해당 지상건물의 취득가액과
   철거비용---177
9. 공유수면 매립지 취득에 따른 공공시설 유지관리비의 처리--178
10. 철거건물의 장부가액 처리-----------------------------178
11. 무상할양하게 된 체비지를 시가 환산하여 현금지변
    하였을 경우---180
12. 공장용지등의 토지로서 종전의 자기자산이용 중, 그것이
    지반침화 되고 그 복구를 위하여 성토작업등에 소요된
    비용---180
13. 기계설비의 거치비로서 지출하는 비용------------------181
14. 수입한 기계설비등에 관련되는 보험료·인수운임·하역비
    ·관세·구입수수료 등 직접 소요된 비용----------------181
15. 구입 후 사용에 제공하기 전에 구입 기계설비에 대한
    수선비---181
16. 본체와 1체로 되어 사용하는 부품 등을 본체구입 후
    또는 구입과 동시에 구입하기 위한 비용------------------182
17. 기계설비 등을 구입하고 지급한 시운전에 소요된 비용-----183
18. 취득가액 또는 장부가액의 50%를 초과하는 수선비의 지출--185
19. 성능표 등에 표시하는 능력을 유지하기 위하여 일상 지출
    하는 수선비 ---------------------------------------187

20. 화재 · 풍수해등에 의하여 손해를 회복하기 위하여 소요
    하는 비용---187
21. 단순히 공임으로서 수선으로 재료, 부품 등을 내량
    사용하지 아니한 정도의 수선비---------------------------187
22. 기계장치 등을 이설 또는 해체하는 데 소요하는 비용------191
23. 유형자산의 취득을 경축을 위하여 소요된 비용------------192
24. 건물을 취득함에 있어서 그 건물의 기왕의 사용자에
    지급하는 퇴거료 · 명도비용------------------------------192
25. 차량을 취득함에 따른 취득세를 납부하였을 경우----------192
26. 토지 · 건물 · 차량 등의 취득에 수반된 해당 자산의
    등기 · 등록을 위한 수수료-------------------------------193
27. 자기가 건설제작등에 따라 취득한 유형자산의 원가--------193
28. 건물 · 집기 · 기계장치 · 구축물 등을 제각하는 경우, 이와
    같은 자산의 상각잔액과 철거시 잔재 등의 처분가액과의
    차액---194
29. 제각철거를 하기 위한 비용-----------------------------194
30. 건물 기계장치 집기비품차량 등을 매각하였을 경우의
    상각잔액과 매각가액과의 차액 --------------------------195
31. 감가상각 초과액이 있는 자산의 매각손-------------------195
32. 기계장치·집기비품·차량운반구 등을 저렴한 가액으로 양도
    하고, 신품을 취득할 경우에 있어 구자산의 상각잔액과
    저렴한 가액으로 양도한 가액의 차액----------------------195
33. 유동자산이 재해로 인하여 현저히 손상하였을 경우--------198
34. 법인의 각 사업연도에 계상한 유형자산의 감가상각의
    범위 초과액---198
35. 유형자산의 매매계약에 따라 계약금을 영수하였으나 후일
    계약의 해약으로 인하여 계약금을 몰수하는 경우의 위약금-222
36. 유형자산의 매매에 있어서 계약금을 영수한 후 사전에
    특약이없었음에도 불구하고 계약금을 반환하였을 경우-----223
37. 법인이 그 소유하는 유형자산을 시가보다 현저하게
    저렴한 가격으로 타인에게 양도한 경우--------------------223
38. 무상으로 자산을 기증 받았을 경우------------------------224

). 유형자산을 저가로 취득하였을 경우------------------------226
). 유형자산을 고가로 취득하였을 경우------------------------227
1. 출자자 등으로부터 무상수익 자산을 매입하였을 경우-------229
2. 무수익자산에 대하여 감가상각비를 계상하였을 경우-------229
3. 무수익자산에 대한 유지관리비를 지급하였을 경우--------330
4. 채권의 변제로 법인의 사업용 유형자산을 취득하였을 경우-331
5. 유형자산을 연불조건으로 취득하였을 경우 ---------------332
6. 일반경쟁입찰방법으로부동산을 매수하고 대금을 연부연납
   할 경우 지급이자 처리-----------------------------------333
7. 법인이 사용하던 사업용 유형자산과 새로운 자산을 교환
   하였을 경우---234
8. 담보부동산경락으로 인한 자산의 양도차익----------------235
9. 법인이 운영자금을 차입하기 위하여 개인의 부동산을
   채권자에게 담보로 제공하고 부동산소유주에게사용료를
   지급하는경우--235
50. 임차시설에 대하여 지급하는 경우------------------------236
51. 빌딩을 임대하고 임대조건으로 보증금과 월세 외에
    전기료·수도료·청소비를 받는 경우--------------------236

제5장 금융기관 등에 관련하여 발생하는
         거래의 세무처리 요령

1. 금융기관 등으로부터 차입에 수반하 이자를 지급하는 경우--241
2. 받을어음 할인료--241
3. 보증보험회사 또는 보증인에 대하여 지급한 보증료---------243
4. 변제기일 전에 반제하는 등의 이유로 하여 발생한 반루된
   이자--243
5. 차입증서 등에 사용한 수입인지대를 회사가 부담한 경우----244
6. 받을어음을 할인하였을 경우-----------------------------244
7. 예금 등의 이자를 받았응 경우---------------------------249
8. 비과세 소득으로서의이자와 할인액----------------------251

9. 농업협동조합으로부터융자받은 구견자금에 대한 이자를
　 지급하였을 경우 --252
10. 법인이 금융기관으로부터 차입한 자금의 일부를 다른
　　법인에게 대여하였을 경우 그 차입금에 대한 지급이자의
　　처리---252

제6장 매입•외주•제조 등에 관련하여 발생하는 거래의 세무처리 요령

1. 판매를 목적으로 하는 상품의 매입원가--------------------255
2. 당사 부담의 인수운임하역비운송보험료매입수수료관세 등
　 매입상품을 구입라기 위하여 소요된 비용------------------255
3. 상품의 매입에 따르는 검수·선별·정리·수리·매입사무에 소요된
　 비용--256
4. 매입상품을 판매하는 일정한 판매장소에서 타판매장소로
　 이관하기 위하여 소요된 비용(운반비· 창고료 등)-----------256
5. 매입상품을 특정기간에 판매하기 위하여 장기간에 걸쳐
　 보관하는 경우 보관에 소요하는 비용----------------------257
6. 상품을 수입하기 위하여 타인의 수입권(예 "수입실적,
　 수입권프리미엄)을 양수하는데 소요된 비용-----------------257
7. 부동산매매업자가 판매목적을 위하여 취득한 부동산의
　 등록면허세, 취득세, 대서료 등을 지급하는 경우 ---------258
8. 당사에서 가공할 것을 목적으로 하여 타에서 매입한 재료의
　 매입가액(외주가공을 목적으로 하는 재료의 매입도 포함)---259
9. 재료매입을 위하여 소요된 위2에서 6과 유사한 비용--------259
10. 자사가 제조 또는 생산한 재고자산의 취득원가-------------260
11. 재료의 소비량 계산------------------------------------270
12. 재료소비가격의 계산-----------------------------------270
13. 재고조사의 방법---------------------------------------271
14. 재고자산의 평가 --------------------------------------274
15. 당사에서 조립하는 것을 목적으로 하여 타레서 매입한

부품의 매입가액(와주조립을 목적으로 하는 매입을 포함)--276
16. 매입한 부품에 대하여 소요한 위2, 6과 유사한 비용-------276
17. 일반적으로 제조회사가 자기의 제품의 생산공정의 일부분을
　　 외부의 제조업자에게 의뢰하였을 경우, 원재료, 부품을 외주
　　 처에 유상으로 지급하는가, 무상으로 지급하는가에 따라
　　 달라진다. 이 때 재료를 외주처에 유상지급한 경우--------277
18. 부품을 외주처에 유상지급란 경우------------------------278
19. 가공, 조립을 사외에 외주하고 그것을 검수하는 경우
　　 (단, 무상지급의 경우)----------------------------------278
20. 매입상품 등의 량부족, 품질불량, 파손 등의 이유에 따라
　　 매입대금에서 공제하게 되는 경우------------------------279
21. 매입한 상품 등이 검수 등에서 불팝격 되어 일부 또는
　　 전부를 반환한 경우------------------------------------280
22. 매입처에 대하여 지급기일 전에 대금을 결제한 경우 ------281
23. 일정기간에 다액 또는 다량의 거래로 인하여 매입처로부터
　　 지급받는 장려금---------------------------------------282
24. 발판, 형쇄 등의 손실이 있는 경우----------------------283
25. 작업폐물의 처리---------------------------------------283
26. 파손품의 처리---285
27. 재료 재고차액의 처리법--------------------------------287
28. 증여에 의하여 재고자산을 취득한 경우------------------288
29. 채권의 변제수단으로서 재고자산을 취득하였을 경우-------289
30. 기계류 등 공장 전체에서 일상계속적으로 사용하는 소모품
　　 의 구입을 위하여 소요된 비용---------------------------290
31. 측정구, 치구, 공구로서 소액의 것을 구입하기 위하여
　　 소요된 비용(기계장치에 부속되고, 일체가 되어서 기능을
　　 발휘하는 경우를 제외한다)-----------------------------290
32. 공장 등에서 사용하는 동력용전력의 사용료---------------291
32. 공장 등에서 사용하는 동력용 전력의 사용료--------------291
33. 자가발전의 이용에 소요하는 비용-----------------------291
34. 전기료 납기내 미납의 가산금의 처리---------------------291
35. 제품의 흠을 보수 또는 보전하기 위하여 소요된 제품

비용의 처리--291
36. 공업용 수도 또는 제조공정에 사용하는 자가용정수의
    이용에 소요하는 비용(권리금 보증금 등의 성격을 가진
    부분의 금액을 제외)------------------------------------292
37. 신제품 또는 신기술의 연구를 윗하여 지출한 비용---------292
38. 현재 생산하고 있는 제품 또는 련재 채택하고 있는 제조
    기술의 개량들을 위하여 항시 행하려지고 있는 사험연구에
    소요된 비용 또는 사업수행을 위하여 통상 행하여지고
    있는 시험연구에 소요한 비용-------------------------293
39. 광산업 또는 제조업을 경영하는 자가 자기가 채굴 또는
    제조한 것을 자기가 생산하는 다른 물품의 재료, 연료에
    사용하였을 경우--------------------------------------295
40. 수입물품이 관세법의 규정에 따라 국고에 귀속되는 경우에
    있어서 수입하는데 소요된 비용 -----------------------295

제7장 매출처 등에 관련하여 발생하는
거래의 세무처리 요령 -매출관계-

1. 상품 등을 판매하였을 경우(통상의 판매)------------------299
2. 납품계약 또는 수탁가공계약에 따라 물품을 납품, 가공
   하는 경우---308
3. 물품을 수출하는 경우----------------------------------208
4. 장기할부판매를 하였을 때-----------------------------208
5. 위탁판매를 하였을 때---------------------------------313
6. 예약판매를 하였을 때---------------------------------316
7. 도급공사의 수익-------------------------------------319
8. 매출청구금액의 단수를 에누리 히였을 경우---------------322
9. 매출상품 등에 Claim으로 하여 에누리 하였을 경우--------322
10. 매매조건에 변동이 발생함으로 인하여 에누리 하였을 경우--323
11. 결제조건의 변경(지급을 현금불로 하는 등)에 따라 일정
    금액을 차감하였을 경우-------------------------------324

12. 계약 또는 상관습에 따라 매출금액 또는 결산금액에 따라
    일정금액을 차감하는 경우--------------------------------325
13. 일정기간의 매출 또는 입금실적에 따라 금전 또는 상품을
    매출처(거래처)에 증여하는 경우 -------------------------326
14. 아니면 위13에 따른 Rebere금 또는 싱품을 일정기간 거래
    보증금 등으로 예수하겠다는 뜻을 거래처에 통지한 경우----327
15. 매출상품등이 매출처의 검수 등으로 불합격 되었을 때.
    전부 또는 일부가 반출 되었을 경우-----------------------328
16. 매출금액 또는 입금액에 따라 일절한 상품을 첨부하는
    경우로서 매출상품의 수량을 증가하는 경우---------------330
17. 반품에 소요한 운임 등을 거래처 (매출처)로부터 청구를
    받고 지급하였을 경우-----------------------------------331
18. 매출처 등에 대하여 선전용지, 포스트,부채,수첩, 달력
    등을 작성 배포하기 위한 비용---------------------------332
19. 불특정다수의 고객에 대한 현상부판매를 하는 경우의 비용-332
20. 카탈로그 POP광고에 소요하는 비용------------------------333
21. 전시회 견본품 전시의 개최에 소요하는 비용---------------333
22. TV, Radio, 방송료, 신문,잡지 등의 광고 개재료----------333
23. 일반의 공장 견학자에게 제품의 시음, 시식을 시키기 위한
    비용 및 통상의 다과 등의 접대비에 소요하는 비용--------334
24. 소비자에 대하여 물품을 교부하기 위하여 사용하는 비용
    또는 일반소비자를 여행, 관극 등에 초대하는 비용--------334
25 견본품,기용품을 제공함에 통상적으로 소요하는 비용------335
26. 간판. 네온사인.광고용자산으로내용연수가 1년미만이거나
    소액인 것의 물건의 다과 등의 접대에 소요하는 비용------335
27. 당사 제품 등의 광고선전용의 유형자산(간판, 네온사인,
    쇼윈도우, 진열장, 차량 등)거래처에 증여(무상으로 양도)
    하기 위한 비용(무상대여를 포함한다.--------------------336
28. 위 27의 경우에 있어 당사의 당해 자산의 장부가액 이하로
    거래처에 매각한 경우에는 장부가액과 매각가액의 차액
    (자기제품의 광고선전용으로 계속 사용하고 있을 경우)-----337
29. 거래처 등 중에서 판매점 등 점포, 사옥 등의 개장비

등을 원조하기 위한 비용--------------------------------337
30. 상품, 제품 등의 광고탑, 입간판 등 광고선전에 공여하는
　　물적시설의 취득 및 설치에 소요된 비용------------------338
31. 광고선전비의 귀속시점------------------------------339
32. 거래처 등에 점원을 파견하는 경우의 파견점원 인건비-----340
33. 거래처 등의 경영지도를 위한 인건비---------------------341
34. 위 32 및 33을 위하여 소요하는 여비, 교통비, 체재비-------341
35. 제조회사 등이 특약점 등의 Salesman에 대하여 그 취급
　　수량이 일정의 금액에 달하였을 경우 등에 있어, 사전에
　　정하여진 기준에 따라 지출하는 보상장려금----------------341
36. 사내의 Selesman에 대한 일정기준에 의거하여 지급하는
　　판매보상장려금품--------------------------------------342
37. 거래관계자(판매처, 매입처, 외주처, 금융기관, 종업원
　　기타 회사의 업무와 직접 관련이 있는 자)에 대한 접대,
　　향응, 선물 등을 하기 위하여 소요하는 비용--------------344
38. 국가, 지방자치단체에 무상으로 기증하는 금품의 가액-----352
39. 국방헌금과 국군장병위로금품의 가액---------------------353
40. 천재지변으로 생기는 이재민을 위한 구호금품의 가액------353
41. 사업에 직접 관계가 없는 사외의 자에 대하여 금전 등을
　　증여하고 특정의 효과를 기대하지 아니 하는 것-----------354
42. 창립기념일, 신사옥준공기념, 신임원 취임 필요연 등에
　　있어서 행하는 파티에 소요된 비용-----------------------360
43. 거래관계(하청공장, 대리점 등)를 맺기 위하여 지출한
　　운동비---360
44. 수주를 위하여 또는 거래조건 개선을 위한 운동비---------360
45. 매입처, 매출처 등 거래처에 경조 및 화복에 있어 지출한
　　금품 등의 비용--------------------------------------361
46. 특정의 거래처 등(주요한 거래처 들)사업에 직접관계가
　　있는 자에 대하여 수시로 지출하는 경품 또는 여행, 관극
　　등에의 초대에 소요하는 비용---------------------------362
47. 상공회의소 통상회비를 납부하는 경우--------------------364
48. 대한적십자회비를 납부하는 경우------------------------364

49. 동업자의 조합 등에 사전에 정하여진 통상의 회비를 납부하는
    경우--364
50. 무역협회가입비(수출입업의 허가요건이 아님)를 지급했을 경우--365
51. 건설업을 영위하고 있는 법인이 전기공사업면허를 취득하기
    위하여 협회에 가입비를 첨부하였을 경우--------------------365
52. 거래처 등을 대상으로 하여 행하여지는 신제품발표회,
    판매방식 설명회 등에 통상으로 소요하는 비용------------366
53. 자기가 채굴, 제조한 제품이나, 광산물, 매입한 상품을
    견본용으로 타인에게 제공하였을 경우--------------------366
54. 매출액을 증감시킬 목적으로 거래처와의 사전 약정에 따라
    판매촉진수수료를 지급하고, 이를 판매로서 손금회계처리
    하여 현금으로 지출하거나, 또는 매출채권에 입금으로 경리
    하였을 경우--357
55. 신문사의 신문지의 무가지 처리------------------------358
56. 물품을 외상판매하고 외상기간에 상당하는 이자를 가산하여
    받는 경우--368
57. 국외업자와의 해외거래에 있어서 국외업자가 한국내에서
    여행, 숙박 등을 함에 통상 필요한 경비 및 여비를 부담한
    경우의 경비--369
58. 해뢰의 지점에서 지출하는 접대비----------------------369
59. 직원 또는 임원이 해외출장을 함에 있어서 해외에서
    지출한 접대비--369
60. 상품, 제품 등을 거래처에 납입함에 있어 요하게 되는
    자재비, 포장비, 운임을 지출한 경우--------------------570
61. 상품 등을 판매하기 위한 수송, 보관에 당해 상품 등에
    부가된 보험계약에 따른 보험료------------------------570
62. 상용으로 출장하기 위하여 지출되는 교통비,숙박비,일당---371
63. 상용을 위하여 해외출장을 할 경우. 이에 준하는 여비.
    채재비. 준비금 등으로서 통상 필요한 경비----------------371
64. 겨래의 중개, 집금, 업무의 대행 등을 사외의 자에게 위탁
    하고 일정의 계산기준에 따라 수수료를 지급하였을 경우---572
65. 채무자가 파산, 강제집행, 형의집행 등으로 사업을 폐쇄

함으로 인하여 회수할 수 없는 채권------------------------372
66. 채무자의 사망.실종,행방불명으로 인하여 회수할 수 없는
　　　채권---373
67. 매출채권,미수금으로 상법상의 소멸시효가 완성되었을 경우-373
68. 어음법상의 규정에 따라 소멸시효가 완성된 어음-----------374
69. 수표법상의 규정에 따라 소멸시효가 완성된 수표-----------374
70. 대여금 및 선급금으로 민법상의 소멸시효가 완성 된 것----374
71. 대손충당금의 설정시-----------------------------------374
72. 소비세의 매출 가산-----------------------------------374

제1장

중앙은행 등에 관련하여 발생하는 거래의 세무처리

거래의 성격별	주요거래의 내용	사용하는 계정과목	유의점·세무상의 요점	관계 법령
1. 종업원 임금·급여·수당·복리후생비	1-1 근로의 제공으로 인하여 받는 봉급, 임금, 보수, 상여, 수당과 이와 유사한 성질의 급여를 정하는 경우	임 금 (Wages) 급 료 (Salaries) 수 당 (Allowance) 보 수 (Compensation)	• 기업이 종업원에게 지급하는 급료 및 제수당은 종업원이 기업에 제공한 근로의 대가로 지급되는 것이므로, 이것은 원칙적으로 손금에 산입된다. 그런 종업원에 대한 급료라 할지라도 이익처분의 절차에 의하여 지급된 경우에는 그 손금산입이 부인된다. • 현행 법인세법시행령 제19조에서는 손비의 예시적 열거로서 「인건비」를 포괄적으로 규정하고 있을 뿐, 인건비에 대하여 특별히 구체적으로 규정한 바 없다. 이에 대하여는 일반적인 사회 통념과 회계관습에 따를 수밖에 없다. • 제조업무나 건설업무에 종사하는 종업원에 대한 인건비는 당해 자산의 취득원가나 제조원가에 산입되는 것이므로, 여기에서 말하는 인건비란 제조업무 또는 건설공사에 직접 종사하지 아니하는 종업원에 대한 근로의 대가를 통틀어 말하는 것이다. • 급여·상여·수당 등은 원칙적으로 손금산입하게 되나, 이때에 있어 유의하여야 할 점은 급여소득의 소득세의 원천징수 여부인 것이다. • 원칙적으로 급원의 다소·명목 여하에 불구하고 그 성격이 급여로 볼 수 있는 것을 모두 소득세(근로소득 등)의 과세대상이 된다. • 일반적으로 급료·임금 등은 법인이 직원에게 지급하는 급여를 말하며, 이사·감사 등 법인에게 지급하는 급여도 보수라고 부른다. • 급여는 법인과 개인간에 있어서 일반적으로 체결된 근무계약에 의하여 지급되는 금품으로	법인령 §19
	1-2 근로수당, 가족수당, 전시수당, 물가수당			

거래의 성격별	주요거래의 내용	사용하는 계정과목	의점·세무상의 요점	관계법령
1. 종 업 원 (임 금 · 급 여 · 수 당 · 복 리 후 생 비)	당, 출납수당, 직무수당, 기타 이와 유사한 금전을 지급하는 제수당		・서 법인이 지급해야할 급여가 기간급 경우, 기간의 경과에 따라 지급의무가 확정되며, 성과급 경우에는 일의 성과에 따라 지급의무가 확정되므로 급여는 현금 등의 지급여부에 관계없이 손금으로 계상할 수 있다. ・급여 또는 보수에 대하여 법인세법은 그 내용이나 범위에 대하여 특별한 규정을 두고 있지 아니하나 일반적으로 급여 및 퇴직금 이외의 급여를 의미한다.	
	1~3 시간의 근무수당, 통근수당, 개근수당, 특별공로금, 기타 이와 유사한 생업의 제수당을 지급하는		・현행소득세법은 동법 제20조에 근로소득이란 표현으로, 고용관계에 의하여 근로를 제공하고, 그 대가로서 지급받는 봉급·급료·보수·세비·임금·상여·수당과 이와 유사한 성질의 급여 말하며, 고용관계를 기초로 지급되면, 그 명칭이나 지급방법 여하에 불구하고 근로소득이 된다고 규정하고 있다. ・근로소득은 근로의 제공이 자기의 계산에 기초로 두지 않는 비독립적이라는 점에서 자기의 계산에 기초를 제공하여 대가로 받는 사업소득(용역)의 소득과 다르다. ・근로소득은 근로의 제공에 대한 대가 및 이와 밀접한 관련을 가진 급여라는 점에서 기타 소득과 구별된다. ・근로소득은 원칙적으로 근로제공의 별률관계(고용)의 존속을 전제로 한 급여라는 점에서 그 별률관계의 종료, 즉 퇴직시에 지급받는 급여인 퇴직소득과 다르다.(현행 소득세법은 퇴직과 직접관련이 없는 급여는 퇴직시에 지급되는 것이라도 이를 근로소득으로 본다)	

거래의 성격별	주요거래의 내용	사용하는 계정과목	유형·세무상의 요점	관계법령
1. 종업원(임금·급여·수당·복리후생비)	1-4 급식수당, 주택수당, 피복수당, 기타 이와 유사한 성질의 수당을 지급하는 경우		• 소득세법은 동법 제20조에 근로소득이란 표현으로서 다음과 같이 규정하고 있다. 즉, 근로소득은 당해 연도에 발생한 다음과 같은 소득을 말한다. <근로소득> ① 근로를 제공함으로써 받는 봉급·보수·세비·임금·상여·수당과 이와 유사한 성질의 급여 ② 법인의 주주총회·사원총회 또는 이에 준하는 의결기관의 결의에 따라 상여로 받는 소득. 이는 잉여금처분에 따른 상여로서 잉여금처분자로 은 주주총회·사원총회의 결산승인 사항이다. 법인이 주주 또는 출자자가 아닌 임원에게 따른 상여로 보게 되는 것이다. 며, 이익처분에 따른 상여분은 손금으로 인정하지 않는 것이다. 그런데, 정부가 소득금액을 결정할 때 그 소득의 처분을 함에 있어서 상여로 인정처리된 금액은 인정상여라고 하는바, 이는 기업이 손금이나 이익처분에 따라 지급한 상여가 아니다. 정관이나 사규 등에 의한 상여금에 대한 일정한 기준이 마련되어 있지 아니할 경우에 있어서는 주주총회·사원총회나 이사회 등의 결의에 따라야 한다.	소득법 §20
	1-5 기술수당, 보전수당, 연구수당, 기타 이와 유사한 성질의			소득령 §38

PART 1 ▶ 중업원 등에 관련하여 발생하는 거래의 세무처리 요령

1. 종업원(임금·급여·수당·복리후생비)

거래의 성격별	주요거래의 내용	사용하는 계정과목	유의점·세무상의 요점	관계법령
	수당을 지급하는 경우		③ 법인세법에 따라 상여로 처분된 금액 각 사업연도의 소득에 대한 법인세의 과세표준을 신고하거나 법인세의 과세표준을 결정 또는 경정함에 있어서 법인세의 귀속자가 임원 또는 직원인 경우에는 귀속자에 대한 상여로 처분한 금액은 그 귀속자가 임원 또는 직원인 경우에는 이를 일반적으로 인정상여라 한다.	소득령 §38
1-6 배차수당, 별거수당, 해외근무수당, 이와 유사한 성질의 수당을 지급하는 경우			④ 퇴직함으로 인하여 받는 소득으로서 퇴직소득에 속하지 아니하는 소득 퇴직으로 인하여 받는 소득으로서 퇴직소득에 속하지 아니하는 퇴직위로금·퇴직공로금 그 밖에 이와 유사한 성질의 금액은 근로소득으로 본다. ⑤ 종업원 또는 대학의 교직원이 지급받는 직무발명보상금	
1-7 퇴직으로 인하여 받는 소득으로서 퇴직소득에			● 위의 어느 하나에서 열거한 근로소득의 범위에는 다음의 소득이 포함되는 것으로 하고 있다. ① 기밀비(판공비 포함)·교제비, 그 밖에 이와 유사한 명목으로 받는 것으로서 업무를 위하여 사용된 것이 분명하지 않은 금액 기밀비란 기업의 지출 중에서 공표할 수 없는 특정의 지출을 일반적으로 기밀비라고 한다. 이것은 광의의 교제비라고 할지라도 사업상 특	

거래의 성태별	주요거래의 내용	사용하는 계정과목	유의점·세무상의 요점	관계법령
1. 종업원(임금·급여·수당·복리후생비)	속하지 아니하는 퇴직위로금, 공로금, 기타 이와 유사한 성질의 것 1~8 아르바이트, 임시고용인 등의 퇴직금		수한 기밀사항에 속하는 용도금에 지출사항은 공개하지 않으려는 것이므로, 정규의 회계장부에는 보통 사실대로 표시하지 않은 것이며, 회계상으로는 부정이라 할 것이다. 따라서 기밀비는 비용이나 가공비용을 계상하고, 어떠한 형태로든지 자산·비용에의 훈입을 도모하여 수익·비용을 은폐하는 방법에 이용되는 것이다. ,그런므로 세무에 있어서는 이러한 기밀비·교제비 그밖에 이와 유사한 명목으로 받는 엽무를 위하여 사용된 것이 분명하지 아니한 것은 모두 근로소득으로 하는 것이다. 기밀비가 당해 사업을 위하여 사용된 것이 분명한 것인지의 여부는 그 범인의 정관·사규 등에서 정한 지급기준에 따라 실제로 지출 되었는지의 여부에 따라 판단 되어야 한다. 일반적으로 기밀비는 기업이 그 사업을 위하여 지출하는 판공비로서 그 지출 내용을 외부에 공개할 수 없는 성질을 내공하고 있기 때문에 현행 소득세법에서 법인이 그 임원이나 직원을 통하여 지출한 금액 중 그 사용·용도가 분명치 않은 경우에는 이를 급여의 성질로 보고 근로소득으로 계산한다.고 명시하고 있어 그 기밀비가 사업을 위하여	

PART 1 ▶ 종업원 등에 관련하여 발생하는 거래의 세무처리 요령

거래의 성대방	주요거래의 내용	사용하는 계정과목	유의점·세무상의 요령	관계 법령
1. 종업원·임원·급여·수당·복리후생비			사용된 것이 분명한지의 여부를 당해 법인의 정관·사규 또는 이 결기관에서 정한 일반 문서 등의 지급기준에 따라 실제로 지급되었는지의 여부에 따라 확인되어야 하는 것이다. — 매월 일정액을 지급받는 판공비의 업무진비는 근로소득에 포함된다. 임·직원이 매월 정액으로 받는 기관운영 판공비·정보비는 근로소득에 해당한다. 영수증 등 증빙에 따라 지급받는 수시 판공비는 업무를 위하여 사용된 것이 분명한 경우에는 근로소득으로 보지 아니한다. ② 종업원이 받는 봉로금·위로금·개업축하금·화자금·장학금 (종업원의 수학중인 자녀가 사용자로부터 받는 화자금·입학금·장학금을 포함) 그 밖에 이와 유사한 성질의 급여 ③ 근로수당·가족수당·전시수당·물가수당·출납수당·직무수당 그	서이 46013 -123 78

거래의 상태방	주요거래의 내용	사용하는 계정과목	유의점·세무상의 요점	관계 법령
1. 종업원(임금·급여·수당·복리후생비)			밖에 이와 유사한 성질의 금여 ④ 보험회사, 자본시장과 투자매매업자 또는 투자중개업자 등의 종업원이 받는 집금수당과 보험가입자의 모집, 증권매매의 권유 또는 저축을 권장하여 받는 대가, 그 밖에 이와 유사한 성질의 금여 ⑤ 급식수당·주택수당·피복수당 그 밖에 이와 유사한 성질의 금여 ⑥ 주택을 제공받음으로써 얻는 이익. 다만, 다음 각 목의 어느 하나에 해당하는 사람이 사택을 제공받는 경우는 제외한다. ㉮ 주주 또는 출자자가 아닌 임원 ㉯ 소액주주인 임원 ㉰ 임원이 아닌 종업원(비영리법인 또는 개인의 종업원을 포함) ㉱ 국가 또는 지방자치단체로부터 근로소득을 지급받는 사람 ⑦ 종업원이 주택(주택에 부수된 토지를 포함)의 구입·임차에 소요되는 자금을 저리 또는 무상으로 대여받음으로써 얻은 이익. 주주 또는 출자자가 아닌 임원과 임원이 아닌 종업원 및 국가·지방자치단체로부터 ⑬ ⑭ ⑮ ⑯ ⑰	

종업원 등에 관련하여 발생하는 거래의 세무처리 요령

거래의 상대방	주요거래의 내용	사용하는 계정과목	유의점·세무상의 요점	관계법령
1. 종업원(임금·급료·급여·수당·복리후생비)			근로소득을 지급받는 다음에서 정하는 사태를 제공받음으로써 얻는 이익은 근로소득으로 보지 않는다. ㉮ 사용자가 소유하고 있는 주택을 종업원 및 임원에게 무상으로 제공하는 주택을 말한다. ㉯ 사용자가 임차주택을 사택으로 제공하는 경우 임대차기간중에 종업원 등이 전근·퇴직 또는 이사하는 경우에는 다른 종업원 등이 해당 주택에 입주하는 경우에 한하여 이를 사택으로 본다. 집행기준 20- ⑧ 기술수당·보전수당·연구수당 그 밖에 이와 유사한 성질의 급여 ⑨ 시간외근무수당·통근수당·개근수당·특별공로금 그 밖에 이와 유사한 성질의 급여 ⑩ 여비의 명목으로 받는 연액 또는 월액의 급여 ⑪ 복지수당·해외근무수당 그 밖에 이와 유사한 성질의 급여	

거래의 상대방	주요거래 내용	사용하는 계정과목	유의점·세무상의 요점	관계법령
1. 종업원(임금·급여·수당·복리후생비)			소득세법 시행령 제12조(실비변상적금액의 범위)제15호에 규정한 복지 수당에 해당하지 아니하는 복지수당은 근로소득에 포함한다. ⑫ 종업원이 계약자이거나 종업원 또는 그 배우자 그 밖의 가족을 보험수익자로 하는 보험·신탁 또는 공제와 관련하여 사용자가 부담하는 보험료·신탁부금 또는 공제부금(보험료 등이라 함) ⑬ 법인세법 시행령 제44조제4항에 따라 손금에 산입하지 아니하고 지급받는 퇴직급여 법인이 임원에게 지급한 퇴직급여 중 다음 각 호의 어느 하나에 해당하는 금액을 초과하는 금액은 손금에 산입하지 아니한다. ㉮ 정관에 퇴직급여(퇴직위로금을 포함)로 지급할 금액이 정하여진 경우에는 정관에 정하여진 금액 ㉯ 위 ㉮외의 경우에는 그 임원이 퇴직하는 날부터 소급하여 1년동안 해당 임원에게 지급한 총급여액[소득세법 제20조제1항제1호 및 제2호에 따른 금액으로 하되, 법인세법 시행령 제43조에 따라 손금에 산	

거래의 성격	주요거래의 내용	사용하는 계정과목	유의점·세무상의 요점	관계 법령
1. 종업원(임금·급여·수당·복리후생비)			⑬ 임하지 아니하는 금액은 제외)의 10분의1에 상당하는 금액에 역년에 따라 계산한 근속연수를 곱한 금액 ⑭ 휴가비와 그 밖에 이와 유사한 성질의 급여 ⑮ 계약기간 만료전 또는 만기에 종업원에게 귀속되는 단체환급부보장성보험의 환급금 ⑯ 법인의 임원 또는 종업원이 당해 법인 또는 당해 법인과 특수관계에 있는 법인으로부터 부여받은 주식매수선택권을 당해 법인등에서 근무기간 중 행사함으로써 얻은 이익(주식매수선택권 행사 당시의 시가와 실제 매수가액과의 차액을 말하며, 주식에는 신주인수권을 포함한다) ⑰ 공무원에게 지급하는 직급보조비 • 지출중 급여성격을 띤 다음의 항목에 대해서는 소득세법상 근로	

거래의 상세내역	주요거래의 내용	사용하는 계정과목	유의점·세무상의 요점	관계 법령
1. 종 업 원 · 임 금 · 급 여 · 수 당 · 복 리 후 생 비			소득으로서 제외(근로소득으로서 비과세)하고 있으므로, 이러한 지급액은 인건비로서 손금이 아니라, 인건비이외의 다른 비목으로서 손금처리가 되어야 한다. (1) 복무중인 병이 받는 급여 (2) 법률에 따라 동원된 사람이 그 동원직장에서 받는 급여 (3) 산업재해보상보험법에 따라 수급권자가 받는 요양급여·휴업급여·상해급여·간병급여·유족급여·유족특별급여·장해특별급여 및 장의비 또는 근로의 제공으로 인한 부상·질병·사망과 관련하여 근로자나 그 유족이 지급받는 배상·보상 또는 위자의 성질이 있는 금여 (4) 장해급여·유족급여 등 근로기준법 또는 선원법에 따라 근로자·선원 및 그 유족이 받는 요양보상금·휴업보상금·상병보상금·일시보	소득법§12

거래의 상대방	주요거래의 내용	사용하는 계정과목	유의점·세무상의 요점	관계 법령
1. 종업원·임원·급여·수당·복리후생비			상금·장해보상금·유족보상금·행방불명보상금·소지품유실보상금·장의비 및 장제비는 소득세가 부과 되지 아니한다. (5) 고용보험법에 따라 받는 실업급여·육아휴직급여·육아기근로시간 단축급여·출산전후휴가급여 등·제대군인지원에 관한법률에 따른 전직지원금·국가공무원법, 지방공무원법에 따른 공무원 또는 사립학교교직원연금법 및 별정우체국법을 적용받는 사람이 관련법령에 따라 받는 육아휴직수당 (6) 국민연금법에 따라 받는 반환일시금(사망으로 받는 것만 해당함) 및 사망일시금 (7) 공무원연금법, 군인연금법, 사립학교직원연금법 또는 별정우체국법에 따라 받는 요양비·요양일시금·유족연금일시금·장해보상금·사망보상금·유족보상금·유족일시금·유족연금부가금·유족연금특별부가금·재해부조금·재해보상금 또는 신체·정신상의 장해·질병으로 인한 휴	

거래의 상대방	주요거래의 내용	사용하는 계정과목	유의점·세무상의 요점	관계 법령
1. 종업원(임금·급료·상여·수당·복리후생비)			직기간에 받는 급여 (8) 학자금 여기서 학자금이란 초·중등교육법에 따른 학교와 근로자직업능력개발 훈련시설의 입학금·수업료 그 밖의 공과금 중 다음의 요건을 갖춘 학자금(과세기간에 납입할 금액을 한도로 함)으로서 해당 과세기간에 납입한 금액을 한도로 한 금액을 말한다. ① 해당 근로자가 종사하는 사업체의 업무와 관련 있는 교육훈련을 위하여 받은 것일 것 ② 해당 근로자가 종사하는 사업체의 규칙 등에 따라 정하여진 지급금 기준에 따라 받는 것일 것 ③ 교육훈련기간이 6개월 이상인 경우 교육훈련 이후 당해 교육기간을 초과하여 근무하지 아니하는 경우에는 지급받는 금액을 반납할 것을 조건으로 하여 받는 것 (9) 외국정부 또는 국제기관에서 근무하는 자가 받는 급여	

거래의 생태밤	주요거래의 내용	사용하는 계정과목	유의점·세무상의 요점	관계법령
1. 종업원·임금·급여·수당·복리후생비)			(10) 국가·유공자등 예우 및 지원에 관한 법률 또는 보훈보상대상자지원에 관한 법률에 따라 받는 보훈급여 및 학습보조비 (11) 전직대통령예우에관한법률에 따라 받는 연금 (12) 작전임무를 수행하기 위하여 외국에 주둔 중인 군인·군무원이 받는 급여 (13) 종군한 군인·군무원이 전사(전상으로 인한 사망을 포함)한 경우 그 전사한 날이 속하는 과세기간의 급여 (14) 국외 또는 남북교류협력에관한법률에 따른 북한지역에서 근로를 제공하고 받는 급여 (15) 국민건강보험법·고용보험법·국민연금법 또는 노인장기요양보험법에 따라 국가·지방자치단체 또는 사용자가 부담하는 부담금·국민건강보험법·고용보험법·국민연금법에 따라 사용자가 부담하는 주주 또는 출자자인 임원의 보험료는 비과세소득에 해당된다.	

거래의 상대방	주요거래의 내용	사용하는 계정과목	유의점·세무상의 요점	관계 법령
1. 종 업 원 (임 금 · 급 여 · 수 당 · 복 리 후 생 비)			(16) 생산직 및 그 관련직에 종사하는 근로자로서 월정액급여 100만원 이하인 근로자연장근로·야간근로를 하여 받는 급여 생산직 및 그 관련직에 종사하는 근로자로서 급여수준 및 직종 등을 고려하여 월 정액급여액이 3,000,000원 이하인 근로자(일용근로자 포함)로서 다음 각 호의 하나에 해당하는 사람을 말한다. 이 경우 "월정액급여"는 매월 직급별로 받는 봉급·급료·보수·임금·수당 그 밖에 이와 유사한 성질의 급여(해당 과세기간 중에 받는 상여 등 부정기적인 급여와 실비변상적인 성질의 급여를 제외한다)의 총액에서 근로기준법에 따른 연장근로·야간근로 또는 휴일근로로 하여 통상임금에 더하여 받는 급여 및 선원법에 의해 받는 생산수당을 뺀 급여를 말한다. (17) 식사 또는 식사대 비과세 되는 "식사 또는 식사대"란 다음 각 호의 어느 하나에 해당하는 것을 말한다(소득령17의2) ① 근로자가 사내급식 또는 이와 유사한 방법으로 제공받는 식사 기타	

거래의 성대방	주요거래의 내용	사용하는 계정과목	유의점·세무상의 요점	관계 법령
1. 종업원·임원·주주·파트타이머			음식물 ㉮ 사내급식 또는 이와 유사한 방법으로 제공하는 현물식사를 포함한다 ㉯ 일률적으로 식사대를 지급하고 야간근무 등 시간외근무를 하는 경우에 별도로 지급받는 식사 그 밖의 음식물은 비과세한다. ㉰ 외부음식업자와 식사제공계약을 체결하고 현금으로 환급할 수 없는 식권을 근로자에게 교부하는 경우에는 비과세한다 ② 위 ①의 식사 그 밖의 음식물을 제공받지 아니하는 근로자가 받는 월 100,000원이하의 식사대. 18. 출산·보육수당 근로자 또는 배우자의 출산이나 6세이하의 자녀의 보육과 관련하여 사용자로부터 받는 급여로서 월100,000원이내의 금액은 비과세한다. ① 6세이하의 자녀의 보육과 관련한 급여로서 월 100,000원 이내의 금액은 자녀수에 관계없이 지급월을 기준으로 10만원이내의 금액을 비과세하며, 동 보육수당을 분기별로 지급하거나 수개월분을 일괄 지	

거래의 성격	주요거래의 내용	사용하는 계정과목	유의점·세무상의 요점	관계 법령
1. 종업원·임금·봉급·수당·복리후생비			급하는 경우에도 그 지급월을 기준으로 월100,000원 이내의 금액을 비과세 한다. ② 동일직장에서 맞벌이 하는 근로자가 6세 이하의 자녀1인에 대하여 각각 보육수당을 수령하는 경우에는 소득자별로 각각 월10만원 이내의 금액을 비과세한다. ③ 근로자가 2이상의 회사에 근무하면서 6세이하 자녀보육수당을 매월 각 회사로부터 중복하여지급받는 경우에는 각 회사의 보육수당 합계금액중 월10만원이내의 금액에 대하여 소득세를 과세하지 않는다. (19) 국군포로가 받는 보수·퇴직일시금 (20) 대학생의 근로장학금 교육기본법 제28조 제1항에 따라 받는 장학금 중 근로를 대가로 지급받는 장학금(고등교육법 제2조 제1호부터 제4호까지에 따른 대학에 재학하는 대학생에 한정함)은 과세하지 않는다.	

거래의 상대방	주요거래의 내용	사용하는 계정과목	유형점·세무상의 요점	관계법령
1. 종업원(임원·직원·급여·수당·복리후생비)			(21) 직무발명보상금 발명진흥법 제2조에 따른 직무발명으로 받는 다음의 보상금으로서 300만원 이하의 금액은 소득세를 과세하지 않는다. ① 발명진흥법 제2조 제2호에 따른 종업원 등이 같은 호에 따른 사용자 등으로부터 받는 보상금 ② 대학의 교직원이 소속대학에 설치된 산업교육진흥 및 산업협력촉진에 관한 법률 제32조 제1항 제4호에 따라 받는 보상금 (22) 국가가 전공의에게 지급하는 수련보조수당 국가가 의료인력이 전문과목간 불균형 현상을 해결하기 위한 대책의 대책의 일환으로 흉부외과 등 기피과목의 구립 및 특수분인병원 등의 전문의에게 지급하는 수련보조수당은 소득세 과세대상에 해당하지 않는다. (23) 실비변상적 성질의 급여 소득세법은 고용관계를 기초로 받는 근로소득 등 사회통념상 업무수행	

거래의 상대방	주요거래의 내 용	사용하는 계정과목	유의점·세무상의 요점	관계 법령
1. 종업원 (임금·급료·급여·수당·복리후생비)			비의 성격이 강한 다음과 같은 급여를 실비변상적급여로 하여 근로소득세를 비과세한다. (가) 선원법에 따라 받는 식료 (나) 일직료·숙직료 또는 여비로서 실비변상적 정도의 지급액 (다) 법령·조례에 따라 제복을 착용하여야 하는자가 받는 제복·제모·제화 (라) 병원·시험실·금융회사 등·공장·광장·광산에서 근무하는 사람 또는 특수한 작업이나 역무에 종사하는 사람이 받는 작업복이나 그 직장에서만 착용하는 피복 (마) 특수분야에 종사하는 군인이 받는 낙하산강하위험수당·수중파괴작업위험수당·잠수부위험수당·고전압위험수당·폭발물위험수당·항공수당·비무장지대근무수당·전방초소근무수당및함정근무수당및수륙양용계수차량승무수당·특수분야에 종사하는 경찰공무원이 받는 경찰특수전술업무수당과 경호공무원이 받는 경호수당 (바) 선원법에 따른 선원이 받는 월200,000원 이내의 승선수당, 경찰공무원이 받는 함정근무수당·항공수당, 화재진화수당	소득령12

중업원 등에 관련하여 발생하는 거래의 세무처리 요령

거래의 성격별	주요거래의 내용	사용하는 계정과목	유의점·세무상의 요점	관계 법령
1. 종업원(임금·급여·수당·복리후생비)			㉮ 광산근로자가 받는 입갱수당 및 발파수당 ㉯ 연구보조비 연구활동비 중 월200,000원이내의 금액 ㉰ 국가 또는 지방자치단체가 지급하는 다음 각 목에 어느 하나에 해당하는 자 ㉱ 방송법에 따른 방송·뉴스통신진흥에관한법률에 따른 뉴·신문 등의 자유와 기능보장에관한법률에 따른 통신·신문(일반일간신문·특수일간신문 및 외국어일간신문 및 인터넷신문을 말하며, 해당 신문을 경영하는 기업이 직접발행하는 정기간행물을 포함한다)을 경영하는 언론기업 및 방송법에 따른 방송채널사용사업에 종사하는 기자가 취재활동과 관련하여 받는 취재수당 중 월20만원 이내의 금액 ㉲ 근로자가 벽지에 근무함으로 인하여 받는 월20만원이내의 벽지수당	

PART 1 ▶ 종업원 등에 관련하여 발생하는 거래의 세무처리 요령

거래의 성격별	주요거래의 내용	사용하는 계정과목	유의점·세무상의 요점	관계 법령
1. 종업원(임원·급여·상여·수당·복리후생비)			• 급여를 외화로 지급받는 근로소득금액의 계산은 다음에 의한다. ① 정기급여지급일 전에 외화를 받아 원화로 환가한 경우에는 당해 지급일의 외국환관리법에 의한 기준환율 또는 재정환율에 의하여 환산한 금액 ② 정기급여지급일 또는 정기급여지급일 이후에 외화로 받은 경우에는 정기급여 현재 외국환관리법에 의한 기준환율 또는 재정환율에 의하여 환산한 금액 • 상여금에 있어서 손금산입시기에 대하여 법인세법상 특별한 규정을 두고 있지 아니함으로 일반손익의 귀속시기에 대한 원칙인 권리의무확정주의에 따라 인식하여야 할 것이다. • 사용인의 상여금은 각 수급자별로 그 상여에 관계되는 재무가 확정된 때를 포함하는 사업연도에 있어서 손금에 산입하게 된다. • 상여금의 손금산입시기에 정관이나 사단 등에 상여금에 대한 지급대상자, 지급시기, 지급액 등이 정하여져 있는 경우에 있어서는, 사전에 상여금의 지급에 대한 모든 기준이 정하여져 있으므로 아울러 그 기준에 의하여 지급되는 상여금도, 현금의 지급여부에는 관계없이 그 지급기간이 속하는 사업연도의 손금으로 계산하게 되는 것이다. 이는 이미 정하여 진 지급기간에 도래하면 법인으로서는 지급할 의무가 확정된다고 보기 때문이다. • 정관이나 사단 등에 상여금에 대한 일정한 기준이 마련되어 있지 아니할 경우에 있어서는 이사회나 주주총회 등의 결의에 의하여야 하므로 상여금의 손금산입시기는 이사회 등의 상여금에 대한 지급결의가 있는 날이 된다.	소득 통칙 20-14

1. 종업원 등에 관련하여 발생하는 거래의 세무처리 요령

거래의 상대방	주요거래의 내용	사용하는 계정과목	유의점·세무상의 요점	관계 법령
1. 종업원(임원·급여·수당·복리후생비)			• 이사회 등의 지급결의가 있으므로 해서 그 권리의무가 확정되어 상여소득이 발생하였다고 할 수 있으므로 그 지급결의가 있는 날에 상여금에 대하여 손금계상하여야 할 것이다. • 임원 또는 사용인에게 상여금을 지급하였을 경우에 있어서의 회계처리는 다음과 같이 한다. 　(차) 급　여　×××　　(대) 현금및현금성자산××× 　　　(상여금) • 사용인에게 상여금을 지급키로 하였으나 지급시점으로 미지급상태에 있을 경우에 있어서의 회계처리는 다음과 같이 한다. 　(차) 급　여　×××　　(대) 미지급금　××× 　　　(상여금) • 임원에게 급여지급기준에 의한 범위를 초과하는 상여금을 지급하였을 때, 그 회계처리는 다음과 같이 한다. 　(차) 이월이익잉여금 ×××　(대) 현금및현금성자산××× 　　　(미처분이익잉여금) • 상여금의 성질이 있는 것의 실례 　① 임원에 대하여 지급하는 보수로서 정관 또는 주주총회의 승인을 얻은 급여지급기준의 금액 이내에 부정기적으로 지급하는 금액	

거래의 성격내용	주요거래의 내용	사용하는 계정과목	유의점·세무상의 요점	관계법령
1. 종업원(임금·급여·수당·복리후생비)			② 법인이 접대비·교제비 등의 명목으로 임원 또는 사용인에게 부정기적으로 지급하는 금전으로서 그 사용명세가 명백하지 않거나 회사의 손금에 해당하지 않는 금액 ③ 법인이 임원 또는 사용인에게 장려주년기념·공사완성기념 등의 명목으로 지급하는 금전 또는 가액 ④ 법인세법의 규정에 의하여 결정한 인정상여 또는 법인의 부당행위계산부인 규정에 의하여 이익처분에 의한 상여로 인정되는 가액 등이다. ·상시 고용근로자에 대한 본봉이외의 도급제도에 대한 도급할증상여금은 명칭이 상여금이나, 이는 근로의 대가로서 지급되는 본래의 급여에 해당하므로 갑종근로소득세를 원천징수하여야 한다. ·원천징수의무자가 근로소득에 해당하는 상여 또는 상여의 성질이 있는 금액을 지급하는 때에는 소득세를 원천징수하는 소득세의 계산은 다음과 같이 한다. ① 지급대상기간이 있는 상여 등 그 상여 등의 금액을 지급대상기간의 월수로 나누어 계산한 금액과 그 지급대상기간의 상여 등 외의 월평균급여액을 합산한 금액에 대하여 간이세액표에 의하여 계산한 금액에서 그 지급대상기간의 월평균급여액에 대하여 계산한 월수로 계산한 금액을 지급대상기간의 월수로 곱하여 계산한 금액을 그 근로소득에 대한 소득세의 원천징수하는 소득세액으로 한다. 이때 원천징수하는 소득세의 계산은 다음과 같이 한다. 이미 원천징수하여 납부한 세액(가산세액을 제외)을 공제한 것을 그 세액으로 한다.	소득법 §136 ①

거래의 성격별	주요거래의 내용	사용하는 계정과목	유의점·세무상의 요점	관계 법령
1. 종업원 등에 대한 급여·상여·수당·복리후생비			상여등의 금액 + 지급대상기간의 상여등 외의 급여의 합계액 지급대상기간의 월수 에 대한 간이세액표상의 해당세액 × 지급대상기간의 상여등 외의 급여의 월수 − 지급대상기간의 상여 등 외의 급여에 대한 기원천징수세액 ② 지급대상기간이 없는 상여 등 그 상여등을 받은 연도의 1월 1일부터 그 상여 등 지급일이 속하는 달까지를 지급대상기간으로 하여 위 ①의 규정에 의하여 계산한 것을 세액으로 한다. 이 경우 그 연도에 2회 이상의 상여 등을 받은 때에는 직전에 상여 등을 받은 날이 속하는 달의 다음 달부터 그 후에 상여 등을 지급대상기간으로 하여 세액을 계산한다. ③ 위 ①과 ②의 계산에 있어서 지급대상기간이 1년을 초과하는 때에는 1년으로 하고 1월 미만의 단수가 있을 때에는 1월로 한다. ④ 상여등의 금액과 그 지급대상기간이 사전에 지급대상기간의 중간에 지급대상기간이 이 사전에 정하여진 상여 등을 지급대상기간의 중간에 지급하는 경우를 포함함)에 매월분의 급여를 그 지급대상기간으로 나눈 금액을 합한 금액에 대하여 간이세액표에 의한 매월분 소득세를 징수할 수 있다.	

거래의 성격	주요거래의 내용	사용하는 계정과목	유의점·세무상의 요점	관계 법령
1. 종업원 (임금·급여·수당·복리후생비)			• 원천징수의무자가 잉여금처분에 의한 상여를 지급하는 때에 원천징수하는 소득세 잉여금처분에 의한 상여등의 금액 × 기본세율 = 세액 • 퇴직급여지급규정에 의하여 지급하는 것을 제외한 퇴직위로금·퇴직공로금과 잉여금처분에 의하여 지급하는 퇴직급여 또는 이와 유사한 성질의 급여를 그 명칭여하에 불구하고 근로소득으로 보는 것이다. • 일반적으로 근로소득에 해당하는지 도급에 의한 보수인지의 한계는 고용관계로 인하여 받는 수입이냐의 여부에 따라 판단하는 것이니, 그 받는 수입이 고용관계로 인하여 받는지 분명하지 않은 때에는 다음의 같은 기준에 의하여 판정하는 것이 통례로 되어 있다. ① 일(작업)을 하는 경우 독수관계자로부터 지휘감독을 받을 때에는 임중이 고용상태에 있는 것으로 보고, 그 지급되는 보수는 급여로 함이 타당하다. ② 작업에 소요되는 도구나 용구가 제공되어 있는 경우에는 고용관계에 있는 것이 되므로 그 지급되는 보수는 급여로 봄이 타당하다. ③ 작업을 하는 사람이 재료의 전부 또는 일부를 제공하고 그 일의 성과에 따라 지급받는 보수는 도급으로 취급함이 타당하다. ④ 그 작업에 대한 계약내용이 제3자로 대체시켜도 무방한 경우는 그 일의 성격상 전문적인 지식이나 기술이 없어도 아무에게나 말길 수 있는 것이므로 그 일을 완성하고 지급받는 보수는 도급으로 취급함이 타당하다.	

1. 중업원 등에 관련하여 발생하는 거래의 세무처리 요령

거래의 상대방	주요거래의 내용	사용하는 계정과목	유의점·세무상의 요점	관계법령
1. 종업원(임금·급여·수당·복리후생비)	1-9 일직·숙직료를 지급하는 경우	숙·일직료 (Daytime or Night Watch)	⑤ 일에 대한 위험부담을 그 작업자가 부담하지 않는 경우에 지급받는 보수는 급여로 함이 타당하다. • 도급이란 당사자 일방이 어느 일을 완성할 것을 약정하고 상대방이 그 일의 결과에 대하여 보수를 지급할 것을 약정함으로써 그 효력이 발생하며, 이와 같이 도급계약의 효력이 발생한 후 보수는 그 완성된 목적물의 인도와 동시에 지급한다. 그러나 목적물의 인도를 요하지 아니하는 경우에는 그 일을 완성한 후 지체없이 그 보수를 지급하여야 한다. • 숙직료, 일직료를 급료·수당에 포함시켜 처리하게 되면 세가 있으나, 설비보상적 정도의 지급일 경우에 있어서는 소득세가 과세되지 아니하는 것이므로 급료·수당속에 포함하지 않고 명확하게 구분 정리함이 바람직하다. • 일직료·숙직료에 대하여 소득세가 과세되지 아니하는 경우라 함은 대체적으로 다음과 같은 조건들에 해당되는 것이라 할 수 있다. ① 통상의 식사대 정도 ② 숙직·일직에 의하여 대휴(代休)가 부여되지 아니할 때 ③ 제반, 제조, 과장 등의 직책에 의한 숙직료, 일직료의 격차가 없을 것 ④ 수위, 야경 등 숙직·일직을 본래의 업무를 하는 자에게 지급되는 것이 아닌 것 ⑤ 일직·숙직 수당 등으로 급료에 가산하여 계산하여 아니한 것 ⑥ 급여체계의 일부로서 숙직·일직근무의 유무에 관계없이 일정액이 지급되는 것 등	

② 일직료·숙직료도 식사를 함께 제공하는 경우와 식비변상 정도의 금품에 일반적으로 지급하는 경우는 실비변상 정도의 지급액은 일시적 숙직료는 비과세하고 당직 중 필요한 식사를 제공하는 것은 현물급여로 하여 식사제공비 상당액과 본봉의 합산액이 근로소득세로 과세된다.

③ 동일인이 계속해서 일직과 숙직하는 경우와 숙직금 통상인의 1회의 근무로서 토요일까지 또는 일요일 아침부터 월요일의 아침까지 당직을 하는 경우, 그 1회의 근무간에 통상인의 근무시간보다 길어 일반의 경우의 숙직료보다 중액을 지급해야 하는 경우에는 비과세되는 일직과 숙직료를 각각 1회씩 근무한 것으로 하여 비과세로 한다.

• 비과세되지 아니하는 경우의 사례
① 지급하는 일직 및 숙직료가 일직 또는 숙직자의 급료에 비례하는 금품 또는 급료일에 별도로 지급되는 금품

개정과목별
세무회계처리편람

인쇄 ; 2022. 5.10
발행 ; 2022 5.12
저자 ; 김 병 기
발행인 ; 김 오 태
발행처 ; 서울특별시 종로구 사직로8길
전화 ; (02) 736-0640
등록 ; 300-2003-147 (2013.10.8)
팩스 ; (02)-763-0641

ISBN 979-11-85390-14-7 (93320)

정가 : 35,000원

PART 1 ▶ 종업원 등에 관련하여 발생하는 거래의 세무처리 요령

거래의 상대방	주요거래의 내용	사용하는 계정과목	유의점·세무상의 요점	관계법령
1. 종업원(임금·급여·수당·복리후생비)	1~10 장기근속자, 우수종업원, 공로종업원 등에게 지	**복리후생비** (Welfare Expenses)	비례한 금액에 가깝게 급료의 체급구분에 응하여 정하고, 이에 따라 지급하는 당직료 ② 휴일 또는 야간근무만을 위하여 고용된 자에게 지급한 당직료 ③ 휴일 또는 야간의 당직을 겸하여 평상시의 근무를 위하여 고용된 자에게 지급되는 당직료 ④ 일직 또는 숙직근무를 그 자의 통상의 근무시간 내에 근무로 하는 자에게 지급하는 당직료 ⑤ 일직·숙직근무를 함으로써 대신휴가를 부여한 자에게 지급하는 당직료 • (예) A회사의 숙직자는 회사업무의 특수사정에 의하여 숙직 중 문서의 처리, 전화의 수부 등을 하게 되어 야근에 대한 숙직료는 숙직료 정액이 아닌 시간의 근무수당의 성격으로 지급하고 있는데, 이와 같은 경우의 숙직료는 숙직자에 대한 수당이 실질상의 지급액으로는 볼 수 없는 것임으로 그 지급되는 금액의 다소에 불구하고 본래의 급여와 합산하여 근로소득세로 원천징수를 하여야 하는 것이다. • 종업원표창규정 등으로 성문화하여 두는 것이 바람직하다. • 원천소득세가 과세되는 경우에는 급료·수당으로 처리하게 되며, 사회통념상 상당한 것으로서 과세가 되지 아니하는 경우에는 복리후생비로 처리하게 된다. • 종업원에게 지급하는 공로금·위로금·개업축하금 기타 이와 유사한 성질의 것을 금료.	

거래의 성대방	주요거래의 내용	사용하는 계정과목	유의점·세무상의 요점	관계법령
1. 종업원 (임금·급여·수당·복리후생비)	급하는 기념품, 금일봉 등의 비용	급료 (Salaries) 수당 (Allowance)	• 수당으로 소득세(근로소득세)의 과세대상이 되는 것이다. • 금일봉으로서 현금으로 지급되는 경우 또는 현금성이 있는 유가증권으로 지급되는 경우 및 매년 동일인에게 지급되는 등, 급여를 지급을 대신하여 지급되는 실태가 있다고 인정되는 경우에는 과세되기가 쉬운 것이다. • 종업원창구경에 의거하여 기념품 등의 증정에 있어서도 그것이 숲은 선행, 기능 등이 인정되어 사회적으로 칭찬을 받아, 회사의 영예를 주게 되는 것이며, 기념품을 증정받은 종업원은 기타소득으로 하여 증합소득으로 과세될 수 있을 것이다. [예] A회사에서는 사회적으로 표창적으로 되거나 회사의 영예를 주게 되는 회사에서도 이를 표창하고 부상으로 금10만원 이내의 현금을 주기로 되어있다. 그러나 이 상금은 A회사의 업무에는 전혀 관련이 없으면서 그 고용된 사업에 근로를 제공하고 받는 대가이기 때문에 A회사의 업무상은 고용관계에 있으면서 그 고용된 사업상의 성격상 당해 종업원의 급여 소득으로 해당되지는 않고, 이는 기타소득에 해당되는 것이다. • 우수종업원, 풍공자의 상품, 금일봉이 상식적 범위내의 것으로서 급여의 지급에 대신하여 지급되지 아니하는 한 근로소득으로는 과세되지 아니한다고 볼 수 있다. [예] A회사에서는 창립 10주년에 즈음하여 ① 회사창립 이래 풍로가 많은 구임원과 그 이외의 자	

1 ▶ 종업원 등에 관련하여 발생하는 거래의 세무처리 요령

거래의 상대방	주요거래의 내용	사용하는 계정과목	유의점·세무상의 요점	관계법령
1. 종업원(임원·급여·상여·수당·복리후생비)	1~11. 회사의 명령에 의하여 무상으로 열 및 피복 자동차 보험료 면허를 취득하기 위한 수험료, 등록료, 참고서적 등의 비용(비용을 회사)	교육비 (Expenses for Education) 복리후생비 (Welfare Expenses) 시험연구개발비 (Experiment and Research Expenses)	② 현 임원 및 종업원에게 기념위로금을 지급하려고 하는데, 이 경우 현직에 있는 임원이나 종업원에게 지급하는 기념위로금은 상여에 성질이 있는 급여로서 급여소득에 해당하므로 이들에 대하여는 그 지급시 원천징수하여야 하며, 그러나 현재 A회사에는 근로관계가 없는 구임원이나 그 이외의 자에게 지급하는 기념위로금은 일시소득(세법상의 기타소득)의 성격을 가지고 있다. • 임원 또는 특수관계자에 대하여 지급하는 경우에는 급료·수당 또는 상여로 되는 경우가 있다. • 회사의 명령에 형식적이며, 장래의 장기근속이나 특정의 업무의 제공을 전제하여 지급하는 경우에는 장래의 급여·수당의 선급으로서 과세되는 경우도 있다. • 회사의 경비로 취득한 교과서·교재·실험기구 등은 회사에 귀속시키는 것이 원칙인 것이다. • 법인이 학자금(반환의무가 없는 것)을 순금, 수급자족은 학자금에 충당하기 위하여 급부되는 금품은 비과세인 것이다. • 사용자가 수학중에 있는 종업원 또는 수학중에 있는 종업원의 자녀가 있는 종업원을 위하여 학자금 또는 장학금을 지급할 때에는 그 지급원이 사업장에 있어서는 필요경비로 보고 그 지급액을 받는 종업원에 있어서는 근로소득으로 본다.	

거래의 성격	주요거래의 내용	사용하는 계정과목	유의점·세무상의 요점	관계 법령
1. 종업원(교육·훈련·급여·수당·복리후생비)	가. 부담하는 경우 1~12월까지 열람자·위생 관리자·보일러 맨·전기설비 기사 채취 급자 등의 자격을 취득하기 위하여 직접 소요 되는 비용을 회사가 부담하	교육비 (Expenses for Education) 복리후생비 (Welfare Expenses) 시험연구 개발비 (Experiment and Research Expenses)	• 회사직원을 공무원교육원에서 위탁교육을 받게 하고, 그 직원에게 왕복여비와 숙박비를 교육비 명목으로 지급하는 경우 중업원 또는 직원이 업무상의 교육을 받기 위하여 실비변 상정도의 여비와 숙박비를 지급하는 경우에는 비과세 소득에 해당한다. ㈜ 업무상 필요에 의한 유익한 중업원의 정원을 발탁하여 3개월간의 냉동기술학원에 보내서 냉동기술사의 자격을 얻을 때까지의 비용 일체를 회사에서 부담하였는데, 이 경우 지급되는 비용을 다음과 같이 처리하여야 한다. ① 냉동기술사가 회사의 업무수행상 필요한 조건이라 할지라도 당해 중업원이 취득한 기술사의 자격은 A회사에 귀속되는 것이 아니고 중업원 개인에게 귀속되는 것이므로 ② 비록 회사업무상의 필요에 의하여 중업원에게 자격을 얻을 때까지 지급한 비용은 일응 그 중업원에게 경제적인 이익을 부여한 것이므로, 이에 대하여는 근로소득으로 원천징수를 하여야 할 것이나, ③ 현행 소득세법에 의하면 당해 근로자가 종사하는 사업체의 업무와 관련 있는 교육·훈련을 위하여 받는 학자금은 비과세소득으로 구성하고 있는 점으로 미루어 보아, 회사 의 업무와 관련하여 당해 중업원 자격을 얻기까지라는 자격을 얻기까지 비용은 당해 중 업원에게 등등으로 취급하게 됨에, 이는 비과세소득에 해당하게 되어 근로소득으로 하여 원천징수할 필요가 없는 것이다.	

1. 종업원 등에 관련하여 발생하는 거래의 세무처리 요점

거래의 성격별	주요거래의 내용	사용하는 계정과목	유의점·세무상의 요점	관계 법령
1. 종업원(급여·상여·수당·복리후생비)	1-13 회사의 연구기관, 대학 등에의 명령에 의하여 파견되어 연구 또는 교육을 받기 위하여 직접 소요되는 경비 급여 이외의 것(비용을 회사가 부담하는 경우)		• 비과세되는 학자금의 범위는 초·중등교육법 및 고등교육법에 의한 학교(외국에 있는 이와 유사한 교육기관을 포함)와 근로자직업능력개발법에 의한 직업능력개발훈련시설이 입학금·수업료·수강료 기타 공납금 중 다음 각호의 요건을 갖춘 학자금(당해연도에 납입할 금액을 한도로 함)을 말한다. ① 당해근로자가 종사하는 사업체의 업무와 관련있는 교육·훈련을 위하여 받는 것일 것 ② 당해 근로자가 종사하는 사업체의 규칙 등에 의하여 정하여진 지급기준에 따라 받는 것일 것 ③ 교육훈련기간이 6월 이상인 경우 교육·훈련 이후 당해 교육기간을 초과하여 근무하지 아니하는 때에는 지급받은 금액을 반납할 것을 조건으로 하여 받는 것일 것	

거래의 성대방	주요거래의 내용	사용하는 계정과목	유의점·세무상의 요점	관계 법령
1. 종업원 (임금·급여·수당·복리후생비)	1~14 회사의 명령에 종업(從業) 후 교육받기 관에 통학하여 수업을 받기 위하여 직접 필요로 하는 입학금, 수업료, 교재 등의 비용 (비용을 회사가 부담하는 경우)			

종업원 등에 관련하여 발생하는 거래의 세무처리 요령

거래의 성격	주요거래의 내용	사용하는 계정과목	유의점·세무상의 요점	관계법령
1. 종업원·임금·급여·수당·복리후생비)	1-15 종업원 또는 그 친족을 보험금 수취인인 보험계약에 의한 보험료를 회사가 지급한 경우(생명보험)	**급 료** (Salaries) **복리후생비** (Welfare Expenses) **보험료** (Insurance Expenses)	• 종업원이 계약자이거나 종업원 또는 그 배우자 기타의 가족을 수익자로 하는 보험·신탁 또는 공제와 관련하여 사용자가 부담하는 보험료·신탁부금·공제부금은 근로소득이 된다. (예) A회사에서는 종업원에 대한 복지사업으로 종업원의 명의로 생명보험을 계약하게 하고, 이에 대한 매월분의 보험료를 회사에서 부담하려고 하는데, 이 경우 그 부담하는 보험료는 회사에서 현척적으로 그 보험료를 부담하는 시점에 있어서의 당해 종업원에 대한 급여의 일부로서 포함시켜야 한다. • 국민건강보험법의 규정에 의하여 피보험자가 부담하여야 할 보험료를 사용자인 법인이 부담한 경우에 피보험자를 대신하여 부담한 금액은 본인의 소득금액 계산상 손금에 산입하고, 소득세법 제20조 및 동법시행령 제38조의 규정에 의하여 피보험자의 근로소득 등에 해당한다. • 국민건강보험법에 의하여 사용자로서 부담하는 국민건강보험료 기타 부담금은 복리후생비로 처리하게 된다.	소득령 §38 ①XII
	1-16 퇴직금의 일부로서 생명보험계약에	**퇴직급여** (Retirement Allowance)	• 평소종업원을 보험수취인으로 한 생명보험계약에 의한 보험료를 부담하고 회사에 근무하고 있는 종업원이 퇴직을 할 때에는 퇴직금의 일부로서 그 보험증서를 퇴직하는 종업원에게 주고 있는 경우 퇴직급여에 해당한다. 이 경우 당해 보험증서의 평가에 대하여 현행법상 별단의 규정은 없으나, 일반적으로 보험금액에서 그 보험증서의 권리를 인도할	직세 1234-1265, 1979.4.20.

거래의 상대방	주요거래의 내용	사용하는 계정과목	유의점·세무상의 요점	관계법령
1. 종업원(임금·급여·수당·복리후생비)	판한 권리 증서(보험 증서)를 교부한 경우		때까지 불입된 보험료의 합계금액을(그때까지의 보험료의 불입기일이 미도래된 부분의 금액은 제외) 공제한 금액이 퇴직급여로서의 지급금액이 되는 것이다.	
	1~17 법인이 종업원을 위을 보험계약 자로 하는 신원보증 보험료를 회사에 지급하였을 금하였을	급료 (Salaries) 복리후생비 (Welfare Expenses)	• 현행소득세법상 종업원을 보험금 수취인으로 하여 지급하는 보험료는 당해 종업원의 본래의 임금(또는 급료) 등과 합산하여 갑종근로소득세를 납부하게 되어있으므로 기업주가 지급한 보험료에 대하여는 그 불입이 속하는 월에 이미 불입금액을 지급급여로 하여 근로소득세를 과세하였을 것이므로, 당해 종업원의 퇴직적으로 퇴직할 때 기업주로부터 받는 보험증서상의 금액에서 이미 불입된 보험료를 차감한 금액이 퇴직급여로 지급받는 것이 되는 것이다. • 기업회계상 복리후생비로 회계처리할 수 있을 것이나, 세무계산상에는 종업원을 보험계약자로 하는 신원보증을 위한 보험료를 법인이 지급하는 경우에는, 이를 당해 종업원에 대한 급여로 보는 것이다. • 법인을 보험계약자로 하는 신원보증보험료는 법인이 지급한 경우에는 이는 당해 법인의 순비로 처리하게 된다.	직세 1234-2642, 1976. 10.25. 직세 1234-2642, 1976. 10.26.

PART 1 ▶ 중요일 등에 관련하여 발생하는 거래의 세무처리 요령

1. 종업원·임원·급여·수당·복리후생비

거래의 상대방	주요거래의 내용	사용하는 계정과목	유의점·세무상의 요점	관계 법령
	경우			
	1~18 종업원의 통근 정기대금, 자동차 등에 의한 출근자에 대하여 교통비를 지급하는 경우	교 통 비 (Carfare)	• 통근수당은 근로소득에 해당하게 된다. • 여비의 명목으로 지급되는 연(年) 또는 월(月)에 대해서는 회사에서는 여비교통비로 처리되나 세법상 근로소득에 해당되므로 소득세를 원천징수하여야 한다. • 여비로서 실비변상 정도로 지급액은 근로소득에 포함하지 아니하게 된다. • 회사가 운행하는 통근버스 등을 이용함에 의하여, 실질적인 통근비가 불필요한 경우에 지급되는 통근비는 급여로 된다. • 근로소득의 범위에 포함하는 소득세법시행령 제38조 제9호의 통근수당을 통근을 위한 수단으로서, 동 수당의 실비여부 또는 실제사용여부에 관계없이 일정액의 현금 또는 환가성 있는 승차권 등을 사용인에게 직접 지급하는 것을 말하게 된다.	직세 1234- 4026, 1977. 11.5
		복리후생비 (Welfare)		
		급 여 (Salaries)		
		수 당 (allowance)		

52

거래의 상대방	주요거래의 내용	사용하는 계정과목	유의점·세무상의 요점	관계 법령
1. 종업원 (임금·급여·수당·복리후생비)	1-19 통근용 정기승차권의 일부를 회사가 부담한 경우	수 당 (allowance) 급 여 (Salaries)	• 통근수당은 근로소득에 포함된다. • 여비의 명목으로 지급되는 연액 또는 월액은 근로소득에 포함된다. • 사원의 통근용정기승차권의 구입에 있어 당해 사원에게 그 반액을 부담시키고 그 잔액에 대하여는 회사에서 지출하고 있는 경우에 있어서는 회사가 사원의 통근을 위하여 지급되고 있는 금액은 그 비용에 명칭여하에 불구하고 통근수당에 해당되는 것이므로, 이는 당해 사원의 급여소득에 포함시켜야 하는 것이다.	
	1-20 종업원의 통근을 위하여 임차한 통근차량에 대하여 지급하는 차료를 회사가 부담한 경우	수 당 (allowance) 지급임차료 (Interest Refunding Expense)	• 순수회사간에 종업원의 출·퇴근시간에 한하여 임차계약으로 통근버스를 운행하고 있는데, 이와 같이 당회사가 순수회사에 지급하는 임차료를 종업원에 대한 통근수당으로 하여 근로소득으로 보게 된다. • 일반적으로 통근수당이라 하면 일정액의 현금 또는 현가성 있는 통근승차권 등을 통근을 위한 수당으로서 종업원에게 직접 지급하는 경우를 말한다.	

거래의 성격	주요거래의 내용	사용하는 계정과목	유의점·세무상의 요점	관계법령
1. 종업원·임금·급여·수당·복리후생비	1-21 종업원의 통근을 위하여 임차한 통근차량에 대하여 지급하는 임차료를 회사가 부담할 경우	**복리후생비** (Welfare) **급여** (Salaries) **수당** (allowance)	• 기본봉급 외에 일률적으로 시간당 계산하여 추가지급하는 수당은 비록 그 산출근거가 근비·야간작업시의 식사대, 경비원의 피복비라 하더라도 근로소득의 범위에 포함되며, 소득세법 제12조 제4호에서 규정한 비과세 소득에 해당하지 아니하므로 소득세가 부과되는 것이다.	
	1-22 여비명목으로 지급되는 또는 연금 또는 월액	**여비** (Welfare) **급여** (Salaries) **수당** (allowance) **여비교통비** (Travelling Expense and Carfare)	• 여비의 성격은 일반적으로 당해 기업의 업무에 관련한 일로 임원이나 종업원이 특정 목적지에 출장하게 될 때, 기업주가 그 출장목적의 수행을 위하여 소요되는 실비변상적인 금전을 지급하는 때에 그 경비를 말하는 것이다. • 실질적으로 기업의 업무에 관련한 출장을 수반하지 않고 단지 여비라는 경비과목으로 일정액을 정기적 또는 수시로 지급하는 경우, 이는 일종의 당해 금액을 지급받는 자의 수당 등으로 보게 되므로 실질적인 여비가 아닌 경우에는 근로소득의 일부로 보게 되는 것이다.	

거래의 상대방	주요거래의 내용	사용하는 계정과목	유의점·세무상의 요점	관계 법령
1. 종업원(임금·급여·수당·복리후생비)	1-23 실비 변상적인 여비	**여비교통비** (Travelling Expense and carfare)	• 실비변상 정도의 여비라 함은 당해 기업의 업무와 관련하여 ① 그 여비의 목적 ② 목적지 ③ 여행의 경로 ④ 여행의 기간 ⑤ 숙박을 요하는가의 그 여부 ⑥ 여행하는 임원이나 종업원의 직무내용 ⑦ 그 여행을 하는 자의 지위 등을 고려하여 그 여행을 하는 데에 소요되는 실비 변상 비용으로 지출하는 금품이어야 하며, • 이는 다음과 같은 요건이 구비되어야 할 것이다. ① 당해 실비변상 여비의 산정기준이 그 지급을 받게 되는 임원이나 종업원을 통하여 적정하게 정해지고, 그 기준에 의하여 지출되어야 한다. ② 당해 실비변상여비의 산정기준은 동일직종, 동일직위 또는 유사한 기업에서 일반적으로 지출되고 있는 금액의 산정기준과 비교하여 상당한 금액이 것으로 인정되어야 한다. • 따라서 일반적으로 사규나 여비규정에 의하여 지출되는 것이라도 위와 같은 조건을 전체로 하면서 실비변상의 정도를 초과하는 것이라고 인정되는 때에는 고려의 여지가 있다고 보게 되는 것이다.	

거래의 상대방	주요거래의 내용	사용하는 계정과목	유의점·세무상의 요점	관계법령
1. 종업원(임금·급여·수당·복리후생비)			• 실비변상적인 예비로서 비과세소득으로 되어있는 예비라 함은 다음과 같은 경우 등에 지급되는 실비변상적인 비용을 지징하는 개념이라 하겠다. ① 근로소득자가 그 근로장소를 떠나서 직무와 관련한 업무를 수행하기 위하여 여행하는 경우 ② 근로소득자가 전임발령에 따라 그 전임을 위하여 여행하는 경우 ③ 취직자가 그 취직에 수반하여 부임하기 위하여 여행하는 경우 ④ 퇴직자가 그 퇴직에 수반하여 전거하기 위하여 여행하는 경우 ⑤ 다음은 귀히 드문 예이나 사망으로 인하여 퇴직한 자의 유가족이 그 사망으로 인하여 퇴직에 수반하여 전거하기 위하여 여행하는 경우 • 소득세법상 근로소득의 범위에 속하지 않고 또한 충수납금액을 얻기 위하여 이에 대응하는 필요경비로서의 예비는 기업이 임원 또는 중업원이 기업주로부터 당해 기업의 업무와 관련하는 여행에 필요한 철도임·선임·자동차운임·항공임·일당·숙박료·식료·이전료 등을 지급받은 금품으로서 그 여행에 통상 필요하다고 인정되는 한도내의 것 즉, 실비변상적인 금액을 말하는 것이다. ① 임원 또는 중업원이 그 근무처를 떠나서 특정직무를 수행하기 위하여 여행하는 경우 ② 임원 또는 중업원이 전임이 되어 그 전임을 위하여 여행을 하는 경우 ③ 임원 또는 중업원이 새로 취직이 되어 그 근무처에 부임하기 위하여 여행하는 경우	

거래의 성격별	주요거래의 내용	사용하는 계정과목	유의점·세무상의 요점	관계법령
1. 종업원·임금·급여·수당·복리후생비	1-24 전근 시에 대하여 근무지 이동 후에 지급하는 체재비	**여비교통비** (Travelling Expense and carfare) **급 여** (Salaries) **수 당** (allowance)	• 종업원을 전근시킨 후 그 전출에 소요되는 철도비·자동차비 등 그 전근을 위하여 통상 필요하다고 인정되는 실비변상정도의 여비지급분은 급여소득으로 보지 않는다. • 종업원이 전근된 후 주거를 마련하기까지 최소한도 1년간의 체재비 지출에 대하여는 비록 그것이 여비규정에 의하여 지급되는 것이라도, 이는 실비변상의 여비로는 볼 수 없으며, 오히려 별거수당 또는 주택수당의 1변형으로 생각할 수 있으므로, 이는 당해 종업원에 대한 급여소득으로 봄이 타당할 것이다.	
	1-25 종업원이 위안 여행에 소요되는 요비용	**복리후생비** (Welfare) **급 여** (Salaries)	• 복리후생비라 함은 판매와 관리사무에 종사하는 종업원에 대한 복리비와 후생비로서 다음과 같이 분류하게 된다. ① 법정복리비 : 법정복리비라 함은 근로기준법 등에 의한 사업주부담액으로서 판매와 관리사무에 종사하는 종업원에 대한 것을 말한다. ② 복리시설부담금 : 복리시설부담액은 복리사무의 부담액을 말하며 이에 있어서의 판매와 관리사무의 부담액을 말한다. ③ 후생비 : 주생비는 판매와 관리사무에 종사하는 종업원의 의무·위생·보험·위안·수양 등에 요한 비용을 말한다. ④ 협동급여 : 판매와 관리사무에 종사하는 종업원에게 협동을 급여한 비용이 판매와 관리사무의 부담액	
	1-26 운동회, 관극회, 불링대회 등의 비용			

거래의 상대방	주요거래의 내용	사용하는 계정과목	유의점·세무상의 요점	관계법령
1. 종업원(임금·급여·수당·복리후생비)	1-27 종업원의 급료 등의 그룹 스포츠 문화 등의 원조에 요하는 비용		• 종업원의 복리를 위한 운동회·위안회 등을 위하여 각각의 종업원에 현금을 지급하였을 경우, 그것이 비록 종업원의 복리를 위하였다고 하더라도 자기의 증여에 대한 급여로 처리함이 타당할 것이다. • 사내부서간 대항운동회에 소요한 비용 및 종업원이 일률적인 규정권한에 따른 비용은 복리후생비로 처리하게 될 것이다. • 종업원의 복리후생을 위하여 정원시설을 하였을 경우에 그 시설의 완료까지 발생한 일체의 비용은 당해 시설물의 취득원가로 처리하고, 정원의 유지관리를 위한 비용은 복리후생비로 처리하는 것이 합리적이라 하겠다.	
	1-28 휴양소, 운동장, 오락유회시설의 임차료, 유지비		• 종업원의 단계 등에 대하여 지출적 원조를 한 경우, 그 사용·진금의 관리 등에 있어서 용도불명한 것이 있을 때에는 접대비로 취급할 우려가 있으므로 다음과 같은 점에 주의를 요한다. ① 사용명세서에 보고가 되어 있고 증빙이 징구되어야 한다. ② 진금은 회사에 반환되어 있어야 한다. • 상기의 경우, 복리후생을 전체로 하고, 일정한 금액을 교부한 사실만을 가지고서는 복리후생비라는 손금처리도 할 수 없다고 보겠으며, 그 단계가 현실적으로 종업원의 복리후생을 위하여 충당하였을 때 비로소 손금계상이 가능할 것이다.	

거래의 형태별	주요거래의 내용	사용하는 계정과목	유의점·세무상의 요점	관계 법령
1. 종업원(임금·급여·수당·복리후생비)			• 법인이 그 임원 또는 사용인을 위하여 지출한 복리후생비 중 다음에 해당하는 비용은 복리후생비로 손금에 산입한다. ① 직장체육비 ② 직장연예비 ③ 우리사주조합의 운영비 ④ 국민건강보험법에 의하여 사용자로서 부담하는 건강보험료, 기타 부담금 ⑤ 영유아보육법에 의하여 설치된 직장보육시설의 운영비 ⑥ 고용보험법에 의하여 사용자로서 부담하는 보험료 ⑦ 기타 임원 또는 사용인에게 사회통념상 타당하다고 인정되는 범위안에서 지급하는 경조비 등 위 ① 내지 ⑥의 비용과 유사한 비용 • 법인체가 산하 종업원을 위한 사우회를 가지고 있으면서 종업원 상호간의 친목 및 복지증진을 도모할 목적으로, 법인의 이익금 중 일부를 사우회 기금으로 출연하였을 경우에 있어서 기업체의 종업원으로 구성된 사우회가 기부금을 사우회로부터 증여를 받은 경우에는 그 단체를 개인으로 보고 증여세를 과세하는 것이 타당하며, 다만, 기업주가 종업원의 급여를 종업원 명목으로 사우회를 통하여 지급한 것일 때에는 각 종업원의 근로소득으로 보게 되는 것이다. • 기업측에서 휴양소를 임차하고, 그 임차료를 선금하였을 경우에 있어서는 특정기간 손익사항으로서 요건을 충족할 때에는 지출시의 손금으로 계상할 수가 있을 것이다.	법인령 §45

종업원 등에 관련하여 발생하는 거래의 세무처리 요령

거래의 성격	주요거래의 내용	사용하는 계정과목	유의점·세무상의 요점	관계 법령
1. 종업원·임금·급여·수당·복리후생비	1-29 종업원의 관혼상제, 질환, 기타 사정으로 급료를 선급하였을 경우	가지급금 (Suspense Payments)	• 고용된 종업원에 대한 단순한 급료선불금은 법인세법 제52조(부당행위계산의 부인), 동법 시행령 제89조에 의한 인정이자의 계산은 하지 아니하게 되는 것이다.	
	1-30 직무상 착용의 의무가 법정 취업규칙 등에 정하여져 있는 자에게 지급하는 제복·제모 기타의 화의 비용	복리후생비 (Welfare Expenses)	• 피복수당은 근로소득으로 된다. • 종업원에게 피복을 지급하는 경우의 피복비는 근로소득이 된다. • 1-30의 경우, 법령·조례에 의하여 제복을 착용하여야 하는 자가 받는 제복·제모 및 제화는 근로소득에 포함하지 아니한다. • 1-31의 경우, 근로소득에 포함하지 아니한다. • 종업원에게 지급되는 피복비 중 근무시간에만 착용되는 작업복이나 특수근무자, 즉 공장 직공이나 수위실직원에게 지급되는 피복비는 근로소득의 범위인 근로의 대가라고 볼 수 없으므로 복리후생비로 하여 손금산입함이 타당할 것이다.	소득령 §12

거래의 성대방	주요거래의 내 용	사용하는 계정과목	유의점·세무상의 요점	관계 법령
1. 종업원(임 금·급 여·수 당·복 리후생비)	1~31 병원, 실험실, 양기관, 농장이나 신에서 무하는 자 또는 직업 이나 역무에 종사하는 자에게 지급하는 작업복이나, 그 작업에 사용한 피복		• 예비적으로 다량의 저장품을 가진 경우에 사용시는 자산으로 계상할 필요가 있다. • 취업규칙 등에 의하여 착용이 정하여져 있는 경우에 있어서도, 실질상 작업복·사무복 등으로서 그 착용이 관습화되어 있을 때에는 복리후생비로 할 수 있을 것이다. • 일반직원 등에 대한 재판적으로 제복 등으로서 분명하지 아니한 것, 남자용 동행동세의 양복, 구두, 넥타이 등 또는 여자의 착용이 가능한 스카프·구두·블라우스 등은 급여소득으로 볼 위함이 있다. • 제복 등으로 보는 조건은 다음과 같은 경우라 하겠다. ① 착용함에 있어 개인의 선택의 자유가 없는 것 ② 착용자의 예외가 없고, 전원이 착용되는 것으로 규정되어 있을 것 ③ 근무처에서만 착용하고, 통근시에는 착용하지 아니하는 것 ④ 지급·교체·폐기 등에 있어서 상당한 관리가 되어 있는 것 ⑤ 회사의 마크가 붙어 있음으로서 일견하여 제복이라고 분명하게 알아볼 수 있을 것 ⑥ 사무원, 세일즈맨 등에게 지급하는 피복수당 또는 일반적으로 착용 가능한 원단 등의 현물지급은 급여로 보게 된다.	직세 1344-1026, 1976. 5.3.

거래의 성격	주요거래의 내용	사용하는 계정과목	유의점·세무상의 요점	관계 법령
1. 종업원·복리·급여·수당·복리후생비	1-32 안전모, 안정화, 방호복, 용접용 안경 등 업무상 필요한 물품을 지급함에 소요된 비용			
	1-33 기숙사에 입주하고 있는 종업원에게 제공하는 식사	복리후생비 (Welfare Expenses) 급 여 (Salaries)	• 기숙사에 입주한 육체노동자에게 일관하여 식사 기타 음식물을 제공하는 경우, 당해 기업의 급여지급 내용이 다음과 같이 제한을 두지 아니한 복리후생적인 성질의 것으로 보게 되므로 비과세 소득이 된다. ① 기숙사에 입주한 근로자들이 식사 등을 제공받는다는 이유에 의하여 기숙사에 입주하지 아니한 근로자와 급여지급에 차등을 두지 않는 것일 것 ② 고용계약에 있어 기숙사에 입주한 육체노동자에게 제공하는 식사 등이 통상임금 지급에 포함되지 않는 기업의 주거부담액인 성질의 것일 것	직세 1234-696, 1977. 3.29.

거래의 성격별	주요거래의 내용	사용하는 계정과목	유의점·세무상의 요점	관계 법령
1. 종업원·임금·급여·수당·복리후생비	1-34 해외 근무에 따른 가족추가여비	**복리후생비** (Welfare) 급 여 (Salaries) 수 당 (allowance)	• 국외에 근무하는 내국인근로자 또는 국내에 근무하는 외국인근로자의 본국휴가에 따른 여비는 다음의 조건과 범위내에서 소득세법시행령 제12조 제3호에서 규정하는 실비변상적 급여로 본다. (1) 조 건 ① 회사의 사규 또는 고용계약서 등에 본국 이외의 지역에서 1년 이상(1년 이상 근무하기로 규정된 경우를 포함한다) 근무한 근로자에게 귀국 여부를 회사가 부담하도록 되어 있을 것 ② 해외근무라고 하는 근무환경의 특수성에 따라 직무수행상 필수적이라고 인정되는 휴가일 것 (2) 실비변상적 급여로 보는 범위 왕복교통비(항공기의 운행편제상 부득이한 사정으로 경유지에서 숙박한 경우 그 숙박료를 포함한다)로서 가장 합리적 또는 경제적이라고 인정되는 범위내의 금액에 한하며, 판례역행이라고 인정되는 부분의 금액은 제외된다.	소득 통칙 20-15
	1-35 연말, 창립기념일 등 일정일에 증여일체 받을 대상	**복리후생비** (Welfare)	• 연말, 창립기념일, 국가경축일, 신사육나성사 등에 있어서 종업원에게 일률적으로 공여한 음식 등으로 지출한 비용은 복리후생비로 처리함이 타당할 것이다. • 수시로 행하는 경우에 있어서는 접대비(교제비)로 될 우려가 있다. • 국외에서 근무를 제공하고 받는 근로소득자에게 지급받는 해외근무수당·주택수당 등 해	

1. 종업원 등에 관련하여 발생하는 거래의 세무처리 요령

거래의 상대방	주요거래의 내용	사용하는 계정과목	유의점·세무상의 요점	관계 법령
1. 종업원(임원·급여·수당·복리후생비)	으로 하여 행하는 위안을 위한 여 음식에 소요된 비용		• 상식적으로 음식의 범위를 초과하는 경우에는 단순히 접대비(교제비)로 될 뿐만 아니라, 인정상여 등으로 될 우려가 있는 것이다. • 사내행사시에 임직원의 장소를 바꾸어서 연회를 실시할 경우에는 접대비(교제비)로 된다. • 위안회 등을 위하여 종업원에게 현금을 지급하거나, 법인의 개업기념·사옥의 신축기념 등을 위하여 현금으로 일정한 금품을 지급할 때에 있어서는 각자에 대한 급여로 처리하여야 할 것이다. • 사내에서 매년 회사창립일에 있어서 사내 일동에게 회식을 하는 경우, 지출되는 연회 비용가 부담하고 있는데, 이 지출분은 사원각자에 대한 급여소득으로 보지 아니한다. 그러나 이 경우 유의하여야 할 점은 회사의 대표자가 참가하지 않음에도 불구하고 회비에 상당하는 금품들을 지급하는 사례가 있는 경우에는 그냥 참가한 사원이나 불참사원을 막론하고 대표자에게 지급한 금품이 상당하는 급여의 지급이 있는 것으로 간주하여 전사원에게 근로소득세를 과세하여야 하는 것이다. • 회사에서는 매년 회사창립일에 1년간 개근한 사원을 표창하고 부상으로 금일봉씩을 주고 있는 경우에 상금은 당해 사원의 급여소득으로 보고 원천징수를 함이 타당하다. • 종업원이 받는 포상금·위로금·개근수당금·기타 이와 유사한 성질의 급여는 근로소득.	소득령

거래의 성격별	주요거래의 내용	사용하는 계정과목	유의점·세무상의 요점	관계 법령
1. 종업원·임금·급여·수당·복리후생비	1~36 사내의 종업원들이 일정한 목적을 위하여 회의를 개최하고 식사를 함께 하는 때에 소요된 비용 등으로서 상적인 것	**회의비** (Convention Expenses) **접대비** (Entertainment Expenses)	로 보게 된다. • 이 경우 종업원의 범위는 전종업원만을 의미하게 되는 것인지 하는 점이다. 여기서 종업원은 전종업원만을 의미하는 것은 아니며, 일부 종업원에게 지급하는 공로금·위로금·개업축하금 기타 이와 유사한 성질의 급여도 소득세법시행령 제38조 제1항 제2호의 규정에 의하여 당해 종업원의 근로소득에 포함하는 것이다. • 사내에서 종업원들이 일정한 목적을 위하여 회의를 개최하고, 그 회의의 접대에 대하여 만족스러움을 나누기 위하여 주연을 베푼 때에 그 소요된 비용은 접대비로 처리함이 보다 회의비로 처리함이 타당하겠다. • 회의가 회의로서의 실체를 구비한 것인가 아닌가는 그 실정에 의하므로 그 실체를 구체적으로 입증하여야 한다.	§38 ① 직세 1234—1765, 1976. 7.12.

거래의 성격별	주요거래 내용	사용하는 계정과목	유의점·세무상의 요점	관계법령
1. 종업원·임금·급여·수당·복리후생비	1-37 야행 준비 등에 행하고 행한 경우의 비용		• 준비 등과 아울러 행한 그 회의가 회의로서의 실태를 구비하고 있는 것이 때에는 회의에 통상 소요되는 비용의 금액은 회의비로 되고, 접대비의 범위에는 포함하지 않는 것이다. 그렇지만 그 회의가 회의로서의 실태를 구비한 것인지의 인증이 필요하다.	소득령 §38 ① 6 소득통칙 20-13
	1-38 출장지에서 회의하는 회의비용		• 출장지에서 개최하는 회의라도 실태가 회의에 해당하는 것이라면, 그 때문에 통상 소요되는 비용은 접대비로 취급하지 아니하고 회의비로 할 수 있다.	
	1-39 거래처와의 정기 회합비용		• 회합이 정기적으로 행하는 것인지의 여부가 아니고, 이른바 회의로서의 실태를 갖추고 있는지의 여부에 있으므로, 그 실태를 증명할 수 있도록 해야 둘 필요가 있다.	
	1-40 무료 종업원에 대하여 사택을 제공한 경우	**복리후생비** (Welfare) **급 여** (Salaries) **수 당** (Allowance)	• 주택수당은 근로소득에 포함되게 된다. • 주주 또는 출자자가 아닌 임원(주권신상장법인·협회등록법인의 주주 중 소액주주인 임원을 포함과 임원이 아닌 종업원 및 국가·지방자치단체로부터 근로소득을 지급받는 자가 사택을 제공받는 경우는 근로소득에 포함하지 아니한다. 여기에 해당하지 아니하는 근로자로서 사택에 거주하던 자가 인사이동으로 출퇴근이 불가능한 원거리로 이주하였으나 가족이 질병요양·취학 등 부득이한 사유로 함께 이주하지 못하고 계속 거주하는 경우 당해 사택을 제공받음으로써 얻는 이익은 당해 근로자의 근로소득으로 보지 않는다.	

거래의 상대방	주요거래의 내용	사용하는 계정과목	유의점·세무상의 요점	관계 법령
1. 종업원(임금·급여·수당·복리후생비)	1-41 종업원 등 개인의 가계를 위하여 지출한 임차료 종업원등에 대한 사택으로 제공하여 임차하고 있는 임차료 중 종업원 임대료에 갈음하여 임대료보다 적은 임대료로 종업원에게 임대하는 경우의 임차료와 임대료의 차액		• 종업원이 주택(주택에 부수되는 토지를 포함)의 구입·임차에 소요되는 자금을 저리 또는 무상으로 대여받음으로써 얻는 이익은 근로소득에 포함하게 된다. 여기에서 주택의 구입·임차의 범위에는 신축한 경우를 포함한다. • 위에서 사택이라 함은 사용자가 소유하고 있는 주택을 종업원 및 임원에게 무상 또는 저가로 제공하거나, 사용자가 직접 임차하여 종업원 및 임원에게 무상으로 제공하는 주택을 말한다. 이를 적용함에 있어서 사용자가 임차주택을 사택으로 제공하는 경우 임대차 기간중에 종업원 및 임원이 전근·퇴직 또는 이사하는 다른 종업원 및 임원이 당해 주택에 입주하는 경우에 한하여 이를 사택으로 보는 것이다.	소득 통칙 20-12 소득칙 §15의 2

거래의 상대방	주요거래의 내용	사용하는 계정과목	유의점·세무상의 요점	관계 법령
1. 종업원 (임금·급여·수당·복리후생비)	1-42 사택 거주자 또는 개인적으로 계약하고 있는 임차아파트 거주자 등에 대하여 사택거주자와의 공평상 수당을 지급한 경우	**복리후생비** (Welfare Expenses)	• 다음의 경우에는 사택으로 보지 아니한다. ① 입주한 종업원 등이 전근·퇴직 또는 이사한 후 당해 사업장의 종업원 및 임원 중에서 입주희망자가 없는 경우 ② 당해 임차주택의 계약잔여기간이 1년 이하인 경우로서 주택임대인이 주택 임대차 계약의 갱신을 거부하는 경우 • 사택에는 기업소유의 사택뿐만 아니라 임차하여 제공하는 사택도 포함되는 것으로 본다.	소득 통칙 20-9
	1-43 근로 소득에서 제외되는 사택의 범위	**급여** (Salaries)	• 출자자나 출연자인 임원이 아닌 자가 사택을 제공받는 경우, 그 제공받는 이익은 근로소득에서 제외되는 사택의 범위는 다음의 요건을 충족하는 것에 한한다. ① 근무지로부터 통상 출·퇴근 가능 지역 내에 자기소유의 주택이 없는 자, 전원을 사택 입주 대상자로 할 것 ② 사택을 제공받는다는 이유로 사택을 제공받지 아니한 종업원과 급여지급액에 차등을 두지 아니할 것 ③ 사택 제공에 따른 비용이 통상 임금지급액에 포함되지 아니하고 기업의 추가 부담적인 것일 것	소득 통칙 20-10

거래의 성격	주요거래의 내용	사용하는 계정과목	유의점·세무상의 요점	관계 법령
1. 종업원·임금·급여·수당·복리후생비)	1-44 회사 소유의 주택을 종업원 및 임원에게 임대한 경우의 임대료	잡수입 (Miscellaneous Income) 수입임차료 (Import Refunding Expense)	• 회사소유의 가옥을 주택으로 종업원 및 임원에게 임대하고, 임대료를 받을 때에는 잡수입으로 수익계상하게 된다. • 수입하는 임대료가 적정임대료 보다 현저히 저렴할 경우, 그 차액은 당해 종업원 및 임원에 대한 급여가 되는 것이다.	소득령 §38 ① V
	1-45 시간외 근무를 통례로 하는 사원에게 제공한 사택	복리후생비 (Welfare)	• 원칙적으로 종업원에게 주택수당을 지급하고 이를 근로소득의 수입금액에 포함하여 계산하게 된다 • 업무편제상 통상의 근무시간외에도 항상 대기 또는 근무를 하게 되는 원전기사 그리고 사무소나 공장 등의 감시 하의 직무 등이나 경비원 등의 가운데 제공된 수행상 근무장소를 떠나서 거주하는 것이 곤란하기 때문에 대하여는 당사자들의 실제로 월세 등을 내지 않는 경우, 이를 당해자에 간주하여 근로소득으로는 볼 수 없는 것이기 때문에 과세대상이 되지 않는 것으로 봄이 타당하다.	
	1-46 사원 이나 직공 에게 사택	복리후생비 (Welfare)	• 사택에서 사용하고 있는 전기·수도료 등의 요금을 회사에서 부담한 그 요금 상당액은 각 종업원에 대한 현물급여로서 처리되어야 할 것이다.	

거래의 성격	주요거래 내용	사용하는 계정과목	유의점·세무상의 요점	관계법령
1. 종업원·임금·급여·수당·복리후생비	또는 가족에 제공하고, 이에 소요되는 전기료·수도료 등의 요금을 회사가 부담하는 경우	수도광열비 (Utility Charges) 급여 (Salaries) 수당 (Allowance)	• 공장기숙사에서 사용되고 있는 전기·수도료 등의 회사부담분은 종업원에 대한 후생 또는 복지에 대한 제경비의 지출로 보고 소득세를 부과하지 않음이 타당하다	
1-47 종업원의 친족 등의 경조, 회복에 있어 일정기 순에 따라 지급하는 금품의 가액 (종업원)		복리후생비 (Welfare)	• 금전으로 지급되는 것은 원칙적으로 소득세의 과세가 되나, 그 종업원의 지위나, 사회통념상 타당하다고 인정되는 범위안의 위로금·경조금 등의 금액은 이를 지급받는 자의 소득으로 보지 아니한다. • 종업원에게 지급하는 결혼축하금·생일축하금 또는 사회통념상 타당하다고 인정되는 위안의 금액은 이를 지급받는 자의 소득으로 보지 아니한다. • 종업원 또는 그의 가족이 재해 또는 정사가 있어 기업주가 판례적으로 그 종업원의 근무 연수·지위 등에 따라 부의금이나 축하는 위문금 등을 지급한 경우에 있어, 기업이	

거래의 성대방	주요거래의 내용	사용하는 계정과목	유의점·세무상의 요점	관계 법령
1. 종업원(임금·급여·수당·복리후생비)	에 대하여 지급하는 결혼·출산·재해 위로품 등 등 (한 예외 비용)		관례적으로 일방적인 의사에 따라 지급되는 장례비·부의금·축하금 또는 위문금 등은 근로소득의 대상이 되지 않으므로 원천징수를 할 수 없는 것이다. • 회사에서는 사규로 사원이 결혼하는 때에는 일인당 ○○○원의 축하금을 지급하게 되어있는 경우, 당해 사원에 지급하는 축하금은 근여소득에 해당하지 않으며, 이는 회사의 손비로 처리하면 되는 것이다. • 사회통념상 타당하다고 인정하는 범위안의 경조금으로서 사용인에게 지급한 경조금에 대한 회계처리는 그 지급받은 사용인의 복리후생비로 하여 당해 연도의 필요경비로 계상할 수 있으므로, 따라서 이 경우 복리후생비로 계상한 분에 대하여는 상대적으로 그 지급받은 자는 소득세가 과세되지 아니한다. 종업원이 조직한 사내노동조합과의 협약에 따라서 종업원이 다음에 게기하는 경우에 해당하는 때에는 그 정조별로 일정금액을 지급하게 되어있는데, 이런 경우 ① 종업원이 결혼한 경우 ② 종업원의 자녀가 출생한 경우 ③ 종업원이 중병인 경우 ④ 종업원이 재해를 입은 경우 ⑤ 종업원이나 동 부양가족이 사망한 경우 <첫째> 노무조합의 협약에 따른 사실이 발생한 경우에는 당해 종업원이 당연한 권리의	

종업원 등에 관련하여 발생하는 거래의 세무처리 요령

거래의 성격별	주요거래의 내용	사용하는 계정과목	유의점·세무상의 요점	관계 법령
1. 종업원·임금·급여·수당·복리후생비	1~48 근로기준법에 의한 근로	**복리후생비** (Welfare)	행사로서 회사에 그 지급의 요구를 할 수 있는 것이기 때문에 이와 같은 지급은 고요원제에 기인한 일종의 보수로 볼 수 있는 것이다. 따라서 이와 같은 경우에는 상여의 성질이 있는 근로소득으로 하여 소득세를 원천징수하는 것이 원칙적으로 되어 있다. <둘째> 그러나 그와 같은 지급금이 노동조합과의 협약에 의한 것이 아니고, 사회통념상 위문금이나 축의금 등 경조가분금에 상당하는 것으로 인정되는 때에는 당해 종업원에 대한 근로소득으로 볼 수 없는 것이다. <셋째> 회사가 노동조합과의 협약에 의하지 않고 임의적으로 그와 같은 내용의 것을 지급하고 있는 경우에는 종업원이 고용관계에 기인한 근로 등의 용역 제공에 의한 대가로서의 것이 아니기 때문에, 이와 같은 금품을 청구할 권한이 있는 것이므로 근로소득은 아니고, 이는 그 소득의 성질상 일시소득에 해당이 된다. • 종업원의 업무 중 사망으로 인하여 회사가 그 유족에게 지급하는 위자료는 상속세가 부과되지 아니하나, 동 위자료가 사실상 퇴직급여의 성질의 상속세가 해당할 것이다. • 피상속인의 사망으로 인하여 상속인과 이와 자기가 받은 보험금이 보험료를 부담한 것일 때에는 상속세가 부과되는 것이다. • 법정범위내의 것은 물론이거나와 그것을 초과하는 것이라 할지라도, 그것이 사회통념상 타당한 금액이며, 일부로서 지급되지 아니하는 한에 있어서는 급여소득이 되지 아니한다.	

거래의 성격	주요거래의 내용	사용하는 계정과목	유의점·세무상의 요점	관계 법령
1. 총 여비·임금·급여·수당·복리후생비)	차 및 그 유족에게 지급하는 요양보상금, 휴업보상금, 장해보상금, 유족보상금 및 장사비		• 근로자가 업무상의 부상 등으로 요양중일 때에 근로기준법 제79조의 규정에 의하여 지급하는 휴업보상금 이외의 전종업원에게 근로기준법에 의하여 지급하는 다른 증명금과 같이 지급하는 경우에 있어서는 요양중인 근로자에게 근로기준법에 의하여 지급하는 요양·휴업보상금·장해보상금·유족보상금 및 장사비 이외에 다른 근로자와 같이 지급하는 상여금은 비과세 소득에 해당하지 아니한다.	
	1~49 업무상 상병 자에의 위로금, 위자료 손해 배상금	**복리후생비** (Welfare)	• 근로의 제공으로 인한 부상·질병 또는 사망과 관련하여 근로자나, 그 유가족이 받는 연금과 위자의 성질이 있는 급여는 소득세법에 의하여 비과세소득이 된다. • 위자료·위로금으로서 상당한 액은 급여의 지급을 대신하여 지급하지 아니하는 한, 급여로 하지 아니하는 것이다. 업무의 수행에 관련한 것으로서 그 행위자의 고의 또는 중과실이 없는 조건이어야 한다.	
	1~50 사택 등을 저렴 한 가액으로 종업원에게	급 여 (Salaries)	• 양수된 사택을 주택으로서 사용하는 한에 있어서는 저렴한 가액과 적정가액과의 차액은 급여로 하지 아니함이 타당할 것이다.	
		수 당 (Allowance)	• 임사를 조건으로 하는 양도, 장래의 노동대가의 일부로서 자가양도를 하는 경우에는	

1. 종업원 등에 관련하여 발생하는 거래의 세무처리 요령

거래의 생태명	주요거래의 내용	사용하는 계정과목	유의점·세무상의 요점	관계법령
1. 종업원 (임금·급여·수당·복리후생비)	1~51 수하에 양도하였을 때	급여로 할 수 있다.	급여로 할 수 있다. · 무상으로 양도한 경우에는 어느 경우이던 간에 급여로서 취급되어야 할 것이다.	
	수하중의 자녀가 있는 종업원에게 지급하는 장학금	급여 (Salaries)	· 소득세법 시행령 제38조 제1항 제2호의 규정에 의하여 사업자가 수하자가 있는 종업원 또는 수하중의 자녀가 있는 종업원을 위하여 학자금 또는 장학금을 지급할 때에는 그 지급액은 사업자에 있어서는 손비(필요경비)로 보고, 그 지급받는 종업원에 있어서는 근로소득 등에 속하게 된다.	
	종업원에게 지급하는 학자금	수 당 (Allowance)	· 근로소득세가 비과세 되는 학자금은 초·중등교육법 및 고등교육법에 의한 학교와 근로자직업훈련촉진법에 의한 직업능력개발훈련시설의 입학금·수업료·수강료 기타 공납금 중 다음과 같은 요건을 갖춘 학자금에 당해 연도에 납입할 금액을 한도로 함을 말한다. ① 당해 근로자가 종사하는 사업체의 업무와 관련 있는 교육·훈련을 위하여 받는 것일 것 ② 당해 근로자가 종사하는 사업체의 규칙 등에 의하여 정하여진 지급기준에 따라 받는 것일 것 ③ 교육·훈련기간이 6월 이상인 경우, 교육·훈련 후 당해 교육기간을 초과하여 근무하지 아니하는 때에는 지급받는 금액을 반납할 것을 조건으로 하여 받는 것일 것	소득령 §11
		복리후생비 (Welfare)		

거래의 성격별	주요거래의 내용	사용하는 계정과목	유의점·세무상의 요점	관계 법령
1. 종업원·임금·급여·수당·복리후생비)	1-52 건강 진단을 위하여 위촉한 의사에게 지급한 보수	지급수수료 (Payment Commission)	• 회사에서 종업원의 건강진단을 위하여 특정의사에게 의뢰하여 연2회에 걸쳐 2, 3일 정도 씩 진단을 받게 하고, 이에 대한 사례로 일마간의 금품을 지급하고 있는 바, 이 경우 사례 금은 계속성을 내포한 당해의 의사에 대한 고문료나 수당 또는 이와 유사한 성질의 급여 또는 볼 수 없으므로, 이는 의사의 주수입인 사업소득에 해당이 되는 것이므로, 이에 대하 여는 그 의사에 대한 사업소득세로서 원천징수하여야 한다.	
	1-53 지급 중 임원의 감종 근로소득 세를 부담 한 경우	가지급금 (Advances) 급여 (Salaries)	• 각 사원의 급료에서 원천징수하여야 할 갑종근로소득세를 지급자가 부담한 경우에, 그 부 담한 세액은 이를 회사가 부담한 때에 급료의 주가금으로서 과세하게 되는 것이다. 이 경우 <그 부담한 세금>을 지급자가 다시 부담한 때에는 동일한 과세방법이 되풀이되 는 것이다. • 회사가 부담한 근로소득세를 되풀이 추징을 받지 않게 하기 위해서는 다음과 같은 방법 등이 있다. ① 회사가 부담하는 세금에 상당하는 금액을 각자에게 부담시키는 방법 ② 또는 다음달의 각자의 급료에서 당월분의 갑종근로소득세의 납부분과 회사가 부담한 세금에 상당하는 금액을 차감한 잔액을 당사자에게 지급하는 방법 • 세무조사시 적출된 급여에 대한 소득세는 본래 그 지급을 받은 직원이 각자 부담하여야 할 성질의 것이지, 기업주가 부담하여야 할 갑종근로소득세를 기업주가 부담하면, 그 부 담한 금액은 이를 부담한 때에 있어서의 직원에 대한 급여소득으로 계산하게 되는 것이다.	

1. 종업원 등에 관련하여 발생하는 거래의 세무처리 요령

거래의 성격	주요거래의 내용	사용하는 계정과목	유의점·세무상의 요점	관계법령
1. 종업원·임금·급여·수당·복리후생비	1-54 자기회사의 제품 등을 원가 이하로 종업원에게 판매한 경우 시가와의 차액	급여 (Salaries)	• 자기회사의 제품이나 상품 등을 시가 이하로 종업원에게 판매한 경우 시가와의 차액은 급여로 보게 된다. • 이때에 있어 회계처리는 다음과 같이 해 될 것이다. (차) 현금 ×××　　(대) 매출 ××× 　　급여 ×××	
	1-55 종업원에게 제품, 상품 등을 현물급여로 제공하였을 경우	급여 (Salaries) 복리후생비 (Welfare)	• 현물급여의 경우, 지급당시의 시가에 의한 대금을 근로소득으로 포함하게 된다. • 제품·상품 등을 현물급여로서 제공하였을 경우, 제공한 날의 판매시가를 기준으로 하여 익금(판매수익)으로 계상하여야 하는 것이다. • 법인이 원가 10,000원의 상품을 종업원에게 현물급여로 제공하였다면, 이때의 회계처리는 다음과 같다.<판매시가는 15,000원> (차) 급여 15,000　　(대) 매출 15,000 그러나 원가로 그 회계처리를 하였다면, [(차) 급여 10,000 (대) 매출 10,000] 납의 판매시가와의 차액 5,000원은 법인세과세표준신고서상에 익금으로 조정하여야 할 것이다. • 근로소득에 해당하는 급여는 통상 금전으로 수임되는 경우가 대체적이나, 때로는 이 금	

거래의 상대방	주요거래의 내용	사용하는 계정과목	유의점·세무상의 요점	관계법령
1. 종업원(임금·급여·수당·복리후생비)	1-56 종업원에게 현물을 무상으로 지급한 경우	급여 (Salaries)	전 이외의 현물이나 권리 또는 기타 경제적인 이익을 수입으로 하는 경우가 있다. • 이와 같이 근로소득에 해당하는 급여가 금전 이외의 현물이나 권리 또는 기타 경제적 이익을 가져오는 수입을 그 수입으로 하는 경우를 현물급여라고 하게 된다. • 상품권 등 유가증권의 현물급여에 대하여도 그 금액이 단순에 달려하고, 당해 사원의 본래의 급료와 상품권가액과의 합계액에 대한 종합근로소득세를 과징하여야 할 것이다. • 회사에서 종업원의 복리시설로서 이발소와 목욕탕을 설치하고 종업원에게 일반시중 요금의 반액정도로 이용시키고 있을 경우, 일반시중요금과 종업원이 부담하는 급여과의 차액은 회사의 후생시설을 이용하여 얻는 각 종업원의 이익에 대하여는 급여소득으로서 과세가 되지 않는다. • 당사 종업원에게 매월로 생산품을 무상으로 지급하고 있는데, 이 경우 종업원에게 무상으로 지급하고 있는 현물에 대하여서는 회사가 종업원에게 현물을 무상으로 지급하였을 경우 우라도, 이는 현물에 해당되므로, 그 현물가액을 보통의 월급여(또는 공임)에 가산하여 갑 종근로소득세를 원천징수하여야 한다. • 이 경우 현물에 대한 가액은 지급 당시의 시가에 의하게 되어 있는 것이다. • 급여에는 대체하여 현금급여와 현물급여로 구분되는데, 일반적으로 급여라 하면 현금급여	

1. 종업원·임금·급여·수당·복리후생비

거래의 형태별	주요거래의 내용	사용하는 계정과목	유의점·세무상의 요점	판례 법령
	1-57 구인 광고에 소요된 비용	광고선전비 (Advertising)	• 문서 등에 의한 모집(신문·잡지·기타·인쇄물을 이용하게 되는 경우가 비교적 많으나, 라디오·텔레비전 등을 이용하여 모집하는 예도 있다) 등의 비용에 대해서는 원칙적으로 기간비용으로 인식되어, 지출하는 날이 속하는 사업연도의 손금으로 계상하게 된다. • 아침광고·간판 등으로서 구인광고를 하였을 경우에 있어서는 내용연수가 1년 이상이며, 취득가액이 다액인 경우에는 개발비 등으로 하여야 한다.	
	1-58 종업원의 임사게	급여 (Salaries)	• 계약금이나 명목여하에 불문하고 일정의 자(회사)에 종속하여 일정의 역무를 제공하며, 또한 그 이외의 자(회사)를 위하여서는 역무를	

를 의미한다. 특별한 경우 자기상품 또는 제품을 보너스 형식으로 지급하고 있으며, 주식으로도 지급하는 경우가 있는데, 이를 현물급여라고 한다.

현물을 지급한 경우의 평가는 다음과 같은 방법에 의하게 된다.
① 제조업자 또는 생산업자가 그 제조 또는 생산한 물품을 지급하는 경우 : 그 제조업자 또는 생산업자의 판매가격
② 도매업자 또는 소매업자인 판매업자가 그 판매하는 물품을 지급하는 경우 : 그 판매업자의 판매가격
③ 제조업자·생산업자 또는 판매업자가 아닌 자가 물품을 지급하는 경우 : 일반시장가격 또는 당해업자가 구매한 물품을 즉시 지급하는 경우에는 그 구매가격

• 계약금이나 명목여하에 불문하고 일정의 자(회사)에 종속하여 일정의 역무를 제공하는 자가 그 일정의 자(회사)를 위하여 역무를 제공하기 위하여 역무를 제공하며, 또한 그 이외의 자(회사)를 위하여서는 역무를

거래의 성격별	주요거래의 내용	사용하는 계정과목	유의점·세무상의 요점	관계 법령
1. 종업원·임금·급여·수당·복리후생비	약금	수 당 (Allowance)	제공하지 아니하기로 약정하고 받는 일시적 금품에 대해서는 급여로 보게 된다.	
	1-59 제용자에 대한 전거비용의 지급	여비교통비 (Travelling Expense and carfare)	• 회사측에서는 손금산입, 신입사원에 대해서는 통상필요로 되는 (설비변상적 여비)전거비용은 비과세 된다.	
	1-60 용도불명의 접대비를 종업원에게 지급한 경우의 지급액	접대비 (Amusement Expenses)	• 용도불명의 접대비를 종업원에게 지급한 경우의 그 지급액은 급여로 보게 된다. • 회사에서 직접 업무와 관련하여 지급하는 교제비는 근로소득이라는 문제는 생기지 않는다. • 지급받은 교제비를 회사의 업무와 관련하여 사용한 것이 분명한 때에는 급여로 보지 않고, 회사의 비용으로 처리하게 된다.	
	1-61 종업원의 공금 또는 와상매출금 등의 출금 등의	종업원에 대한 대여금 또는 가수금등 회상한 후 처리한 화수불능액	• 횡령한 금품에 대해서는 그 종업원에 대한 구상권이 회사에 존재하기 때문에, 이것을 대여금으로 계상하고, 그 후 회수불능액을 대손으로 하여 생각하게 된다. 이때에 있어, 그 종업원의 변제능력의 유무가 대손시 부인의 포인트가 되는 것이다. • 부인으로 되는 유형은 다음과 같다.	

PART 1 ▶ 중영업 등에 관련하여 발생하는 거래의 세무처리 요령

거래의 상태별	주요거래의 내용	사용하는 계정과목	유의점·세무상의 요점	관계법령
1. 종업원 (임금·급여·수당·복리후생비)	회사 재산을 횡령한 경우	은 대손처리 할 것	① 본인이 채사(在社)하고 있는 경우 ② 본인의 보증인이 변제능력이 있는 경우 ③ 회사에서 변제를 요구한 증거가 없는 경우 ④ 횡령한 날로부터 1년 이내에 대손처리를 하였을 경우 ⑤ 재판에 의하여 변제액이 확정되어 있는 경우	
	1-62 법인의 경리직원이 의의로 약속어음을 발행하여 유용하고 손실을 끼쳐 파소되고 법인의 확정판정이 있었으나 회수할 수 없는 경우	대여금으로 처리한 후 회수불능액을 대손처리 할 것	• 법인이 어음을 무단히 발행하여 공급을 횡령한 자가 법원의 판결에 의하여 횡령행이 확정되어, 재무자가 재산이 없어 회수가 불가능한 경우에는 법인의 손비로 처리할 수 있는 것이다.	

거래의 성격별	주요거래의 내용	사용하는 계정과목	유의점·세무상의 요점	관계 법령
1. 종업원(임금·급여·수당·복리후생비)	1-63 종업원의 해외 출장에 소요될 여비, 출입국에 수속에 요한 비용	여비교통비 (Travelling Expense and carfare) 급 여 (Salaries)	• 회사가 종업원이 업무수행상 필요로 하는 실비변상적 범위내에서 해외출장에 관련하여 여비·항공임·선임·철도임·자동차승차임·일당·숙박료·식사료 등을 지급한 경우에 있어서는 당연히 법인의 사업활동상의 경비로 되는 것이다. • 업무의 수행상 필요한 것이 인정될 것인지, 아니될 것인지의 구분에 대해서는 현지에서의 활동상황·기록·업무보고·출장보고·상대방과의 왕복문서 등으로서 체크할 필요가 있다. • 여행알선업자·항공회사 등이 모집한 해외관광여행단에 참가한 경우에 있어서는 전액부인, 급여소득으로 보게 된다. • 동업자단체·제조회사·상사·업계신문사 등이 주체하여 행하는 해외사장·시찰여행, 구체전시장 등을 전한여행에 참가한 경우, 해외현지에서 단독행동으로 해외거래의 촉진을 하고, 그 기대가 있을 경우에 있어서는 비교적으로 그 손금을 용인함이 바람직하다. 이 경우 부인액은 참가자의 근로소득이 된다. • 성적이 우수한 사원을 만연히 노공행상적으로 해외여행을 시킬 때에는 관광여행으로 보아 근로소득으로 과세하게 된다. • 임원 또는 사용인이 해외여행에 있어서 그 해외여행 기간에 걸쳐 법인의 업무수행상 필요하다고 인정할 수 없는 여행을 겸한 때에는 그 해외여행에 관련하여 지급하는 여비를 별	

중업원 등에 관련하여 발생하는 거래의 세무처리 요령

거래의 상대방	주요거래의 내용	사용하는 계정과목	유의점·세무상의 요점	관계법령
1. 종업원(임금·급여·수당·복리후생비)			인의 업무수행상 필요하다고 인정하는 여행과 인정되는 여행의 기간과의 비율에 의하여 안분하여 업무수행과 관련없는 여비는 당해 임원 또는 사용인에 대한 급여로 한다. • 해외여행의 직접동기가 특정의 거래처와의 상담·계약의 체결 등 업무수행을 위한 것인 때에는 그 해외여행을 기회로 관광을 병행한 경우에도 그 왕복교통비(당해 거래처와의 소재지 등 그 업무를 수행하는 장소까지의 것에 한함)는 업무수행에 관련된 것으로 본다. • 임원 또는 사용인의 해외여행이 법인의 업무수행상 필요한 것인지는 그 여행의 목적·여행지·여행경로·여행기간 등을 참작하여 판정한다. 다만, 다음 각호의 1에 해당하는 여행은 원칙적으로 법인의 업무수행상 필요한 해외여행으로 보지 아니한다. ① 관광여행의 허가를 얻어 행하는 여행 ② 여행알선업자 등이 행하는 단체여행에 응모하여 행하는 여행 ③ 동업자단체 기타 이에 준하는 단체가 주관하여 행하는 단체여행으로서 주로 관광목적이라고 인정되는 것 • 임원 또는 사용인의 해외여행이 위의 경우에 해당하는 경우에도, 그 해외여행 기간 중에 있어서의 여행지, 수행한 일의 내용 등으로 보아 법인의 업무와 직접관련이 있는 것이 있다고 인정될 때에는 법인이 지급하는 그 해외여행에 소요된 비용양복 교통비는 제외)은 여비로서 손금에 산입한다.	

거래의 상대방	주요거래의 내용	사용하는 계정과목	유의점·세무상의 요점	관계법령
1. 종업원(임금·급여·수당·복리후생비)			• 임원 또는 사용인의 해외여행에 관련하여 지급하는 여비는 그 해외여행이 당해 법인의 업무수행상 통상 필요하다고 인정되지 아니하는 해외여행의 여비와 해외여행이 당해 법인의 업무수행상 필요하다고 인정되는 해외여행이라 하더라도 통상 필요하다고 인정되는 금액을 초과하는 부분의 금액은 원칙적으로 당해 임원 또는 사용인에 대한 급여로 한다. • 해외여행이 해외여행기간의 거의 전 기간을 통하여 당해 법인의 업무수행상 필요하다고 인정되는 것인 경우에는 그 해외여행을 위하여 지급하는 여비는 사회통념상 합리적인 기준에 의하여 계산하고 있는 등, 부당하게 다액이 아니라고 인정되는 한 전액을 당해 법인의 손금으로 한다. • 임원이 법인의 업무상 필요하다고 인정되는 해외여행에 그 친족 또는 그 업무에 상시 종사하고 있지 아니하는 자를 동반한 경우에 있어서 그 동반자와 관련된 여비는 법인이 부담하는 때에 그 여비는 그 임원에 대한 급여로 한다. 그러나 그 동반이 다음에 해당되는 경우와 같이 분명히 그 해외여행의 목적을 달성하기 위하여 필요한 동반이라고 인정되는 때에는 예외로 한다. ① 당해 임원이 상시 보좌를 필요로 하는 신체장애자이므로 동반하는 경우 ② 국제회의의 참석 등에 배우자를 필수적으로 동반하는 경우 ③ 당해 여행의 목적을 수행하기 위하여 외국어에 능통한 자 또는 고도의 전문적 지식을 지니는 자를 필요로 하는 경우에, 그러한 책임자가 법인의 임원이나 사용인 가운데 없기 때문에 임시로 위촉한 자를 동반하는 경우	

1. 종업원·임원·급료·상여·수당·복리후생비

거래의 상대방	주요거래의 내용	사용하는 계정과목	유의점·세무상의 요점	관계 법령
	1-64 적업훈련기본법의 규정에 의하여 적업훈련분담금으로 출연하는 적업훈련분담금	세금과공과 (Taxes and Dues)	• 적업훈련기본법의 규정에 의하여 적업훈련촉진기금으로 출연하는 적업훈련분담금은 법인이 분담하는 경우에는 공과금으로 처리한다. • 적업훈련기본법의 규정에 의하여 신규로 훈련생을 모집하여 사내적업훈련을 실시하며, 고용을 전제로 하여 훈련생에게 훈련수당 등으로 지급되는 현금 및 현금에 준하는 근로소득에 해당하게 된다.	직세 1234-938, 1979. 3.27
	1-65 법인이 임의로 조직한 건강공제회에 매월 근로자 자신이 부담하여야 할 공제회비의 일부를 법인이 보조하여 대납하는 경우 등 법인 부담분은 당해 근로자의 소득으로	급여 (Earning Income)	• 법인이 임의로 조직한 건강공제회에 매월 근로자 자신이 부담하여야 할 공제회비의 일부를 법인이 보조하여 대납하는 경우 등 법인 부담분은 당해 근로자의 소득으로 과세대상이 되는 것이다.	직세 1234-1736, 1978. 6.10.

거래의 성격	주요거래 내용	사용하는 계정과목	유의점·세무상의 요점	관계법령
1. 종업원 임금·급여·수당·복리후생비	1-66 하계 단 체 상 여 명 목 으 로 연 1회 지 급 되 는 급 여	상 여 (Bonus)	• 하계단련비 명목으로 연 1회 지급되는 급여는 월정액급여에 포함되지 아니하며, 동 급여는 급여대상기간이 없는 상여로 원천징수하는 것이다.	직세 1234-3891, 1979. 10.26
	1-67 사내신문에 투고 한 원고료 (종업원의 경우)	급 여 (Salaries) 지급수수료 (Commissions Paid)	• 사원이 받는 사내신문이나 사내교육용 교재의 원고료와 사내교육강사료는 고용관계와 사원이 업무의 연장에 따라 받는 설정적인 근로의 대가이므로 갑종근로소득에 해당하게 된다. • 고용관계에 있는 자가 받는 것은 근로소득(부수수입)이며, 고용관계가 없는 자가 받는 것은 기타소득이 되며, 직업적인 것은(생계수단인) 주로 원고료인 자는 사업소득에 해당된다.	직세 1234-258, 1974. 3.5
	1-68 법인이 외래 강사 외의 초빙하여 강의 를 하게 하고 사원들에게 강의를 하게 하고 법인이 강사료를 지급한 경우	지급수수료 (Commissions Paid)	• 법인이 고용관계 없는 자를 초빙하여 사원들에게 강연을 하게 하고, 법인이 지급하는 강사료는 기타소득에 해당하게 된다. • 고용주로부터 받는 경우에는 근로소득(부수수입)이 된다.	

거래의 상대방	주요거래의 내용	사용하는 계정과목	유의점·세무상의 요점	관계 법령
1. 종업원 (임금·급여·수당·복리후생비)	1-69 대학의 시간강사료	급 여 (Pay)	• 일정한 고용주에게 3월 이상 계속 고용시에는 일용자의 소득으로 보지 아니하고 일반급여로 본다.	직세 1234-2736, 1975. 12.15
	1-70 신입사원 채용 및 직원교육을 위한 직원에게 출제 및 채점감독 시키고 지급하는 수당	급 여 (Pay) 수 당 (Wages)	• 근로의 연장 또는 특별근무에 대한 대가로서 직원에게 지급하는 시험출제수당, 시험감독수당, 강사료, 교제원고료 등은 근로소득에 해당하게 된다. • 고용관계가 없는 자에게 지급하는 때에는 사업소득에 해당하게 된다.	직세 1234-902, 1975. 4.30
	1-71 종업원에게 지급한 퇴직금여	퇴직급여 (Retirement Allowances)	• 퇴직급여라 함은 기업의 종업원이 직원이나 임원이 현실적으로 그 기업을 퇴직함으로써, 그 퇴직을 이유로 하여 지급되는 일종의 보수적인 성격의 급여를 말한다. • 현실적인 퇴직에는 법인이 퇴직금을 실제로 지급한 경우로서 다음에 해당하는 경우를 포함하는 것으로 한다.	법인령 §44

거래의 상태별	주요거래의 내용	사용하는 계정과목	유의점·세무상의 요점	관계 법령
1. 종업원(임금·급여·수당·복리후생비)		퇴직급여 (Retirement Allowances)	① 퇴직급여란 임원 또는 직원이 일정기간 근속하고 퇴직하는 경우에 연금 또는 일시금으로 지급하는 인건비를 말하며, 「법인세법상 퇴직급여는 「근로자퇴직급여 보장법」에 따른 퇴직금 및 퇴직연금으로서 임원 또는 사용인이 현실적으로 퇴직하는 경우에 지급하는 것에 한하여 손금에 산입한다. ② 현실적으로 퇴직하지 아니하고 해당 임원 또는 직원에게 지급한 퇴직금은 이를 손금에 산입하지 아니하고 해당 임원 또는 직원이 현실적으로 퇴직할 때까지 업무무관 가지급금으로 본다. ③ 직원에게 지급하는 퇴직급여(퇴직급여지급규정이 있는 경우에는 동 규정에 따라 계산한 금액, 퇴직급여지급규정이 없는 경우에는 「근로자퇴직급여 보장법」에 따라 계산한 금액)는 전액 손금에 산입하나, 임원에게 지급하는 퇴직급여는 손금산입 범위액 이내의 금액만 손금에 산입한다. • 임원에게 지급한 퇴직급여 중 다음의 금액을 초과하는 금액은 이를 손금에 산입하지 아니하고 해당 임원에 대한 상여로 처분한다. • 소득세법에 규정한 바에 의하면, 퇴직소득은 해당연도에 발생한 다음 각호의 소득으로 하	집행 기준 26- 44-1 집행 기준 26- 44-2 소득법

거래의 성격별	주요거래의 내용	사용하는 계정과목	유의점·세무상의 요점	관계 법령
1. 종업원(임원·임원·급여·수당·복리후생비)			① 근로소득이 있는 자가 퇴직으로 인하여 받는 소득 중 일시금 ② 각종 공무원에게 지급되는 명예퇴직수당 ③ 근로소득이 있는 자가 퇴직으로 인하여 받는 다음의 금액 중 일시금 ㉮ 종업원의 퇴직을 보험금의 지급사유로 하고 종업원을 피보험자와 수익자로 하는 보험(단체퇴직보험)의 보험금 ㉯ 퇴직보험 또는 퇴직일시금 신탁의 보험금 또는 신탁반환금 ④ 국민연금법에 의하여 지급 받는 반환일시금 또는 사망일시금 ⑤ 공무원연금법·군인연금법·사립학교 교직연금법 또는 별정우체국법에 의하여 지급 하는 일시금 ⑥ 기타 위 ① 내지 ⑤의 규정에 의한 소득과 유사한 소득으로서 다음의 일시금 ㉮ 건설근로자의 고용개선등에관한법률 제17조의 규정에 의하여 퇴직금을 미리 지급한 것으로 보는 금액 ㉯ 불특정다수의 퇴직자에게 적용되는 퇴직급여지급규정·취업규칙 또는 노사합의에 의하여 지급받는 퇴직수당·퇴직위로금 기타 이와 유사한 성질의 급여 ㉰ 퇴직금여지급·취업규칙의 개정 등으로 퇴직금지급제도가 변경됨에 따라 근로기준법 제34조 제3항의 규정에 의하여 퇴직금 정산액을 지급하면서 퇴직금지급제도 변경에	§22

거래의 성격	주요거래의 내용	사용하는 계정과목	유의점·세무상의 요점	관계법령
1. 종업원 급여·임금·급여·수당·복리후생비			따른 손실보상을 위하여 지급되는 금액	
			• 다음에 해당하는 경우에는 현실적인 퇴직에 포함하는 것으로 한다. ① 법인의 직영차량 운전기사가 법인소속 지입차량의 운전기사로 전직하는 경우 ② 근로자가 사규 또는 근로계약에 의하여 정년퇴직을 한 후 다음날 당해 사용자의 별정직사원(촉탁)으로 채용된 경우	소득통칙 26-44-1
			• 다음 각호에 해당하는 경우에는 현실적인 퇴직으로 보지 아니한다. ① 임원이 연임된 경우 ② 법인의 대주주 변동으로 인하여 계산의 편의, 기타 사유로 전근로자에게 퇴직금을 지급한 경우 ③ 기업의 제도, 기타 사정 등을 이유로 퇴직금을 1년 기준으로 매년 지급하는 경우 ④ 비거주자의 국내사업장 또는 외국법인의 국내지점을 본점(본국)으로 전출하는 경우 ⑤ 정부 또는 산업은행 관리기업체가 민영화됨에 따라 전근로자의 사표를 일단 수리한 후 재채용한 경우 ⑥ 2이상의 사업장이 있는 사용자의 근로자가 한 사업장에서 다른 사업장으로 전출하는 경우	소득통칙 26-44-1

1. 종업원·임금·급여·수당·복리후생비

거래의 성대방	주요거래의 내용	사용하는 계정과목	유의점·세무상의 요점	관계 법령
			· 사용자가 30일 전에 예고를 하지 아니하고 근로자를 해고하는 경우 근로자에게 지급하는 근로기준법 제32조의 규정에 의한 해고예고수당은 퇴직소득으로 본다.	소득통칙 22-2
			· 그러나 소득세법 제20조 제1항 제1호(다)의 규정에 의하면, 퇴직으로 인하여 지급받는 소득으로서 퇴직소득에 속하지 아니하는 소득은 퇴직소득으로 보지 아니하고 근로소득으로 보게 되며, 동법시행령 제38조 제1항 제13호의 규정에 의하여 받는 소득으로서 퇴직소득에 속하지 아니하는 퇴직위로금·퇴직공로금 기타 이와 유사한 성질의 급여는 근로소득으로 규정하고 있다.	소득법 §20 ① 소득령 §38 ①
			· 퇴직금에 대한 회계처리는 현실적으로 퇴직하는 시점에서 다음과 같이 하게 된다.(퇴직금에 대한 권리의무는 현실적인 퇴직의 시점을 기준으로 함) (차) 퇴 직 금 ××× (대) 미 지 급 금 ×××	
			· 퇴직소득금액을 지급하는 자는 소득세를 원천징수하여야 한다.	
			· 원천징수의무자는 원천징수한 퇴직소득세를 그 징수일이 속하는 달의 다음달 10일까지 정부에 납부하여야 한다.	소득법 §127 §128
			· 원천징수의무자가 퇴직급여에 대한 원천징수를 하였을 때에는 다음과 같이 회계처리하게 된다. (차) 퇴 직 금 ××× (대) 현금및현금성자산 ××× (퇴직금여충당금) 예 수 금 ××××	

거래의 성격별	주요거래의 내용	사용하는 계정과목	유의점·세무상의 요점	관계 법령
1. 종업원·임금·급여·수당·복리후생비)	1~72 사원이 타지방에 출장하여 그 지역을 맡아 하게 되는 경우의 교통비, 이사비, 전근료 등을 회사가 별도로 지급하였을 경우	**여비교통비** (Traveling Expense and Airfare)	• 원천징수세액을 납부하였을 때에는 다음과 같이 처리하게 된다. (차) 예 수 금 ××× (대) 현금및현금성자산××× • 퇴직급여를 이익처분에 의하여 지급하였을 경우, 상여와 같이 퇴직금여는 손금으로 용인되지 아니하는 것이다 • 회사에서 퇴직급여충당금을 이미 손금으로 계상하였을 경우에는 다음과 같이 회계처리하게 된다. (차) 퇴직급여충당금 ××× (대) 미 지 급 금 ××× • 퇴직사원이 그 퇴직에 수반한 가향에 요하는 교통비와 이전료 등을 지급받은 당해 금품이 사회통념상 실비변상적인 교통비나 이전료인 것으로 인정되는 경우에는 이를 퇴직수당의 일종으로는 볼 수 없으므로, 이와 같은 실비변상적인 교통비 등의 지급분에 대하여는 근로소득에 해당되지 않는 것으로 봄이 타당하다.	

거래의 종류별 관련하여 발생하는 거래의 세무처리 요령

거래의 성격별	주요거래의 내용	사용하는 계정과목	유의점·세무상의 요점	관계 법령
1. 종업원(임금·급여·수당·복리후생비)	1~73 회사의 사규에 의하여 사업 연도중에 퇴직하는 사원에 대하여 퇴직하는 수당 이외에 사업연도 중에서 퇴직시까지의 기간에 상응하여 계속 재직하는 사원에게 지급하는 상여 계산기 준에 따라 계산한 여름 지급 하기로 되어 있을 경우		• 퇴직하는 사원에게 지급하는 상여를 그 지급시점에서 볼 때에는 퇴직으로 인하여 지급되는 금액이기는 하나, 그 지급되는 금액의 성격은 계속 재직하는 사원에게 그 사업연도분으로서 지급되는 상여와 동일한 것이므로, 이는 퇴직금이 아니고 상여로서의 성격을 지닌 지급인 것이다. • 따라서 이와 같은 경우에는 퇴직 당시에 지급되는 본봉과 합산하여 근로소득세를 원천징수하여야 하는 것이다.	

거래의 성격별	주요거래의 내용	사용하는 계정과목	유의점·세무상의 요점	관계법령
1. 종업원(임금·급여·수당·복리후생비)	1-74 회사에서 운영상 사정으로 종업원의 1%를 해고하게 되어 해고수당을 지급하기로 되어 있는데 이 해고예 수당	**퇴직급여** (Retirement Allowances)	• 퇴직급여로 보는 것이 타당하다. 그 이유는 고용주가 해고를 전제로 하여 지급하는 해고수당은 그 성격이 일반적인 임금과는 다르고 퇴직시에 지급되는 퇴직급여의 일부를 미리 선급한 것이므로 당해 중업원이 현실적으로 퇴직을 한 때 지급되는 일반퇴직급여와 합산해서 퇴직급여도 취급하는 것이 타당하기 때문이다. (예) 사직에는 50세를 정년으로 하고 있으나, 당사의 업무관계상 부득이 계속 3년간 재고용하여야 할 사람이 있는데, 본래 정년이 되는 연도에는 이당 퇴직금을 지급하기로 되어 있을 경우에, 그러나 이와 같이 정년 후 계속 근무하게 되는 재고용자에 대하여는 현실적인 퇴직은 아니지만 사규상의 관례에 의하여 정년시에 퇴직급을 지급하는 때에 지급되는 퇴직금은 ① 현실적으로 퇴직하지 아니한 고용자에게 지급하는 퇴직금은 퇴직급여가 아니며 그 명정하에 불구하고 상여로 취급하는 것이 타당하다. ② 그러나·장기 내용과 같은 전제(정년내)에 의한 퇴직발령과 재고용발령의 절차가 구비되는 경우가 있는 한 그 지급하는 금액은 퇴직급여로 처리하여도 무방하다. ③ 그러나 임면 등이 임기완료로 인하여 재선 취임이 되는 경우이 그 임기완료기간은 현실적인 퇴직이 아니므로, 이 범위에서 제외되는 것이는 상여로 유의하여야 할 것이다.	
	1-75 출자자가 아니면 임원과 사용인에게 지		• 사용자가 30일 전에 예고하지 아니하고 근로자를 해고하는 경우, 근로자에게 지급하는 근로기준법 제32조의 규정에 의한 해고예수당은 퇴직소득으로 본다.	소득 통칙 22-2

거래의 유형	주요거래의 내용	사용하는 계정과목	유의점·세무상의 요점	관계 법령
1. 중(간)정산·임금·급여·수당·복리후생비	근로한 퇴직 금에 있어서 사실상의 퇴직에 대하여 지급한 것이 아니지만 전에 퇴직금을 지급한 경우		• 연봉제를 시행하는 법인이 퇴직금여지급 규정에 의하여 사회통념상 타당하다고 인정되는 범위내에서 근로계약기간에 대한 퇴직금을 확정하고 이를 매월 분할지급하는 경우에는 사용인에 대한 업무와 관련없는 가지급금으로 보는 것이며, 연봉제약기간에 만료되어 퇴직금이 지급의무가 확정되는 때에 퇴직금으로 정산하는 경우에는 퇴직금중간정산에 해당하는 것이다. 소득세법시행규칙 제17조 제7호의 퇴직금 중간정산은 이미 근로를 제공한 기간에 대하여 퇴직금을 정산하는 것으로서 매년 중간정산할 수도 있는 것이다.	법인 46013 -3684, 1998. 11.30.
	1~76 당사의 사원이 재직 중 사망하였 기에 그 사망시까지의 재직기 간에 다른 퇴직수당을 그 유족 원에게 지급하기로 하였을 경우		• 근로소득세의 원천징수는 필요하지 않으나, 이 경우의 퇴직수당은 유가족이 받는 일시의 성질이 있는 급여로서 비과세소득에 해당하며, 이는 상속인의 소득으로 보고, 상속세법에서 취급될 문제인 것이며, 그러나 만약 그 사망한 직원의 유가족에게 연금을 지급하는 경우라면 그 지급하는 연금은 비과세소득에 해당될 것이다.	

거래의 성격	주요거래 내용	사용하는 계정과목	유의점·세무상의 요점	관계법령
1. 충당금(매 입·급여·수 당·복리후생비)	1-77 퇴직 급여 충당 금	(차) **퇴직급 여충당금 전입액** (Transfer to Reserve for Retirement Allowance)	• 충당금이란 함은 장래의 지급 또는 자산의 감소에 대한 자산의 유보액을 표시하는 계정인 것이다. 즉, 특정의 손비에 대한 준비를 위하여 설정하는 계정으로서 그 부담이 당해 연도에 속하는 것을 주산에 의하여 정하여 정하는 것이다.	법인법 §33
	1-78 사업양 도·양수 등에 의한 충당의 인 계·인계 시의 퇴직 급여충당 금	(대) **퇴직 급여충당금** (Allowance for Employee Retirement Benefit)	• 퇴직급여충당금이라 함은 일종의 부채성 충당금으로서, 회사가 그 사용인에 대하여 지급할 퇴직충당의 충당금으로서 설정하는 것을 말한다. • 법인소득계산에 있어, 그 사용인에 대한 퇴직급여는 현실적으로 현실적으로 현실적으로 퇴직금의 대가인 근로의 대가인 것으로 생각되지만, 일반적으로 퇴직급여는 그 성질상 사용인에게 지급한 때에 한하여 손금으로 산입되므로, 사용인의 재직기간 중에 퇴직시에 지급하여야 할 퇴직급여를 충당금으로 계상하게 되는 것이다. • 손금에 산입하는 퇴직급여충당금이라 함은 임원 또는 사용인의 퇴직할 때 퇴직금의 지급을 위하여 당해 법인이 그 사업연도의 손비로서 계상한 퇴직급여충당금을 말하는 것이다. • 법인이 각 사업연도에 임원 또는 사용인의 퇴직급여에 충당하기 위하여 퇴직급여충당금을 손금으로 계상한 경우에는 충금액과 퇴직급여충당금누적액 기준에 따라 계산된 금 액 중 적은 금액의 범위안에서 이를 손금에 산입한다. 퇴직급여충당금 손금산입한도액 = 다음 ① ② 중 적은 금액 ① 충급여액의 기준	법인법 §60 법인법 §33 ①

1. 중업원 등에 관련하여 발생하는 거래의 세무처리 요령

거래의 형태	주요거래 내용	사용하는 계정과목	유의점·세무상의 요점	관계 법령
1. 중업원 (임금·급여·수당·복리후생비)			① 1년간 계속하여 근로한 임원 또는 직원에게 당해 사업연도에 지급한 총급여 × 10% ② 충당금누적액 기준 (퇴직금추계액 × 40% + 퇴직금전환금 계상액) − 당기말 세무상 충당금 잔액 ・내국 법인이 국민연금법에 의한 퇴직금전환금으로 계상한 금액은 위의 규정에 불구하고 이를 손금에 산입하는 퇴직급여충당금의 누적액 한도액에 가산한다. ・퇴직급여충당금 설정대상이 되는 "1년간 계속하여 근로한 사용인"이라 함은 사업연도종료일 현재 1년간 계속하여 근로한 사용인을 말한다. ・사용인이 당해 법인과 직·간접으로 출자관계에 있는 다른 법인으로 전출되었으나, 퇴직금을 지급하지 아니한 때에는 그 사용인이 전입법인에서 근무한 기간이 1년 미만인 경우에도 전출법인에서 근무한 기간을 통산하여 계속 근무한 1년 이상인 때에는 전입법인은 그 사용인에 대하여 퇴직급여충당금을 설정할 수 있다. ・일정기간 근속한 근로자가 조기퇴직하는 때에 퇴직금지급규정에 의하여 퇴직금에 가산하여 지급받는 퇴직금은 퇴직소득이다. ・퇴직급여충당금 설정은 사업연도 종료일 현재 계속하여 1년간 근로한 사용인을 대상으로 하므로 사업연도 중도에 퇴직한 자나 신설법인의 최초사업연도에는 당해 법인에 종사하고 있는 사용인을 대상으로 하지 아니한다.	소득 22501 −866, 85.8.19 법인 통칙 2−6‥2 법인 46013 −2619, 98.9.16 법인 1264.21

거래의 상세항목	주요거래의 내용	사용하는 계정과목	유의점·세무상의 요점	관계법령
1. 종업원(임금·급여·수당·복리후생비)			있는 사용인의 경우에는 1년간 계속하여 근무하지 아니하였기 때문에 퇴직급여충당금을 설정할 수 없다. • 퇴직급여충당금 설정회 중 세무계산상 부인액이 있는 법인이 퇴직금을 실제로 지급한 때에는 퇴직급여충당금(세무계산상의 퇴직급여충당금과 상계하여야 하며, 이 경우 세무계산상 퇴직급여충당금 부인액을 초과하여 상계되는 금액은 손금에 산입한다. • 퇴직급여충당금을 손금에 산입한 법인이 합병 또는 분할로 인하여 해산한 경우 그 법인의 합병등기일 또는 분할등기일 현재의 당해 퇴직급여충당금 중 합병법인·분할신설법인 또는 분할합병의 상대방법인에게 인계된 금액은 그 합병법인 또는 합병등기일 등이 분할등기일 등의 분할등기일에 가지고 있는 퇴직급여충당금으로 본다. • 법인이 다음의 사유로 다른 법인 또는 사업자로부터 종업원을 인수하면서 인수시점에 전 사업자가 지급하여야 할 퇴직급여 상당액 전액을 인수단체퇴직보험자위의 인수를 포함하하고, 당해 종업원에 대한 퇴직급지급시 전사업자에 근무한 기간을 통산하여 당해 법인의 퇴직금지급규정에 따라 지급하기로 약정한 경우에는 당해 종업원에 대한 퇴직금과 퇴직급여충당금은 전사업자에 근무한 기간을 통산하여 계산할 수 있다. ① 다른 법인 또는 개인사업자로부터 사업을 인수받는(사업수개가의 사업장 또는 사업 중 하나의 사업장 또는 사업을 인수하는 경우를 포함한 때 ② 법인의 합병	-2204, 83.6.27

PART 1 ▶ 중요경영 등에 관련하여 발생하는 거래의 세무처리 요령

거래의 상대방	주요거래의 내용	사용하는 계정과목	유의점·세무상의 요점	관계 법령
1. 종업원 (임금·급여·수당·복리후생비)			③ 직·간접 출자관계 법인간의 전출입 • 인수 당시에 퇴직금을 전사업자로부터 인수하지 아니하거나 부족하게 인수하고 전사업자에 근무한 기간을 통산하여 퇴직금을 지급하기로 한 경우에는 인수하지 아니하였거나 부족하게 인수한 금액은 당해 법인에 지급의무가 없는 부채의 인수액으로 보아 중업원별 퇴직금상당액명세서를 작성하고 인수함이 속하는 사업연도의 각 사업연도 소득금액 계산상 그 금액을 손금산입 유보처분함과 동시, 동액을 손금불산입하고 전사업자에게 소득처분한 후 인수한 중업원에 대한 퇴직금 지급일이 속하는 사업연도에 당해 중업원에 귀속되는 금액을 손금불산입 유보처분한다. • 중업원을 인수한 퇴직급여인수금액 중 인수 당시의 퇴직급여주체에·상당액의 100분의 40을 초과하는 금액을 중업원별로 별도 관리하고, 당해 중업원 퇴직시에 지급할 퇴직금에 충당하는 경우에는 동 금액은 퇴직급여충당금누적액에 포함하지 아니한다. • 법인이 중업원을 다른 사업자에게 인계함으로써 당해 중업원과 실질적으로 고용관계가 소멸되는 경우에 인수하는 사업자에게 지급한 중업원 인계시점 퇴직금에 상당하는 퇴직금 여충당금과 상계하고 부족하고 금액은 각 사업연도 소득금액 계산상 손금에 산입한다. • 퇴직금여로서 지급되어야 할 금액이 현실에의 한은 정관이나 퇴직금여지급규정 등에 의하여 계산한 금액을 말한다. 다만, 퇴직금여지급규정 등이 없는 법인은 근로기준법이 정하는 바에 의하여 계산한 금액으로 한다.	

거래의 성격번호	주요거래의 내용	사용하는 계정과목	유의점·세무상의 요점	관계법령
1. 종업원(임금·급여·수당·복리후생비)	1-79 퇴직보험료	퇴직보험금 예치금 (Retirement Insurance Deposit Received)	• 퇴직급여충당금을 설정하였을 때에 있어 그 회계처리는 다음과 같이 한다. 　(차) 퇴직급여충당금 전입액 ×××　(대) 퇴직급여충당금 ××× • 퇴직급여충당금을 계상한 법인이 사용인에게 퇴직금을 지급할 때에는 퇴직급여충당금에서 먼저 지급하여야 한다. 　(차) 퇴직급여충당금 ×××　(대) 미 지 급 금 ××× 　(차) 퇴직급여충당금 ×××　(대) 급　　여 ××× 　　　　　　　　　　　　　　(현금및현금성자산) • 내국법인이 임원 또는 사용인의 퇴직금을 지급하기 위하여 사외에 불입하는 보험료 또는 부금 중 아래 ①및 ②의 규정에 의하여 손금에 산입하는 것 외에 보험료 등은 이를 손금에 산입하지 아니한다. 즉, 손금에 산입하는 「퇴직보험등」이란 내국법인이 임원 또는 사용인의 퇴직금을 지급하기 위하고 임원 또는 사용인을 수급자로 하는 연금으로서 다음 각 호의 어느 하나에 해당하는 기관이 취급하는 퇴직연금("퇴직연금 등"이라 함)의 부담금으로서 지출하는 금액은 해당 사업연도의 소득금액 계산에 있어서 이를 손금에 산입한다. ①「보험업법」에 따른 보험회사 ②「자본시장과 금융투자업에 관한 법률」에 따른 신탁업자·집합투자업자	법인령 §44의2 법인칙 §23

중도인출 등에 관련하여 발생하는 거래의 세무처리 요령

거래의 상대방	주요거래 내용	사용하는 계정과목	유의점·세무상의 요점	관계법령
1. 종업원(임금·급여·수당·복리후생비)			② 투자매매업자 또는 투자중개업자 ③ 「은행법」에 따른 은행 ④ 「산업재해보상보험법」 제10조에 따른 근로복지공단 퇴직보험료 등의 「손금산입 규정은 퇴직급여충당금의 손금산입범위액을 퇴직급여추계액의 30%를 한도로 하고 있어 사용인의 퇴직급여를 안전히 보장하지 못하는 문제가 발생하게 되므로, 이러한 문제점을 해결하기 위하여 퇴직급여 주체에서 퇴직급여충당금 설정 누계액을 공제한 잔액에 대하여 퇴직보험 등에 가입하고 보험료 등을 지급한 때에는 당해 사업연도의 퇴직급여추계액의 모두를 손금에 산입할 수 있도록 한 것이다. 즉, 퇴직보험 등과 퇴직급여의 손금산입으로 인한 또는 자산이 있는 시 퇴직자가 지급할 퇴직급여추계액 전부를 각 사업연도소득에 계상인시 손금산입 할 수 있는 것이다. 이 규정을 적용하는 법인이 임원 모두 직원에게 대하여 확정기여형 퇴직연금 등을 설정하면서 설정전의 근무기간분에 대한 부담금을 지출한 경우 그 지출금에는 퇴직급여충당금의 누적액에서 먼저 퇴직급여충당금에서 먼저 지출한 것으로 본다.	① 82

거래의 상대방	주요거래의 내용	사용하는 계정과목	유의점·세무상의 요점	관계 법령

1. 종업원(임금·급여·수당·복리후생비)			• 기업회계에서는 퇴직보험예치금 자체는 자산의 성질이나 그 수급자가 근로자이므로 법인의 자산으로 계상하지 않으며, 회사의 퇴직급여 지급채무가 예치금만큼 감소되므로 퇴직급여충당금에서 차감하는 형식으로 표시하고, 퇴직보험예치금이 퇴직급여충당금을 초과하는 부분은 투자자산으로 계상한다.
			
			• 기업회계 기준에 의한 회계처리 방법은 다음과 같다.
			① 보험료 납입시
			  (차) 퇴직보험예치금 6,000,000,000 (대) 현금 금 6,000,000,000
			② 결산시(재무상태표 표시)
			  퇴직급여충당금 10,000,000,000
			  퇴직보험예치금 6,000,000,000
			  차 감 잔 액 4,000,000,000
			③ 퇴직금 3억 지급시(보험분 1억 포함)
			  (차) 퇴직급여충당금 3,000,000,000 (대) 퇴직보험예치금 1,000,000,000
			                                          현금 금 2,000,000,000
				기업회계기준 해석 13-27

제2장 인민주들에 관련하여 발생하는 거래의 세무처리 방법

거래의 상대방	주요거래의 내용	사용하는 계정과목	유의점·세무상의 요점	관계법령
임 원 · 주 주	2-1 정관·주주총회의 결의에 의하여 결정되는 임원보수, 상여금, 퇴직금	임원급여 (Office's Salaries)	• 세법상 규정하고 있는 임원의 범위에 대하여 인지하여 둘 필요가 있다. • 법인세법에서 규정하고 있는 임원의 정의는 다음과 같다. ① 법인의 회장·사장·부사장·이사장·대표이사·전무이사·상무이사 등 이사회의 구성원 전원과 청산인 ② 합명회사·합자회사 및 유한회사의 업무집행사원 또는 이사 ③ 감사 ④ 기타 ①내지 ③에 준하는 직무에 종사하는 자 • "임원"의 내부 직제에 관계없이 직무상 실질내용에 의하여 판단한다. "이사대우"라도 직위에 관계없이 이사회의 직제에 있는 자이에 구성원이 아니라도 이에 따른 임원으로 본다. • 급료는 본질적인 면에서 근로제공에 대한 대가로서 지급되는 것이라 할 수 있으므로, 그 한계성을 벗어난 과대보수에 대해서는 급여로 진주하기에는 대의 면에서 문제점이 있다. • 일반적으로 개인의 근로제공에 대한 정도를 측정하여 과대보수의 한계를 산정함이 어려우나, 임원은 그 지위로 보아 개별적인 특례적 조치가 급여라는 형태로 지급될 가능성이 충분하므로 임원에 대한 보수에 대해서는 규제를 요하고 있는 것이다.	집행기준 26-43-2

거래의 성격별	주요거래의 내용	사용하는 계정과목	유의점·세무상의 요점	관계법령
2. 임 · 원 주			• 임원에 대한 급여는 원칙적으로 인건비로서 손금으로 인정되고 있으나, 정관 또는 주주총회(사원총회)에서 의결한 보수한도액을 초과하여 지급한 경우에 그 초과지급 금액은 인건비로서 손금인정을 받을 수 없는 것이다. • 사원에 전환 종사하지 아니한 출자자에게 보수·급여·수당 등의 명목으로 지급을 하였을 경우에 있어서는 이것을 인건비로 손금으로 인정하지 아니하고, 이익처분에 의한 상여로 처리됨이 타당하다. • 임원 중에는 주주 또는 출자자인 임원과 주주 또는 출자자가 아닌 임원으로 구분할 수 있으며 또한 상근임원과 비상근임원으로 구분할 수 있다. • 사업에 전혀 종사하지 아니한 출자자에게 보수·수당·급여·금품을 지급하였을 경우에는 인건비라는 손금으로 인정하지 아니하며, 이익처분에 의한 배당으로 간주된다. • 인원에게 지급한 보수가 손금으로서의 급여에 해당하느냐, 아니면 상여로 취급되느냐 하는 문제인 것이다. 이에 대하여 법인세법상 인원의 보수와 상여에 대하여 구체적인 규정은 없으나, 일반적으로 법인소득의 결정에 있어서 법인이 임원에게 매달 지급하는 만큼 임원의 보수로 취급하고 있다. • 일반적으로 임원에 대하여 현물보수 외에 현물보수 등 체무의 면제에 의한 이익, 기타 경제적 이익이라 한은 대체적으로 다음과 같은 것으로서 실질적으로 그 임원에 대한 급여를	

거래의 성격	주요거래의 내용	사용하는 계정과목	유의점·세무상의 요점	관계 법령
2. 임·주			지급한 경비 같은 경제적 효과를 얻는 것을 말한다. ① 금전과 물품 등의 자산을 증여한 경우 그 가액(시가) ② 자산을 무상에 지급한 대가로 양도한 경우 그 자산의 시가와 양도대가와의 차액 ③ 자산을 부당하게 고가로 매입한 경우, 그 자산의 시가와 매입대가와의 차액 ④ 회사가 임원의 채무를 대신 갚아졌을 때 그 채무의 금액 ⑤ 임원에 대한 채권을 포기하고, 또는 면제하였을 경우(단순에 해당하는 경우를 제외)의 채권액 ⑥ 주택을 무상 또는 저렴한 집세로 대여한 경우의 집세와의 차액 ⑦ 무이자 또는 저이자로 금전을 대여한 경우에 집세나 보통 지급하지 않으면 아니될 이자와의 차액 ⑧ 무상이던가, 현저하게 낮은 대가로 용역을 제공하였을 경우에 대가 또는 수입하여야 할 대가와의 차액 ⑨ 임원의 기밀비의 전도교제비의 용도불명금 ⑩ 임원의 개인적 비용을 회사가 부담하였을 경우에 부담한 금액 ⑪ 개인이 부담하여야 할 사교구룹, 골프구룹의 입회금과 회비를 회사가 부담하였을 경우, 그 부담한 금액 ⑫ 개인이 지급하여야 할 생명보험료 등을 회사가 부담하였을 경우 그 부담한 금액	

임원·주 등에 관련하여 발생하는 거래의 세무처리 요령

거래의 선별	주요거래의 내용	사용하는 계정과목	관계법령

2. 임원·주	• 이 사람과 같은 경제적 이익이 매월 일정시기마다 정기적으로 계속적으로 부여되어 있을 때에는 세무취급상 임원보수로 간주한다. 그러나 고정이 임시적으로 부여되었을 때에는 상여로 취급하게 된다.
	• 개인기업의 경우 사업주에 대한 급여는 세법상 손금으로 인정하지 아니한다.
	• 임원보수 등에 있어서 과대한 부분(과대보수)은 임원상여(이익처분에 의한 상여로 처분함이 타당)로서 손금불산입하게 된다.
	• 과대보수에 대한 회계처리는 다음과 같다
	① 과대보수에 해당하는 부분에 대한 회계처리
	  (차) 이월이익잉여금 ××× (대) 현 금 ×××
	② 임원급여도 처리되어 있을 경우 다음과 같이 수정한다.
	  (차) 이월이익잉여금 ××× (대) 임원급여 ×××
	③ 임원급여 중 과대보수가 포함되어 있을 경우 다음의 회계처리
	  (차) 임 원 급 여 ××× (대) 현금및현금성자산 ×××
	     이월이익잉여금 ××× 예 수 금 ×××
	                                  (원 천 세)
	• 과대한 임원보수의 계산방법은 대체적으로 다음과 같은 기준에 준거하여 그 실태 등, 객관적인 판정에 의하게 된다.
		임원·세무상의 요점	

거래의 형태	주요거래의 내용	사용하는 계정과목	유의점·세무상의 요점	관계 법령
2. 임·원·주 주			① 직무내용으로 보아 타당한 금액인가, 아닌가(법인이 각 사업연도에 지급한 보수를 그 직무에 대한 적당한 보수와 과대보수의 구분은 그 직무의 내용에 의하여 판정하게 된다. (가) 직무의 내용이란 사장·전무·상무·이사 등의 직위 따라 결정하게 된다. 그 직무에 종사하는 정도가 상근인가, 비상근인가 또한 경험연수 등이 적당히 고려되어 있는지의 여부 등에 의하여 판정하게 된다. ② 업종·규모·소재지·수익의 상황 등 동종의 사업을 영위하는 타 법인의 임원의 임원보수의 수준을 보아 타당한가? ③ 회사의 수익상태로 보아 타당한가 아닌가? ④ 일반종업원의 급여수준으로 보아 타당한가, 아닌가? ⑤ 회사의 정관의 규정이나 주주총회·사원총회 등 결의에 의하여 결정된 임원의 한도내의 것인가, 아닌가? ⑥ 직무에 종사하는 정도(상근, 비상근의 구분) ⑦ 임원의 경험연수 • 대표이사의 친자가 그 연령이나 학식·경험 등에 비추어 현재 종사하는 직무를 수행할 능력이 없을 뿐더러, 또한 그러나 실질적인 직무를 수행하였다면, 이는 과대보수의 대상이 될 수 있다. • 적정한 임원보수는 임원급여로서 손금에 산입하게 된다.	

거래의 산대방	주요거래 내용	사용하는 계정과목	유의점·세무상의 요점	관계 법령
임 원	2-2 회사의 특수관계자에 대한 자금을 무상으로 제공하였을 경우	가지급금 (Advances)	회사에서 임원에 대하여 지급하는 보수·상여 이외에 경제적 이익을 분여하였다고 인정될 경우에 있어서는, 부당행위계산으로 부인하게 된다. 법인의 이익을 이익처분에 의한 정당한 계산이나, 절차를 가치지 아니하고, 이를 손금으로 계상하였을 때에는 그 손금액을 부인하고, 이를 임금에 가산하여 특수관계자에게 상여 등으로 간주한다.	법인법 §52
주	2-3 회사의 특수관계자에 대한 자금을 저리로 제공한 경우	임원상여 (Bonus to Directors)	법인이 특수관계인에게 귀속될 이익을 법인이 계상하지 않고, 특수관계인과의 거래에 있어서 수권재인정되는 거래로 상가와 같이 처리한다.	
임 원 · 주		가지급금 (Advances)	법인이 특수관계인에게 무이자나 저리로 자금을 대여하였을 때, 법인이 당연히 취득하여야 할 이자를 취득하지 아니하고, 특수관계인에게 이득을 주는 것이므로, 이외 같은 경우에 있어서는 통상의 이자를 계상하여 익금에 가산하는 동시에 그 가산된 임금을 당해 특수관계인, 임원 등에 대한 이익처분에 의한 상여로 간주하게 된다.	
주		임원상여 (Bonus to Directors)		
		이월이익금 (Earned Surplus Carried Forward to	특수관계인에 무상으로 금전을 대여한 경우에는 다음 간주에 계기하는 방법에 의하여 산한 이자상당액(인정이자)의 계상을 임금에 산입한다. 이 경우 익금에 산입한 금전을 대하여는 자가 개인인 때에는 이익처분에 의한 상여로 하고, 법인인 때에는 기타사외유출로 하게 된다.	

거래의 성격	주요거래의 내 용	사용하는 계정과목 (the Following term)	유의점·세무상의 요점	관계 법령
2. 임·원 주			· 단기대출이자율이라 함은 1,000분의 46을 말한다. · 특수관계자라 함은 법인과 다음의 1의 관계에 있는 자를 말한다. ① 임원의 임면권의 행사, 사업방침의 결정 등을 통해 법인의 경영에 대하여 사실상 영향력을 행사하고 있다고 인정되는 자와 그 친족 ② 주주 등(소액주주를 제외)과 그 친족 ③ 법인의 임원·사용인 또는 주주 등의 사용인(주주 등이 영리법인인 경우에는 그 임원, 비영리법인인 경우에는 그 이사와 설립자)이나 사용인 외의 자로서 이들과 생계를 함께 하는 친족 ④ 위 ① 내지 ③에 해당하는 자가 발행주식총수 또는 출자총액의 30%이상을 출자하고 있는 다른 법인	법인세 §43
			① 금융기관 이외에서 차입한 것이 있는 경우에는 당해 이불에 의하여 계산한 이자 ② 위 ①의 경우에는 금융기관의 당좌대출이자율에 의하여 계산한 이자. 다만, 금융기관에서 차입한 금액의 연체대부이자율에 의하여 연체이자를 지급하는 경우에는 그 범위 내에서 연체대부이자율에 의하여 계산한다. ③ 위 ① 및 ②의 차입금이 각각 있는 경우에는 높은 이자율은 차입금에 대한 적수에 해당하는 부분부터 순차로 적용하여 계산한다.	

거래의 상대방	주요거래의 내용	사용하는 계정과목	유의점·세무상의 요점	관계 법령
	2. 영		⑤ 위 ④ 또는 ⑧에 해당하는 법인의 발행주식 총수 또는 출자총액의 50% 이상을 출자하고 있는 다른 법인	법인법 §88 ①
	업		⑥ 당해 법인에 50% 이상을 출자하고 있는 법인이나 개인	
	외		⑦ 당해 법인이 독점규제및공정거래에관한법률에 의한 대규모 기업집단에 속하는 경우 그 기업집단에 소속된 다른 계열회사	
			⑧ 위 ① 내지 ③에 해당하는 자가 이사의 과반수를 차지하거나 출연금(설립을 위한 출연금에 한함)의 50% 이상을 출연하고 그 중 1인이 설립자로 되어있는 비영리법인	
	2-4 가지급금 등의 인정이자	미수금 (Accounts Due)	• 법인세법상 특수관계인 또는 당해 법인이나 특수관계자가 출자한 타 법인에게 무상 시가보다 낮은 이자로 대부한 경우에는 시가와 실제로 수령한 이자와 이자률의 차이에 해당하는 이자상당액을 익금에 산입하게 된다. 이 경우 시가에 해당하는 이자	
	주	이자수익 (Interest Earned)	율을 통상 "가지급금 인정이자"라고 한다. 따라서 가지급금 인정이자 산당액(낮은 이자율로 대부한 경우) 또는 가지급금의 인정이자 수령한 이자액(무상으로 대부한 경우)을 익금에 산입한다.	
	2-5 법인의 고유목적 사업과 직접 관련이 없이		• 특수관계자에게 무상 또는 당좌대월이자율보다 무상으로 대여한 경우에는 당좌 대월이자율에 의한 이자상당액의 또는 이자상당액과의 차이을 익금에 산입하되, 이 경우 당좌대월이자율 보다 높은 이자율의 차입금이 있을 때에는 그 차입금의 범위안에	
	편의 없이			

거래의 선택방안	주요거래의 내용	사용하는 계정과목	유의점·세무상의 요점	관계 법령
2. 임·면 · 주 주	특수관계 자에게 자 금을 대여 한 경우		시 당해 이자율에 의하여 계산한 것을 다음의 경우가 있다. · 인정이자계산의 규정에 의하여 배제되는 것은 이자상당액 또는 차입금 임금에 산입하는 등 규정하고 있다. ① 소득세법 제132조 제1항 및 동법 제135조 제3항의 규정에 의하여 지급한 것으로 보는 배당소득 및 상여금(미지급소득)에 대한 소득세(지방소득세나 미지급소득으로 인한 중간예납세액 상당액을 포함하며, 다음 산식에 의하여 계산한 금액에 해당하는 금액에 한함)의 기간에 상당하는 금액에 한함) $$중간소득결정세액 \times \frac{미지급소득}{종합소득금액} = 미지급소득에 대한 소득세액$$ ② 정부의 허가를 받아 외국에 자본을 투하한 내국법인의 당해 국외투자법인에 종사하거나 종사할 자의 여비·급료·기타 비용을 대신하여 부담하고, 이를 가지급금 등으로 계상한 경우에 그 금액을 실제로 환부받을 때까지는 인정이자 계산 규정을 적용하지 아니한다. ③ 법인이 중간가대법 제2조 제18항의 규정에 의한 우리사주조합 또는 그 조합원에게 당해 법인의 주식취득(조합원간에 주식을 매매하는 경우와 조합원이 취득한 주식을 교환하거나 현물출자함으로써 공정거래 및 독점규제에 관한 법률에 의한 지주회사의 주식을 취득하는 경우를 포함)에 소요되는 자금을 대여한 경우 당해 대여금	법인세 법 § 44

거래의 구분	주요거래 내용	사용하는 계정과목	유의점·세무상의 요점	관계 법령
2. 임 원	· 월 · 주 · 주		④ 국민연금법에 의하여 근로자가 지급받는 것으로 보는 퇴직금전환금(당해 근로자가 퇴직할 때까지의 기간에 상당하는 금액에 한한다)에 대하여는 당해 근로자가 퇴직할 때까지는 인정이자 계산 규정을 적용하지 아니한다. ⑤ 대표자에게 상속처분한 금액에 대한 소득세를 법인이 납부하고, 이를 가지급금으로 계상한 경우에는 특수관계가 소멸될 때까지는 인정이자 계산 규정을 적용하지 아니한다.	
	2-6 회사에 서 출자자·임원 등에 게 자산을 무상으로 또는 저렴한 대가로 대여자산의 무상 대여한 경우	가지급금 (Advances)	· 법인이 금전 이외의 자산을 무상으로 또는 저렴한 대가로 대여한 경우에는 당해자산의 통상의 임대료 상당액에 미달하는 금액을 행위계산 부인한다.	법인령 §88 ①
	2-7 회사에 서 출자자·임원 등에 게 자산을 저렴한 대가로 대여한 경우	이월이익 (Earned Surplus Carried Forward to the Following term)	· 통상의 임대료 상당액에 미달하는 금액을 익금에 가산함과 동시에 그 가산된 익금을 당해 특수관계자에게 이익의 처분에 의한 상여로 간주한다.	

거래의 상대방	주요거래의 내용	사용하는 계정과목	유의점·세무상의 요점	관계법령
임 원	2-8 회사에 자산을 무상으로 제공한 경우	가지급금 (Advances)	• 법인이 특수관계자에게 무상으로 용역을 제공하거나 또는 시가상당액에 미달하는 금액으로 가산함과 동시에 그 가산된 익금을 당해 특수관계자에게 이익처분에 의한 상여로 간주한다.	법인령 §88 ①
2. 임원 · 주 주	2-9 회사에 자산을 저렴한 대가로 제공한 경우	임원상여 (Bonus to Directors) 이월이익 잉여금 (Earned Surplus Carried Forward to the Following Term)	• 예를 들어 법인에 고용되어 있는 기출자나 기출자가 아닌 사용인을 그 특수관계자에게 대가없이 또는 법인이 저렴한 대가로 자기개인의 사업을 위하여 이용했을 경우 등에는 부당행위계산 부인의 대상이 될 금액의 계산은 제공했을 때에 기대되는 이익과 용역의 제공으로 인하여 법인이 부담한 실제비용의 발생액 등을 종합적으로 고려하여 결정하여야 할 것이다.	
주	2-10 출자자·임원 등에 대하여	이월이익잉여금	• 특수관계자에 대하여 회사의 자산을 시가에 미달하게 양도한 경우에는 그 미달하는 차액부분에 대하여 법인의 계산에 불구하고, 그에 상당하는 금액은 이를 부인하여 당해 특수관계자에 대한 이익처분에 의한 상여도 간주하게 된다.	법인령 §88 ①

거래의 구분	주요거래의 내용	사용하는 계정과목	유의점·세무상의 요점	분개 방법
2. 예 회사 자산을 현저히 저렴한 가액으로 양도한 경우	Forward to the Following Term		• 미달하는 금액의 계산기준은 양도의 경우에는 판매시가를 적용함이 타당할 것이다. • [예] 양도한 양도시의 건물시가 100,000,000원 　장부가액 …… 70,000,000원 　정 상 가 액 …… 80,000,000원 　양 도 가 액 …… 75,000,000원 <출자자·임원 등 특수관계인 경우> 　(차) 현 금 25,000,000　(대) 건 물 70,000,000 　　　이 익 잉 여 금 25,000,000　　　건물처분이익 30,000,000 <유형자산 처분이익> (특수관계자가 아닌 제3자인 경우) 　(차) 현 금 75,000,000　(대) 건 물 70,000,000 　　　기 부 금 25,000,000　　　건물처분이익 30,000,000 • 법인이 소유하고 있는 자산을 특수관계인이 아닌 제3자에게 시가에 미달하는 가액으로 양도한 경우에 시가와 양도가액과의 차액은 손금불산입이 되는 기부금으로 처리하게 된다. 유형자산을 시가보다 현저하게 저렴한 가격으로 법인의 주주·임원 등 특수관계인에게 양도할 경우, 시가와 유형자산 양도가액과의 차액은 전액 이익의 분배로 건주하게 되는 것이다.	

거래의 상대방	주요거래 내용	사용하는 계정과목	유의점·세무상의 요점	관계 법령
법 인 · 개 인 주 주	2-11 출자자의 자산을 고가로 매입한 경우	이월이익잉여금	• 법인이 주주에게 노출을 인하여 사용하지 아니하는 기계장치 등 유형자산을 양도했을 경우, 법인의 노후·불용자산을 매각함에 있어 헐매가를 해하였을 경우에도 부득이 수권체자에게 시가로 양도하였으나 시가 이상의 연별조건부였도를 부득이 상담금액을 금전적 무상대여도 보지 아니하게 된다. • 이때, 초과하는 금액을 제공한 기준은 매입시가 되는 것이다. • 시가 500,000,000원의 건물을 주주로부터 550,000,000원에 매입하였을 경우, 세무회계상의 회계처리는 다음과 같이 된다. (차) 건 500,000,000 (대) 현금및현금성자산 550,000,000 이월이익잉여금 50,000,000 • 법인이 당해자산을 매입할 때 시전에 시가와 비교하여 50,000,000원을 고가 매입분으로 하여, 이를 유보소득의 처분으로 보아 처리하여 50,000,000원에 대한 소득세 (근로소득세)에 대한을 원천징수하여 납부하였다면, 이는 적법한 회계처리라 할 수 있으므로 부당행위계산 부인의 대상은 되지 아니한다.	

거래의 구분	주요거래 내용	사용하는 계정과목	유의점·세무상의 요점	관계법령
2. 임원·주주	2-12 출자자·임원 등으로부터의 차입	대여금 (Loans)	• 법인이 특수관계자와 자산의 매매거래를 하는 경우에 있어서는 자기공시가액 및 토지 등의 평가에 관한 법률에 의한 감정평가법인을 통하여 시가감정을 받아, 이에 따라 거래함이 바람직하다. • 무수익자산을 특수관계자로부터 매입하였을 경우에 있어서는 법인의 기대되는 이익을 부당하게 감소시키는 결과를 가져오는 것이므로, 세무회계상 이와 같은 자산의 매입은 부인되며, 따라서 그 매매는 없었던 것으로 간주하게 된다. • 법인이 특수관계자에게 지급한 매입대금은 그 특수관계자에 대한 대여금으로 계상하게 된다. 그 자산이 매입(법인)이 무수익자산의 대금을 지급이후에 매각되는 경우, 본인의 그 대금은 기산하고, 그 가산된 대금은 특수관계자에 대한 이익처분에 의한 상여로 처리하게 된다. • 법인이 무수익자산에 대한 유지관리비를 지급하고, 감가상각비를 계상하여 손금에 산입하였을 경우, 본인의 손금으로 인정되지 않는다. 이 경우 유지관리비를 법인이 개인에 부담할 비용을 본인이 대신 지급한 것이 될 것이므로 손금불산입 하고, 그 특수관계자에 대한 이익처분에 의한 상여로 처리하여야 할 것이다.	법인령 §88 법인령 §39 법인령 §88
	2-13 출자자·임원 등의 출연	가지급금 (Advances)	• 법인의 주주·사원·출자자 등이 부담하여야 할 출연금을 본인이 부담하게 된 경우, 자체를 부인하게 된다. 그 부담액을 본인이 이를 손금으로 계상하였을 경우에는 익금에 산입하고, 그 부담액을 행위자체를 부인하게 된다.	법인령 §88

거래의 상대방	주요거래 내용	사용하는 계정과목	유의점·세무상의 요점	관계법령
	법인이 부담할 성질의 것인 경우	이월이익 잉여금	회계실무상 법인의 출연금이 과연 법인이 부담하여야 할 성질의 것인지, 아니면 특수관계자 개인이 부담하여야 할 것인지는 명확하게 구분되기가 어려우므로 주관적인 판단에 의하여 구분하는 길밖에 없는 것이다.	법인법 §88
2. 임원·종업원 등으로부터	2-14 출자자·임원 등으로부터 불량자산을 차환한 경우	이월이익 잉여금	· 불량자산인 노후한 기계시설이나 내용연수가 경과한 건물 등을 법인소유의 정상적인 출혈한 자산과 차환하였을 경우에는 부당행위계산 부인의 대상이 된다.
· 세법은 당해자산의 노후화에 의한 차환의 행위자체를 부인하고, 당초부터 그 차환은 없었던 것으로 간주하여, 이로 인한 손해가 당해 법인에게 미쳤을 때에는 그것을 법인의 손금으로 인정하지 아니하며, 그 특수관계자에 대한 법인의 이익분여분으로 인정하게 된다.
· 법인의 이익분여에 의한 정당한 제3자로부터의 자산이나 설차를 가지지 아니하고, 이를 익금에 가산함과 동시에 당해 특수관계자에 대한 상여 등으로 간주하는 것이다.	법인법 §88
	2-15 출자자·임원 등으로부터	가지급금 (Advances)	· 법인의 출자자·임원이 소유한 불량채권을 경우에는 부당행위계산 부인의 대상이 된다.
· 법인이 특수관계자의 불량채권을 양수한다는 것은 불량채권의 권리자인 특수관계자가 입	법인법 §88 ①

거래의 성격	주요거래의 내용	사용하는 계정과목	유의점·세무상의 요점	관계법령
	더 볼관세 징수할 연우	이월이익 (임여금) (Earned Surplus Carried Forward to the Following Term)	아직 할 피해를 그 권리자의 피해가 확정적으로 발생되기 이전에 법인에게 때남겨서 그 피해를 법인이 기본만이 손해를 보는 결과가 된다고 본다. • 세법은 불관세권의 안수의 행위자체를 부인하여 그 안수는 없었던 것으로 간주하게 된다.	
2. 임 원 · 주				
	2-16 출자자 · 임 원 등으로부터 다 금전을 차 · 임한 금보다 고율적인 차 용한 경우	이월이익 임여금 (Earned Surplus Carried Forward to the Following Term) 가지급금 (Advances)	• 만약 이로 인하여 손해가 법인에 미쳤을 때에 있어서는 그것은 법인의 손금으로 인정하지 않을 뿐만 아니라, 그 특수관계자에 대하여 법인의 이익을 부여한 것으로 인정하게 된다. • 법인이 출자자 · 임원 등으로부터 높은 이율로 차용하였을 경우에 법인이 출자자 · 임원에게 이익을 주기 위하여 부당한 손실을 입게 되는 것이므로, 이 경우에 있어서는 통상적으로 지급하여야 할 이자를 기준으로 하여, 그것을 초과하는 금액을 인하고 통상이자금에 산입하고, 그 가산된 금액은 그 출자자 · 임원에 대한 이익처분으로 인한 상여로 간주하게 된다.	

거래의 상대방	주요거래의 내용	사용하는 계정과목	유의점·세무상의 요점	관계법령
	2-17 출자자·임원 등으로부터 자산을 더 높은 이자율로 차입하였을 경우	가지급금 (Advances)	• 법인이 출자자·임원 등으로부터 자산을 차입하고 높은 이자를 지급하였을 경우에는 통상적으로 지급하여야 할 임차료를 기준으로 하여 그것을 초과하는 인하하고, 임금산입하게 되며, 그 가산된 임금에 대한 그 누수관계자에게 대한 이익처분에 의한 상여로 간주하게 된다.	법인령 §88 ①
2. 임원		이월이익 잉여금 (Earned Surplus Carried Forward to the Following Term)	• 통상적으로 지급하여야 할 요율 등은 법인이 제3자에게 임차하였을 때에 지급하여야 할 요율을 의미하게 된다.	
			• 통상 지급하여야 할 요율과 실제 지급한 요율의 차액이 행위계산부인이 되는 것이다.	
주	2-18 출자자·임원 등으로 부터 용역을 더 높은 대가로 지급받고 있을 경우	가지급금 (Advances), 이월이익 (임여금 (Earned Surplus Carried Forward to the Following Term)	• 출자자·임원 등으로부터 용역을 높은 대가를 지급하고 세금받았을 경우에 통상 지급하여야 할 대가를 초과하는 금액은 손금부인, 임금산입하게 된다.	법인령 §88 ①
주			• 임금에 가산한 금액은 그 출자자·임원 등에게 이익처분에 의한 상여로 간주하게 된다.	
고 지급받고 있을 경우				

세무회계판레 121

거래의 성격	주요거래의 내용	사용하는 계정과목	유의점·세무상의 요점	관계법령
	2-19 회사가 임원에 대해 금품을 무상으로 증여한 경우	가지급금 (Advances)	회사가 임원에 대하여 지출하는 보수·상여 이외에 경제적인 이익을 제공하였을 경우에는 그것이 정기적인 경우에는 보수가 되며, 그것이 부정기적·임시적인 경우에 있어서는 임원상여로 취급된다.	
2. 임 원	2-20 회사가 임원에 대한 채권을 포기 또는 면제한 경우	임원상여 (Bonus to Director) 이월이익 잉여금	그것이 뚜렷하나 재해의 위로 등의 경우이거나, 수년마다 행하게 되는 창립기념일 등에 있어 정점되는 기념품을 제외하게 된다. 임원에 대하여 경제적 이익을 공여하였을 경우에 있어서는 이익처분에 의한 상여로 간주하게 된다.	
	2-21 임원의 개인적인 채무를 회사가 무상 또는 현저히 저렴한 가액으로	가지급금 (Advances)	경제적인 이익이므로 임원에 대한 상여(이익처분에 의한 상여)로 간주된다.	

거래의 형태	주요거래의 내용	사용하는 계정과목	유의점·세무상의 요점	관계법령
2. 임원·주주	인수한 경우	이월이금 (Net Earned Surplus Forwanded)		
	2-22 임원의 개인적인 비용을 회사가 지급하고 그 반제를 요구하지 아니하는 경우	가지급금 (Advances) 임원상여 (Bonus to Directors)	· 임원에 대하여 경제적인 이익을 분여하였다고 간주되므로, 회사가 그 비용을 손금 산입한 열을 경우에서 손금으로 부인하고, 임금에 가산하게 된다. · 가산된 임원급은 임원에 대한 상여로 간주하게 되는 것이다.	
	2-23 임원에 대하여 임원상여 등을 지불한 경우(부정기적인 것)	가지급금 (Advances) 임원상여 (Bonus to Director)	· 접대비 등으로서 사업을 위하여 사용된 것이 분명하지 아니한 것은 근로소득으로 본다.	

거래의 형태	주요거래의 내용	사용하는 계정과목	유의점·세무상의 요점	관계법령
	2-24 주주, 임원 등 개인이 부담해야 할 접대비를 법인이 지출한 경우	가지급금 (Advances)	· 주주 또는 임원이 부담해야 할 성질의 접대비를 법인이 지출한 것은 접대비로 보지 아니한다. · 이 경우의 접대비는 주주·사원에 대한 이익의 분여 또는 이익처분에 의한 상여로 간주한다.	
2. 임원	2-25 합명회사·합자회사의 노무출자사원에게 지급하는 보수	임원상여 (Bonus to Directors) 이익잉여금 (Revenue Reserve) 가지급금 (Advances)	· 법인이 손비로 산입하였을 경우에는 손비를 부인하고, 임금에 가산하게 된다. · 합명회사·합자회사의 노무출자사원에게 지급하는 보수는 이익처분에 의한 상여로 한다.	
주	2-26 주주에게 사글료를 제공하고 받는 내국법인의 임원급여	임원상여 (Officer's Salaries)	· 근로소득세로 과세가 된다.	

거래의 형태별	주요거래의 내용	사용하는 계정과목	유의점·세무상의 요점	관계법령
2. 임원 · 주	2-27 법령, 조례 등에 의하여 받지 아니하면 아니되는 수당 등에 계상되는 수입에 따라 지급하는 수당	수 당 (Remuneration)	· 손금에 산입한다.	
	2-28 임원, 직원, 종업원 등에게 증여한 자가제품(自家製品)의 경우	매 출 (Sales)	· 자기가 채굴 또는 제조한 광산물, 제품이나 매입한 상품 기타 과세표준금액을 연기 위하여 사용되는 물품을 임원·직원 기타 사용인이나 타인에게 증여 또는 지급하거나, 자기가 직접 사용 또는 소비한 부분에 상당하는 금액은 이를 판매이윤으로 계상하여야 한다. · 이때 환가기준은 시가, 지급·사용 또는 소비한 부분에 상당하는 금액의 계산은 시장가격에 의하게 된다. · 이에 따른 회계처리는 매출계정으로 회계처리를 하여야 한다. · 자기가 채굴 또는 제조한 광산물, 제품이나 매입한 상품 기타 과세표준금액을 연기 위하여 사용되는 물품을 임원·직원 기타 사용인이나 타인에게 증여 또는 지급하거나, 자기가 직접 사용 또는 소비한 부분	

거래의 성격별	주요거래의 내용	사용하는 계정과목	유의점·세무상의 요점	관계 법령
2. 영업·주		매출 (Sales)	직접사용 또는 소비한 부분에 상당하는 금액은 이를 판매이익으로 계상하여야 한다. • 이때 원가기준은 즉, 증여·지급·사용 또는 소비한 부분에 상당하는 금액의 계산은 일반 시장가격에 의하게 된다. • 이에 따른 회계처리는 매출계정으로 회계처리를 하여야 한다. [예] 법인이 원가 100,000원의 상품(또는 제품)을 종업원에게 렌탈금으로 제공하였을 경우 <이 경우 판매시가는 150,000원> (차) 급 여 150,000 (대) 매 출 150,000 • 상품(제품)을 렌탈금액으로서 제공한 법의 판매시가를 기준으로 하여 판매수익으로 계산하게 된다. • 만일 법인이 위의 경우에 원가로 그 회계처리를 하였다면 (차) 급 여 100,000 (대) 매 출 100,000 판매시가와 차액 50,000원에 대하여는 법인세과세표준신고서상에 익금으로 조정하여야 한다.	
2-29 자기 제품 등의 임원, 직원,			• 시가 200,000원의 상품을 150,000원에 판매하였을 때, 그 회계처리를 (차) 현 금 150,000 (대) 매 출 150,000 으로 하였다면, 이는 법인세법상 규정하고 있는 부당행위계산에 적용된다고 보게므로,	

거래의 선제별	주요거래 내용	사용하는 계정과목	유의점·세무상의 요점	관계법령
	종업원, 기타 사용인 에게 판매 하였을 경우		이러한 회계처리를 하였을 때에는 시가와의 차액 50,000원에 대하여는 법인세 과세표준신 고서상에서 익금으로 가산함이 타당하다. 이때에 있어서 내역을 부연하여 계산 부인을 하여야 한다. •시가 200,000원, 원가 150,000원의 상품을 부인의 50,000원에 판매하였을 경우의 회계처리는 다음과 같다. (차) 현 금 150,000　　(대) 매 출 200,000 　　 급 여 50,000 •매출실제판매가격과 시가와의 차액 50,000원은 당해 임원 또는 사용인에 대한 추가급여적 성격으로 처리하게 되는 것이다.	
2. 해 외	2~30 임원의 해외출장 비, 해외체 재비, 준비, 등등으로 세금으로 인정 되지 아니 하여 손금산 입이 인정	가지급금 (Advances) 임원상여 (Bonus to Directors)	•임원의 해외출장비·체재비 등으로서 손금산입이 인정되는 경우로서 다음과 같은 경우 등이다. ① 거래의 체약체결이나, 상품 등을 매입·판매하기 위하여 해외출장을 하는 때 ② 업계를 대표하여 국제회의에 출석하는 경우 〈업무의 직접 판매가 있는 해외출장의 경우〉 ③ 업무의 필요상 특정지역 또는 특정상품에 대한 조사·연구 등의 명확한 해외출장의 목적이 있는 경우 ④ 해외지점·영업소 등의 개설 또는 근무를 하기 위하여 해외출장을 하는 경우	

2. 업·주 등에 관련하여 발생하는 거래의 세무처리 요령

거래의 선발	주요거래 내용	사용하는 계정과목	유의점·세무상의 요점	관계 법령
	업·주 하는 부분		• 위의 경우에 있어서는 명확한 업무상의 필요가 있는 경우인 것을 말하게 된다. 손금산입이 인정되지 아니하는 경우에는 다음과 같은 해외여행을 말하는 것이다. ① 관광 등을 위하여 해외여행을 하는 경우 ② 관광알선자가 주최하는 단체여행으로 인한 해외여행 ③ 동업자 등과 일반적인 시찰여행 등으로서, 코스 등 면에서 관광목적에 있는 것 〈해외출장 목적이 명확한 것〉 ④ 해외출장의 목적이 명확하지 아니한 것 ⑤ 배우자를 동반하기 위한 여비 ⑥ 체재비·준비금 등 해외출장비가 상응하는 부분에 대응하는 금액 또는 체재비·준비금이 사회통념상의 금액을 현저히 초과하는 부분 • 업무 수행상 필요하다고 인정되는 여행과 그렇지 아니한 여행을 행하였을 경우에 있어서는 다음과 같이 안분계산할 수 있을 것이다. ① 업무수행상 필요하다고 인정되는 여행으로서 손금산입하게 되는 해외출장비(전액) ② 업무의 수행상 필요하다고 인정되지 아니하는 여행으로서 손금산입하게 되는 여비출장비의 금액으로 하는 것 $\dfrac{\text{업무의 수행상 필요하다고 인정되는 기간(일수)}}{\text{해외출장기간(일수)}}$ = 손금용인 대비 해외출장경비의 금액으로 하는 것 : 해	

거래의 상대방	주요거래의 내용	사용하는 계정과목	유의점·세무상의 요점	관계 법령
임 원 · 종 업 원	2-31 회사소유 유 자 산 을 담 보 로 한 차 입 금 의 담 보 제 공 자 인 임 원 및 그 담 보 차 입 금 을 임 원 이 사 용 하 고 있 을 경 우	가지급금 (Advances) 임원상여 (Bonus to Directors)	법인명의의 부동산(토지·건물)을 담보로 은행에 차입하고, 법인명의로 기재함에 법인의 대표자 개인이 사용하고, 제수속비·지급이자는 개인이 부담하였으나, 법인의 장부상에는 기표처리를 하지 아니하였을 경우에 있어서, 법인이 은행에 차입하고 정부상에 표처리 없이 대표자 개인에게 무상으로 금전을 대여한 경우에는 법인세법 시행령 제89조에 의하여 계산한 인정이자와 대표자 개인이 부담한 지급이자와의 차액을 익금가산하게 되는 것이다.	
주	2-32 비상 여비교통비로 임원에 게 지 급 하 지 계 차 마 비 약 목 으 로 지 급 하 였 을 경 우	여비교통비 (Travelling Expense)	•아무런 기준도 없이 차마비 명목으로 비상근 임원들에게 지급한 금액은 임원상여로 처리 하여야 하는 것이다.	

거래의 선례명	주요거래의 내용	사용하는 계정과목	유의점·세무상의 요점	관계 법령
2-33	회사가 담보제공 등의 임무에도 불구하고 대표자 개인 부동산을 담보로 제공하였을 경우 대표 개인의 부동산을 담보로 회사가 담보로 하여 회사가 담보차입	지급수수료 (Commission Paid)	• 회사가 담보제공 등의 임무에도 불구하고 대표자 개인 부동산을 담보로 제공하였을 경우에는 대표자에게 지급된 수수료는 손금으로 인정한다. • 회사가 실제로 담보제공에 없어 부동산의 대표자(출자자) 개인의 담보물건을 제공받고, 이에 대한 요금이 임반거래관계에 의한 요금이면, 그 수수료는 법인세법상 손금으로 인정된다. • 이 경우 담보기간 제공 외에 수수료는 손금으로 인정되지 아니한다.	
2-34	상근이 아닌 임원보수 (Officer's Salaries)		• 상근이 아닌 법인의 임원에게 지급하는 보수는 법인세법 제52조 〈부당행위계산의 부인〉, 영 제88조 〈부당행위계산의 유형〉에 해당하는 경우에는 이를 손금으로 계산하여 임원에게 지급한 보수를 지급한 임수를 보수하여 신하게 되는 것이다.	

거래의 상대방	주요거래 내용	사용하는 계정과목	유의점·세무상의 요점	관계법령
	2-35 특수관계자의 자금의 지급에 대하여 인정이자를 계상하여야 할 경우	이자수익 (Interest Earned)	• 특수관계자에 무상으로 금전을 대여한 경우에 있어서는 인정이자를 계산하여 이를 익금산입한다. • 특수관계자의 가지급금에 대하여 인정이자를 본인이 스스로가 계산하여, 이에 대한 미수이자를 수익계상한 때에 대해서는 미수이자를 계상하였을 경우에는 다시 미수이자를 계산하지 아니하는 것이다. (차) 미 수 금 ××× (대) 이 자 수 익 ××× 상기와 같이 인정이자 상당액을 본인이 미리 계상하고, 이를 소비대차에 전환하여 처리하고, 수익으로 인식하였을 경우에는 이자상당액은 소비대차에 의한 이자수익이므로 인정상여 도 볼 수 없는 것이다.	법인령 §43 ①
2. 임 원	2-36 임원에게 계 상여금을 지급하였을 경우	상여금 (Bonus)	• 임원에 대한 상여금은 이익금의 처분에 의한 것을 제외하고는 손금에 산입할 수 있다. 즉, 본인이 그 임원에게 이익처분에 의하여 지급하는 상여금(상여금 제외)은 이를 손금 산입하지 아니 한다.	
주		이익이잉여금 (Net Earned Surplus Forwarded)	• 상여금이란 임원 또는 종업원에게 지급하는 정기의 급여 이외의 급여를 말하는 것으로서, 경영성과나 노무제공의 성과에 대하여 임시급으로서 지급되는 금품을 말하는 것이다. 상여금은 이익처분에 의한 상여와 가급되고 있으며, 본인이 임원 또는 사용인에게 지급한 상여는 이익처분에 의한 것을 제외하고, 이를 손금으로 인정하는 것이다. • 합명회사 또는 합자회사의 노무출자사원에게 지급하는 보수는 이익처분에 의한 것으로 보	

거래의 선택항	주요거래의 내용	사용하는 계정과목	유의점·세무상의 요점	관계법령
2. 임·직원 주 · 주			다. • 법인이 임원에게 지급하는 상여금 중 정관·주주총회·사원총회·이사회의 결의에 의하여 결정된 급여지급기준에 의하여 지급하는 금액을 초과하여 지급한 경우 그 초과금액은 이를 손금에 산입하지 아니한다. • 세무회계상 이익처분에 의한 상여금은 법인의 정관이나 정체지거나, 주주총회·사원총회 등의 결의에 의하여 이익금 일부를 지급하는 경우의 법인세법상 특별히 이익처분을 위한 상여금으로 인정되는 것인정상여)을 말하게 된다. • 법인이 그 임원 또는 사용인에게 이익처분에 의하여 지급하는 상여금은 이를 손금에 산입하지 아니한다. 그러나, 다음에 해당하는 성과급에 대해서는 이익처분에 의하여 지급하는 경우에도 손금산입할 수 있다. ① 증권거래법 제189조의 2의 규정에 의하여 취득한 자기주식으로 지급하는 성과급으로서, 동법 제2조 제18항의 규정에 의한 우리사주조합을 통하여 사용인에게 지급하는 성과급. 이 경우 증권거래법에 의한 유가증권시장에서 취득하여 해당 법인의 주식을 취득하여 합병에게 분배할 우리사주조합에 대해 법인이 성과급으로 그 대금을 지급하는 것을 포함한다. ② 주식매수선택권을 부여받은 창업법인 등 일정한 요건을 갖춘 창업자·신기술사업자 또는 는 주식기업을 말한다)의 임직원이 약정된 주식의 매입시기에 주식을 실제로 매입하지	법인법 §43

거래의 형태별	주요거래의 내용	사용하는 계정과목	유의점·세무상의 요점	관계법령
2. 임·직원 주			• 아니함에 따라 약정된 주식의 매입가액과 시가와의 차액을 현금 또는 현물법인이 발행한 주식으로 지급하는 성과배분상여금 ③ 법인이 임원을 제외한 근로자와 성과산정지표 및 그 목표, 성과의 측정 및 배분방법 등에 대하여 사전에 서면으로 약정하고, 이에 따라 그 근로자에게 지급하는 성과배분상여금 • 성과금은 이익금처분대상 사업연도의 세무조정계산서에 의하여 신고조정으로 손금산입한다. • 이사의 보수는 정관에 그 액을 정하지 아니한 때에는 주주총회의 결의로 이를 정한다. 상법 제388조에 규정되어 있으므로, 임원의 임금인 보수를 주주총회·이사회 결의 이외 수시로 정하여 지급한 것은 상여로 보아야 한다. • 법인이 임원에게 법인의 정관·주주총회·사원총회 또는 이사회의 결의에 의하여 결정된 지급규정에 의하여 지급하는 교육비보조금 등은 부당행위계산부인 규정이 적용되는 경우를 제외하고는 각 사업연도 소득금액 계산시 손금에 산입하는 것이다. • 직무수당과 유사한 성질의 기밀비는 귀속자가 임원일 경우에는 손금불산입 사용인인 경우에는 상여로 손금산입하는 것이다.	법인 46012-287, 95.1.25 법인 22601-3863, 1988.12.29.

거래의 세부항목	주요거래의 내용	사용하는 계정과목	유의점·세무상의 요점	관계 법령
2-37	임원·직원에 지급한 퇴직금	퇴직급여 (Reserve)	• 세법상 퇴직급여(퇴직금·퇴직위로금)에 대한 손금으로서의 범위는 다음과 같다. 즉, 퇴직급여란 법인이 그 사용인 또는 임원에게 퇴직하였을 경우 지급되는 금액을 말한다. • 사용인 또는 임원인 퇴직급여의 현실적으로 퇴직하는 경우에는 법인이 퇴직급여지급규정에 의하여 지급을 설정한 지급 한 법인이 해당하는 경우를 포함하는 것으로 한다. ① 법인의 사용인이 임원에 의해 법인의 임원으로 취임한 때 ② 법인의 임원 또는 사용인이 그 법인의 조직 변경·합병·분할 또는 사업양도에 의하여 퇴직할 때 ③ 퇴직금을 중간 정산하여 지급한 때 ④ 법인의 임원에 대한 급여를 연봉제로 전환함에 따라 향후 퇴직금을 지급하지 아니하는 조건으로 임원에 대한 퇴직금을 정산하여 지급한 때 • 종업원에 대한 퇴직금에는 일반적으로 퇴직규정에 의하여 지급되고 있으므로 대체로 손금으로 용인되고 있으나, 법인이 임원에게 퇴직금을 지급할 경우에는 정관에 퇴직금퇴직위로금 등으로서 지급할 금액을 정하여 경우에는 정관에 정하여진 금액을 손금으로 인정한다. 만약 그 한도액을 초과한 경우, 그 초과한 금액에 대하여는 손금으로 인정하지 아니하는 것이다. <손금불산입> • 대기서 정관에 정하여진 금액에서 임원의 퇴직금을 계산할 수 있는 기준이 정관에 기재된	법인법 §44 법인령 §44 ④

거래의 성격별	주요거래의 내용	사용하는 계정과목	유의점·세무상의 요점	관계법령
2. 임·주	임 · 주		경원을 포함하며, 이 경우 정원에서 위임된 퇴직급여규정이 따로 있을 때에는 법 금액에 의하는 것이다. · 정관에 퇴직급여에 대한 규정이 없을 경우에 있어서는 그 임원이 퇴직하는 날부터 소급하여 1년 동안에 당해 임원에게 지급한 총급여액의 10분의 1에 상당하는 금액에 근속연수를 곱한 금액을 한도로 하여 손금으로 인정하는 금액에 대해서는 근속연수를 곱한 금액을 한도로 하여 손금으로 인정하지 아니하고, 이를 이익처분에 의한 상여로 간주하게 되는 것이다. · 퇴직직전 1년간의 총급여액이란 퇴직일로부터 소급하여 1년간 지급받은 급여·상여금·수당 등 이외 유사한 급여의 총액(소득세법 §20 ① 1)과 이익처분에 의하여 받은 상여금의 합계액을 말한다. 다만, 손금에 산입하지 아니한 금액과 인정상여, 퇴직으로 인하여 받는 퇴직소득에 속하는 것은 여기에 포함되지 않는다. · 법인이 합병한 경우에 있어서 퇴직한 피합병법인의 임원이나 사용인에게 지급한 퇴직위로금 등에 대해서는 피합병법인의 지출한 퇴직위로금 등은 그 법인의 최종 사업연도의 손금으로 하며, 퇴직위로금 등을 합병법인이 지출한 경우에는 피합병법인으로부터 인계된 퇴직위로금까지는 이를 합병법인의 출자자가 아닌 임원으로 된 경우에는 그 임원에게 지급한 퇴직위로금 등은 손금에 산입하는 것이다. · <계산예> ① 퇴직급여지급액 : 10,000,000	

세무회계판례 135

거래의 산발	주요거래의 내용	사용하는 계정과목	유의점·세무상의 요점	관계 법령

② 근속연수 : 3년

③ 1년간의 총급여액 12,000,000원일 경우 퇴직급여의 범위액 계산은

12,000,000 × 1/10 × 3년 = 3,600,000원

즉, 손금산입한도액은 3,600,000원이며, 손금산입부인액은 2,400,000원이 된다.

(차) 퇴 직 금 3,600,000   (대) 현금및현금성자산 10,000,000
　　 이월이익잉여금 6,400,000

이러한 경우 지급된 퇴직금액 10,000,000원에 대해서는 손금으로 인정받을 수 있는 퇴직급여액은 3,600,000원뿐이며, 6,400,000원에 대해서는 손금불산입이 되는 것이다.

2.
임 · 원
주
·
주

- 퇴직금은 법인이 사용인 또는 임원의 현실적인 퇴직함으로 인하여 지급의무가 확정된 금으로 보아 손금이 확정된다. 그러므로 현실적으로 사용인의 퇴직금은 사용인의 퇴직금은 사용인의 퇴직금은 사용인의 현실적으로 그 금액이 즉시 확정하게 되었으나 임원의 경우에는 정관 등의 규정에 없을 경우 퇴직금을 대체할 때에는 그 금액이 주주총회·사원총회의 결의하게 되어, 그 지급기간 지급액의 이사회에서 결정되므로, 임원이 현실적으로 퇴직하였더라도 그 결의에 그 권리의무가 확정되는 것이다.

- 법인의 임원이 별도 규정에 의하여 임기가 만료되고, 다시 연임된 경우 당해 법인이

거래의 형태별	주요거래의 내용	사용하는 계정과목	유의점·세무상의 요점	관계법령
	2-38 임원이 회사의 임원으로서 임원으로서 단순한 노무의 제공대가로 받는 임금 및 상여금	상여 (Bonus) 접대비 (Entertainment Expenses)	· 퇴직금지급규정에 의하여 그 임원의 만료된 임기의 근속기간간에 따라 지급하는 퇴직금은 비록 그것이 퇴직급여지급규정에 의하여 지급된다 하더라도 현실적으로 퇴직하는 경우가 아니므로 소득세법 제22조에 규정하는 퇴직소득에 해당하지 아니하는 것이다. · 임원퇴직금 중 한도초과액은 그 임원에 대한 상여로 처분한다. · 로터리클럽 및 통상의 회비를 부담하는 경우에는 현실적으로, 그 회원이 된 임원에 대한 상여로 처리되어야 할 것이다. · 임원이 회사의 임원으로서 지위에 의하여 임회하게 된 경우에는 손금으로 인정하여야 할 것이다. · 접대비 등으로 손금산입하는 통상회비 이외의 임시적인 회비에 대해서는 그 임원에 대한 상여로 취급되는 것이다.	
	2-39 청년회의소의 정회원이 이 자격으로 그 지위에 의하여 임회하는 경우의 회비 제외의 개인회원 또는 특별회원으로서의 임회금·회비는 그 금액 또는 상여로 취급된다.		· 청년회의소에 개인으로서 임회하는 경우〈개인회원만의 회비소의 경우를 실질적인 임원의 자격으로 그 지위에 의하여 임회하는 경우를 제외〉의 개인회원 또는 특별회원으로서의 임회금·회비는 그 금액 또는 상여로 취급된다.	

거래의 형태별 주요거래의 내용

거래의 형태별	주요거래의 내용	사용하는 계정과목	유의점·세무상의 요점	관계법령
업 업·주 주	2-40 회사 골프그 룹에 법인 회원으로 입회하는 경우의 회급	**회원권** (무형자산)	• 회사가 법인회원으로서 골프그룹에 입회하기 위하여 지출하는 입회금은 회원권(또는 것이)의 보증금으로서 자산으로 계상할 수 있다. • 회사가 개인회원으로서의 입회금을 지출한 경우, 실질적으로는 개인이 부담하였을 때에는 그 임원에 대한 상여로 된다. 개인회원권지라도 법인회원으로 입회를 하는 경우에는 명의가 임원 개인회원으로 한 경우로서, 실질적으로 법인이 고것을 사용하는 경우에는 법인회원권과 같이 취급되어야 할 것이다. • 회사임원이 개인회원으로서(당해 임원의 상여로 취급되는) 골프그룹을 이용하는 경우의 골프장 입장료, 시설의 이용료 기타 골프를 하기 위하여 소요된 비용은 그 임원에 대한 상여로 하여야 하며, 따라서 법인회원권으로 인정된 것이만 항지하도 그 비용이 법인의 사업과 관련이 없고, 임원개인의 부담하여야 할 것이 명백한 경우에는 그 임원에 대한 여가 되는 것이다. • 법인이 부담하게 되는 연회비 등은 접대비도 되나, 개인이 부담하여야 할 비용(연회비 등)을 회사가 부담하였을 때에는 당해 임원에 대한 상여로 하게 되는 것이다. • 회사입원<사장·부사장·상임이사 등>이 대외적인 교제관계상 지출한 골프그룹의 입회금을 회사에서 지출한 경우의 그 입회금을 회사의 부담으로 가입하고, 소정의 회사에서 지출한 경우에는 임원개인의 가지급으로 계상하였을 경우의 그 입회금 등으로 계상하였을 경우에는 임원개인의 가지금으로 갓주하지 아니하며, 따라서 법인세법에서 규정하는 인정이자를 계산하지 아니하는 것이다.	관계 법령

거래의 신개발	주요거래의 내용	사용하는 계정과목	유의점 · 세무상의 요점	관계법령
	2-41 사교 등에 대응하지 않는 회금	접대비 (Entertainment Expenses)	• 업무수행상 필요하다고 인정된 경우에 있어서는 접대비로 처리하게 된다. 개인이 부담하여야 할 사교그룹부에의 입회금과 회비를 회사가 부담하였을 때에는 그 금액 또는 상여로 처리한다.	
2. 임원 · 주주	2-42 법인이 임원을 피보험자로 하여 보험자 취하는 보험료 생명보험료를 부담한 경우 그 보험료 또는 결합료		• 2-43의 경우 법인이 부담한 임원의 보험료 상당액은 그 임원의 급여에 해당된다. 다만, 정기적인 급여로 할 것인가, 상여로 할 것인가는 그 부담이 경상적인 임시적인가에 의하여 결정되는 것이다. • 경제적 이익의 매월 또는 1년마다 정기적 · 계속적으로 부여되었을 때에는 세무취급상 임시보수로 간주하게 할 것이나, 그것이 부정기적 또는 임시적으로 부여되었을 때에는 상여로 취급되는 것이다. • 임원에 대한 급여의 취급상에 유의할 점은 과대보수문서의 계상으로나 하는 점이다. • 생명보험에 대한 보험료의 지급은 월액 또는 연액의 일정이 되는 결을 임원보수에 해당한다. • 2-44는 당해 임원이 보험계약자 및 피보험자인 경우, 보험료의 액은 전부 임원에 대한 급여로 보게 된다.	
주	2-43 법인이 임원의 소유의 주권을 장기의			

거래의 상대방	주요거래의 내용	사용하는 계정과목	유의점·세무상의 요점	관계법령
임원·주주	2-44 임원·직원 또는 사용인이 등 법인의 업무에 반하여 해야 할 채무 등을 위반하여 그 반대 급부로 발행인이 그 결과 손해를 처리하였을 경우	가지급금 (Advances) Corporate Income Tax 이월이익 잉여금 (Net Earned Surplus Forwarded)	· 법인의 소득금액계산상 이를 법인세법 제21조제4호의 타 사외유출로 처분한다. ※ 법인세법 제21조 제3호 법금·과료(통고처분에 의한 법금 또는 과료에 상당하는 금액을 포함한다)·가산금 및 강제징수비 (과료와 과태금을 포함한다)	
	순해보험 계약을 체결하고, 그 보험료를 지급한 경우			

거래의 종류별	주요거래의 내용	사용하는 계정과목	유의점·세무상의 요점	관계법령
2-45	시가를 초과하는 현물출자를 할 때 그 차산을 과대 상각하여 있을 때	미불입자본금 (Capital Stock Unpaid) 세무조정 계정 (Adjustment for tax Audit)	• 시가를 초과하는 가액으로 현물출자를 한 경우에 있어서는 그 출자행위를 부인하게 된다. • 당해 자산을 과대상각한 때에 있어서는 그 상각계산을 부인하게 된다. • 법인의 설립시나 증자시에 있어 자본불입의 방법으로 현물출자를 한 경우에 있어서는 그 출자하는 시점에서 시가를 초과하는 평가액으로 하여 출자하는 경우에는 그 초과하는 부분의 출자는 없었던 것으로 간주하게 되는 것이다. • 상기의 경우 법인의 소득금액 계산상으로는 하등의 영향을 미치지 않기 때문에 기산순의 자산을 변동시키지는 아니한다. 다만, 그 초과하는 부분의 출자행위만을 부인하게 되는 것이다. • 시가를 초과하는 가액으로 현물출자를 하는 때에는 상법상 자본충실을 기하기 위해서는 제체될 것이므로 자본등기가 되지 아니할 것이다. • 현물출자를 하는 경우, 검사인의 선임 등 자본금으로 등기되었을 경우에 있어서는 그 현물출자의 가액을 초과하지 아니하였다고 생각된다. • 등기되는 현물출자의 가액과 세무회계상 시가와의 관념적 차이는 있을 수 있을 것이다. • 각기서 시가란 할은 일반적으로 현재의 객관적 적용가치를 말하는 것이며, 토지 등기출자의 측정은 자기공시빗토지등의평가에관한법률에 의한 매입시가를 말하고, 그 매입시가의 측정은 자기공시빗토지등의평가에관한법률에 의한 감정평	

거래의 성격	주요거래의 내용	사용하는 계정과목	유의점 · 세무상의 요점	관계법령

2. 의 · 주			기부인의 감정시가에 따라 계산하는 것이다.
			• <가설 예 1> 시가 13,000,000원의 건물을 13,000,000원으로 현물출자하다.
			   (차) 건 물 13,000,000 (대) 자본금 13,000,000
			• <가설 예 2> 상가의 예에서 시가 11,000,000원으로 다시 평가 되었을 경우
			   (차) 건 물 11,000,000 (대) 자본금 11,000,000
			모든 (차) 건 물 13,000,000
			             세무조정
			             세무조정 2,000,000
			※ 세무조정채정은 차변 발생시는 자본금채정에 대한 차감적인 평가채정이다.
			※ 세무조정채정이 대변 발생시는 자본금채정에 대한 부가적평가채정이 된다.
			• <가설 예 3> 시가 11,000,000원의 건물을 13,000,000원으로 평가하여 납입하였다면
			   (차) 건 물 13,000,000 (대) 자본금 13,000,000
			                                                      미불입자본금 2,000,000
			• 시가를 초과하는 현물출자를 그대로 장부에 기록하였다가, 그 후에 이 가액을 기초로 하여 감가상각을 한 경우에 있어서는 과대상각에 해당하는 금액은 부인하게 된다.
			• 시가를 초과하는 현물출자를 그대로 장부에 기록하였다가 매각하였을 때 매각차분을 한 경우에 있어서는 매각차분의 과소계상에 해당하는 금액은 부인하게 된다.<익금산입>	

거래의 종류별	주요거래의 내용	사용하는 계정과목	유의점·세무상의 요령	관계법령
	2-46 무수익자산을 출자받은 경우에 그 출자받은 자산의 운용으로 이익을 얻을 가망이 없는 자산에 대한 비용을 부담한 때	미불입 자본금 (Capital Stock Unpaid) 이불입 영여금 (Net Earned Surplus Forwarded)	· 법인의 설립시 또는 증자시에 주주들로부터 무수익자산〈출자자가 사용하는 주택·별장 등과 같이 그 자산의 운용에 의하여 장래에 있어 수익을 얻을 가망이 없었던 것으로 보게 된다. 법인이 무수익자산을 출자받은 경우에는 당해 자산에 대한 세금과 공과, 수선비 등의 유지비를 부담하고 이것을 법인의 손금으로 계상하였을 경우에는 그 경비의 지출은 법인의 출자 자산에 대한 것이 아니라고, 그 자산을 출자한 주주의 개인이 부담할 것이므로, 당해 주주에 대한 이익처분에 의하여 상여로 처리하게 된다. · 감가상각비도 손금불산입한다. · 무수익자산을 출자받았음이 발견되었을 경우의 회계처리는 다음과 같다. (차) 미불입자본금 ××× (대) 자 본 금 ××× 또는 (차) 세 무 조 정 ××× (대) 자 본 금 ××× ※ 세무조정계정은 자본금계정에 대한 차감적 계정이다. · 무수익자산을 처분하였을 경우의 회계처리는 다음과 같다. ※ 원칙적으로 처분손익은 나타나지 아니한다.〈그 수익이 없었던 것으로 인정하였기에〉 (차) 현금및현금성자산 ××× (대) 미불입자본금 ××× 또는 (차) 현금및현금성자산 ××× (대) 세 무 조 정 ××× ※ 처분이익은 추가출자로 보는 것이 타당할 것이다.	

제3장 지방자치단체 등에 관련하여 발생하는 거래의 세무처리 요령

거래의 성대방 주요거래 내용	사용하는 계정과목	유의점·세무상의 요점	관계 법령
3. 3-1 결산시 국가의 부담에 속하는 법인지 방세의 부담액 가산세 및 가산금을 신고납부하여 납부하였을 때 지방자치단체의 세금·벌금·과료 등	<차변> **법인세** (Corporate Taxes) **선급법인세** (Advances Corporate Income Tax) **가지급금** (Advances) **미지급법인세** (Unpaid Corporate Taxes) <대변> **현금및현금성자산** (Cash & Cash Equivalent)	• 기업이 지출하는 세금과공과는 본질적으로 순자산의 감소원인이 되는 것이므로, 이를 손금에 산입하는 것이지만, 현행세법에서는 그 조세의 성격상 또는 조세행정의 편의를 위한 조세정책상 이를 손금에 산입할 수 있는 조세와 산입할 수 없는 조세로 나누고 있다. • 각 사업연도에 납부하였거나 납부할 법인세(외국법인세액을 포함한다)또는 지방소득세 외 각 세법에 규정된 의무불이행으로 인하여 납부하였거나 납부할 세액(가산세를 포함한다) 및 부가가치세의 매입세액(부가가치세가 면제되거나 법인세법시행령 제22조에 규정하는 부가가치세 매입세액이 공제되지 않는 경우의 세액을 제외한다)는 각 사업연도의 소득금액계산에 있어 이를 손금에 산입하지 아니한다. • 현행 세법상 손금에 산입되는 세금과공과와 손금불산입되는 세금과공과를 구분하면 다음과 같다. (1) 손금에 산입되는 세금공과 ① 재산세, ② 부당이득세, ③ 인지세, ④ 등록세, ⑤ 면허세, ⑥ 자동차세, ⑦ 도시계획세, ⑧ 관세, ⑨ 사업소세, ⑩ 균등할주민세 (2) 손금에 불산입되는 세금공과 ① 법인세·소득세, ② 부가가치세 매입세액, ③ 개별소비세, ④ 지방소득세, ⑤ 취득세, ⑥ 벌금·과료·과태료, ⑦ 체납처분비·가산금, ⑧ 각종세금의 징수불이행으로 인한 세액(가산세 포함)	법인법 §21 ①

거래의 선택방	주요거래의 내용	사용하는 계정과목	유의점·세무상의 요점	관계 법령
3. 국가·지방자치단체·세금·벌금·부금 등			• 내국법인이 외국법인 납부한 법인세법 제21조 제1호에 규정하는 손금불산입 등과 성질이 동일한 세액공과 법인세법 제57조 제1항 제2호에 규정된 기간이 경과하여 공제받지 못하는 외국납부세액을 제외한다) 다만, 동법 제57조 제1항 제2호의 규정에 의하여 손금산입하는 외국납부세액은 각 사업연도의 소득금액 계산상 이를 손금에 산입하지 아니한다. • 세금계산서를 제출하지 아니함으로써 공제받지 못한 부가가치세 매입세액은 각 사업연도의 소득금액 계산상 이를 손금에 산입하지 아니한다. • 원천징수 의무자가 원천징수세액을 징수하지 아니하고 대신 납부한 원천징수세액을 각 사업연도의 소득금액 계산상 이를 손금에 산입하지 아니한다. • 제2차 납세의무자로서 납부한 법인세 등과 출자자인 법인의 해산한 법인으로부터 잔여재산의 분배받은 후 국세기본법 제38조의 규정에 의하여 해산한 법인의 법인세를 제2차 납세의무자로서 납부한 경우에는 다른 제2차 납세의무자로부터 구상권 행사할 수 없는 부분에 한하여 손금에 산입할 수 있다)은 각 사업연도의 재산상 이를 손금에 산입한다. • 다음 각호의 세가하는 손비는 법인세법 제21조 제5호에 기기하는 벌금 등에 해당하지 아니하는 것으로 한다. ① 사계약상의 의무불이행으로 인하여 과하는 지체상금(정부와 납품계약으로 인한 지체	법인통칙 21-0-1 21-0-2

주요개념의 선택내용	가르쳐야 할 주요개념의 내용	사용하는 제점과목	유의점·새로운 요점	관계법령
3. 국가·지방자치단체(세금·벌금·부담금 등)			② 보세구역의 장치되어 있는 수출용원자재가 관세법상의 정치기간 경과로 국고귀속이 확정된 자산의 가액 ③ 철도화차 사용료의 미납액에 대하여 가산되는 연체이자 ④ 산업재해보상보험법에 의한 산업재해보상보험료의 연체금 ⑤ 국유지 사용료의 납부지연으로 인한 연체료 ⑥ 전기요금의 납부지연으로 인한 연체가산금 • 법인세는 그 성질상 개인에 있어서 소득세와 같이 법인의 소득에 대한 조세로서 세무회계상 법인세의 납부는 이익잉여금의 처분으로 처리하게 된다. • 기업회계에 있어서는 비용적인 성질로 보아 손익계산서에 계상하고 법인세 공제 후 당기순이익을 산출하게 된다. • 법인세는 결산기에 있어 손익계산서에 계상된 법인세공제전 순이익에 세무조정을 가하여 소득을 산출한 후에 이에 대하여 법인세법이 정하는 바에 따라 법인세주산액을 산출한다. • 법인세법상 당기에 부담에 속하는 법인세 추산액은 법인세계정으로 그 회계처리를 하되, 소득할주민세도 법인세계정으로 처리한다.	

거래의 구분	주요거래 내용	사용하는 계정과목	유의점·세무상의 요점	관계법령
3. 국가·지방자치단체 〈세금·벌금과금·제금·벌금과금 등〉			• 법인세 추산액에서 법인세 원천징수액과 법인세 중간예납세액 등 법인세 기납부액을 공제한 금액을 법인세 계정으로 회계처리하게 된다. 　(차) 법 인 세　xxx　　(대) 미지급법인세　xxx • 법인세에 대하여 원천징수를 당하였을 경우에 있어 회계처리하는 다음과 같이 한다. 　(차) 법 인 세　xxx　　(대) 이 자 수 익　xxx 〈기설 예〉 수입이자 1,000,000원에 대하여 법인세 50,000원을 공제하고 잔액을 현금으로 입금한다. 　(차) 현　　금　950,000　(대) 이 자 수 익　1,000,000 　　　법 인 세　 50,000 • 법인세 중간예납세액을 납부하였을 경우, 그 회계처리는 다음과 같다. 　(차) 법 인 세　xxx　　(대) 현　　금　xxx 〈기설 예〉 제7기 사업연도분 법인세 중간예납세액 5,000,000원을 7월 30일 현금으로 납부한다. 　(차) 법 인 세　5,000,000　(대) 현　　금　5,000,000 〈기설 예〉 제7기 사업연도(자 1월 1일 지 12월 31일) 결산시 법인세공제전 순이익에 세무조정을 한 후 법인세 추산액 10,000,000원을 산출하다. (법인세공제전 차변금액은	

거래의 종류	주요거래의 내용	사용하는 계정과목	유의점·세무상의 요점	관계법령
3. 국가·지방자치단체·세금·벌금·과금 등			· 법인세 5,050,000원이다. 　(차) 법　인　세　4,950,000　　(대) 미지급법인세　4,950,000 · 법인세에 대한 지방소득세를 산출한다. 〈기설 예〉 법인세 10,000,000원에 대한 지방소득세를 산출한다 　(차) 법　인　세　750,000　　(대) 미지급법인세　750,000 · 법인세를 계산하였던 바, 과오납이 되었을 때에는 그 초과하는 금액은 선급법인세으로 회계처리를 하게 된다. 〈기설 예〉 법　인　세　선급법인세 ×××　　(대) 법　인　세　××× 〈기설 예〉 제7기 사업연도(자 1월 1일 지 12월 31일) 결산시 법인세 추산액을 3,500,000원으로 계산한다(법인세세계상 무조정을 한 후에 법인세 합계액은 5,050,000원이다) 　(차) 선급법인세　1,550,000　　(대) 법　인　세　1,550,000 · 결산기에 있어 법인이 계산한 법인세추산액이 당해 사업연도 중에 기 납부한 예납법인세액과 원천징수된 법인세액의 합계액에 미달하였을 때에는 그 차액만큼 추가계상에서 그 회계처리를 하게 된다. 　(차) 선급법인세 ×××　　(대) 법　인　세 ×××	

거래의 성격	주요거래 내용	사용하는 계정과목	유의점·세무상의 요점	관계 법령
3. 국 가 · 지 방 자 치 단 체 (세 금 · 벌 과 금 등)			그리고 익사업연도에 있어 환부받으면 다음과 같이 회계처리를 하게 된다. (차) 현 금 ××× (대) 선급법인세 ××× · 다음 사업연도에 있어서 주총총회를 개최하여 이익잉여금 처분이 결의되고 세법의 의하여 기한내에 전년도분 법인세과세표준신고서를 신고하고 법인세를 납부하게 된다. 실제로 법인세 과세표준신고서를 체출할 때 체산신불 법인세액이 상위할 경우에 금액주의에 의거하였을 경우에 결산시의 법인세계정에 체상한 법인세와 체출시의 있어서는 그 차액을 법인세과세표준신고서 제출할 때 체산신불 법인세액이 상위할 경우에 <가령> 제가의 전기손익수정손익계정에서 처리하게 된다. 법인세액 5,200,000원을 체상하였던 바, 과세체상된 것이 발견되어 5,800,000원 으로 수정하고 신고법인세액 9,300,000원으로 체산한 연후 자진납부 법인세 5,800,000원을 현금으로 납부하다. (차) 미지급법인세 5,200,000 (대) 현금및현금성자산 5,800,000 전기손익수정손실 600,000 · 결산시에 법인세계정으로 체상할때에 유의할 점은 단기의 부담에 속하는 법인세추 산액에서 법인세 기납액(원천징수분·중간납부액 등)을 공제한 금액을 법인세계정 미지급법인세계정의 대변에 기입하게 되는 것이다.	

주요거래 내용	사용하는 계정과목	유의점·세무상의 요점	관계법령

3. 국가·지방자치단체 원천징수 당하는 경우 (세금과 공과, 벌금 등)
 	
3-2 법인세·지방소득세를 원천징수 당한 경우
	법인세
	(Corporate Income Taxes)
	
	선급법인세
	(Advances Corporate Income Tax)
	
	가지급금
	(Advances)
		• 지방소득세에 대해서도 법인세계정에서 처리하게 된다.
		• 당해연도의 소득에 대하여 부과될 세금인 법인세·소득세 등은 그 금액이 확정이 아니고 추산으로 계산되는 것이므로 미지급법인세(미지급소득세)로 처리하게 된다.
		• 세무회계상 손금불산입하게 된다.
		• 원천납부한 법인세 등은 확정된 법인세로부터 납부하는 것이 아니다. 따라서 결산시에 결손이 발생하였을 경우에는 회수하게 되는 세액이라 할 수 있다. 원천납부한 법인세 등은 추산액에서 공제하게 되는 것이다.
		• 원천징수한 법인세 등에 대한 회계처리는 다음과 같이 하게 된다.
		  (차) 법 인 세 xxx (대) 현금또는당좌예금 xxx
		      (선급법인세)
		      (가지급금)
		※ 원천징수를 당하였을 경우, 법인세계정으로 회계처리를 함이 보다 바람직하다.
		※ 원천징수세액이 기납부한 원천징수세액을 초과하였을 때에는 다음과 같이 수정분개를 하여야 한다.	

거래의 선택방 내용	사용하는 계정과목	유의점·세무상의 요점	관계 법령
3. 국가·지방자치단체(세금·벌금 과금 등)		(차) 법 인 세 xxx (대) 선급법인세 xxx ※ 원천징수를 당하였을 경우, 가지급계정으로 회계처리를 하였을 경우에는 다음에 있어서는 결산시 법인세추산액이 기납부한 원천징수액을 초과하였을 때에는 다음과 같이 수정분개를 하여야 한다. (차) 법 인 세 xxx (대) 가 지 급 금 xxx • 법인에서 원천징수를 하게 되는 것은 소득세법 제127조 제1항 제8호에 따른 이자소득 금액(동법 제127조 제1항 제2호의 증권투자신탁수익의 분배금을 내국법인에게 지급할 때의 것이다. • 이자소득의 범위는 다음과 같다 ① 국가 또는 지방자치단체가 발행한 채권 또는 증권의 이자와 할인액 ② 내국법인이 발행한 채권 또는 증권의 이자와 할인액 ③ 국내에서 예금·적금·부금·예탁금과 우편대체를 포함)의 이자 ④ 상호저축은행법에 의한 신용부금으로 인한 이익 ⑤ 국내에서 받는 투자신탁이자부신탁)의 이익 ⑥ 외국법인의 국내지점 또는 국내영업소에서 발행한 채권이나 증권의 이자와 할인액 ⑦ 국외에서 발행한 채권 또는 증권의 이자와 할인액 ⑧ 국외에서 받는 예금의 이자	법인법 §73 소득법 §16 ①

거래의 주요거래의 내용	사용하는 계정과목	유의점·세무상의 요점	관계법령
3. 국가·지방자치단체에 세금·벌금 등을 납부할 때		⑨ 채권 또는 증권의 환매조건부 매매차익 ⑩ 저축성보험의 보험차익 ⑪ 직장공제회 초과반환금 ⑫ 비영업대금의 이익 ⑬ 위 ① 내지 ⑫의 소득과 유사한 소득으로서 금전의 사용에 따른 대가의 성격이 있는 것	
3-3 법인세를 중간에 납부할 때	법인세 (Corporate Taxes)	· 각 사업연도의 소득금액계산상 손금에 산입하지 아니한다. · 법인세를 중간에 납부하였을 때에는 다음과 같이 회계처리를 한다. (차) 법 인 세 xxx (대) 현 금 xxx	법인세법 §63 ①
3-4 법인세의 중간에 납부하는 세금(소득세 부담액 등)을 납부할 때	선급법인세 (Advances Corporate Taxes)	· 내국법인으로서 각 사업연도(합병 또는 분할에 의하지 아니하고 새로 설립된 법인의 경우에는 설립 후 최초의 사업연도를 제외)의 기간이 6월을 초과하는 법인은 당해 사업연도개시일부터 6월간을 중간예납기간으로 하여 그 중간예납기간에 대한 법인세를 신고납부하여야 한다. · 법인세의 중간예납세액은 다음과 같이 하게 된다. 당해 사업연도의 직전사업연도의 법인세로서 확정된 산출세액(가산세를 포함하며, 토지 등 양도소득에 대한 법인세를 제외)에서 다음 각호의 금	법인세법 §63 ①

156 PART ▶ 3 국가·지방자치단체 등에 관련하여 발생하는 거래의 세무처리 요령

거래의 종류	주요거래의 내용	사용하는 계정과목	유의점·세무상의 요점	관계법령
3. 국가·지방자치단체(세금·벌금 등)			• 직접 사업연도의 법인세액이 없거나 당해 중간예납 만료일까지 직전 사업연도의 법인세액이 확정되지 아니한 경우에는 당해 중간예납기간(사업연도 개시일부터 6월간)의 법인세에 대하여 법인세법 제55조의 규정에 의하여 계산한 과세표준금액에 제55조의 규정에 의한 세율을 적용하여 산출한 법인세액에서 다음의 금액을 공제한 금액을 중간예납세액으로 하여 납세무서에 납부할 수 있다. ① 당해 중간예납기간에 해당하는 간면세액(소득에서 공제되는 금액을 제외) ② 당해 중간예납기간 중에 법인세로서 납부한 원천징수세액 ③ 당해 중간예납기간 중에 법인세로서 부과한 수시부과세액	법인법 §63

기본의 성격	주요거래의 내용	사용하는 계정과목	유의점·세무상의 요점	관계 법령

3. 국가·지방자치단체(세금과 벌금 등)	3-5 법인세를 납부하였을 경우	법인세 추납액	• 법인세 납부 각 사업연도의 소득금액계상상 법인세추납액은 손금에 산입하지 아니한다. <손금불산입>
			• 기업회계상에서는 법인세 추납액은 전연도 손익을 수정하는 손실이 동시에 임시순실이 되므로 특별손실 항목으로 취급되어 손익계산서에 계상하게 된다. 다시 말해서 기업회계상에서는 비용으로 계상하게 된다.
			• 법인세 추납액에 대한 회계처리는 다음과 같이 한다.
			  (차) 법인세추납액 ×××　(대) 미 지 급 금 ×××
			  ※ 고지서를 받은 시점에서의 회계처리
			  (차) 미 지 급 금 ×××　(대) 현금및현금성자산 ×××
			  ※ 법인세추납액을 납부하였을 경우의 회계처리
				법법

	3-6 각 사업연도에 납부한 법인세 또는 지방소득세를 환급받았거나, 환급받을 금액을 다른 세금과 벌금·벌과금 등에 충당한 경우	법인세 환수액	• 각 사업연도에 납부한 법인세 또는 지방소득세를 환급받았거나, 환급받을 금액을 다른 세액에 충당한 금액은 익금에 산입하지 아니한다. <익금불산입>	

거래의 선택명	주요거래의 내용	사용하는 계정과목	유의점·세무상의 요점	관계 법령
3. 국가·가계에 납부한 경우	3-7 환급받은 법인세를 다른 세액에 충당하는 경우	법인세 환수익	• 세무회계상 법인세나 지방소득세의 납부는 그 법정상 이익금의 처분으로서 손금성이 없는 것이다. 다시 말해서 손금불산입 거래다 하겠다. 따라서 법인세·지방소득세가 환급되는 경우에도 이여금처분의 환급으로서 익금이 되지 아니하는 것이다. • 환수액에 대한 회계처리의 인식기준은 환급통지서를 받은 시점인 것이다.	
	3-8 각 사업 연도에 납부한 지방·국가 부담 소득세 세액 환급받은 경우		• 기업회계상에서는 법인세나 지방소득세의 납부에 대해서는 준비용으로 보아 법인세 차감전순이익에서 차감하게 되며, 세무조정시결과 추남세계정으로 특별손실로 계상하게 된다.	
	3-9 환급받은 법인세를 지방소득세를 다른 세액에 충당하는 경우	법인세 환수익, 수령금,	• 법인의 추남한 법인세에, 지방소득세을 환급받았을 때에는 법인세환수익계정, 대변에 서 그 회계처리를 하게 되는 것이다. 이 법인세 환수액은 전년도의 손익을 수정하는 등에 의 임시이익의 되어 특별이익항목으로 취급하게 되는 것이다. (차) 현금및현금성자산 ××× (대) 법인세환수익 ××× • 기업회계에 의하여 환급받은 법인세나 지방소득세를 회계처리하고, 세무조정에 의하여	
	세금과 부과금 등을 지방소 득세를 중 당하여 있을 경우			

거래의 구분	주요거래의 내용	사용하는 계정과목	유의점·세무상의 요점	관계 법령
3. 국가·지방자치체·세금·벌금 등			법인세 과세표준신고서에 익금불산입함이 타당한 회계처리라 하겠다. ① 결산기에 있어서 법인소득세 환급받게 되는 경우로서 법인세액과 원천징수 당한 법인세액의 합계액이 미달하였을 경우, 세무상사 결산내에 그 차액만큼 선급법인세로 계상하였으므로 환급받는 법인세에 있어서는 다음과 같이 회계처리를 하게 된다. (차) 미 수 금 ××× (대) 선급법인세 ××× 　　(현 금) ② 법인세환수액계정을 사용할 필요가 없게 되며, 세무회계상에서도 익금에 산입하지 아니하였으므로 익금불산입의 세무조정이 필요하게 되는 것이다. 따라서 법인세환수익 등의 변동 등으로 인해 환급받는 경우도 있을 것이다. 이와 같은 경우에 있어서 각 사업연도에 납부하였거나 납부할 법인세·지방소득세에 계산장부터 세출기업회계상 다음과 같이 회계처리를 하게 된다. (차) 미 수 금 ××× (대) 법인세환수익 ××× 　　(현 금)　　　　　(잡 이 익) ※ 세무회계상의 분개 (차) 미 수 금 ××× (대) 이월이익잉여금 ××× 　　(현 금)	

거래의 유형	주요거래의 내용	사용하는 계정과목	유의점·세무상의 요점	관계 법령
3. 국가·지방자치체 세금과 불금 등	3-10 국세 또는 지방 세의 과오 납금과 환 급금에 대한 이자를 받았을 때	이자수익 (영업외수익) (Interest Earned) · 전기손익 수정이익	· 국세 또는 지방세의 과오납금의 환급금에 대한 이자 수입액을 수령하였을 때에는 각 사업연도의 익금에 산입하지 아니한다.<익금불산입> · 국세 또는 지방세의 과오납금에 대한 이자를 받았을 때, 기업회계상 회계처리는 다음과 같이 하게 된다. (차) 미 수 금 ××× (대) 이자수익과오입금 ××× (전기손익수정이익) ※ 세무회계상 회계처리는 다음과 같이 하게 된다. (차) 미 수 금 ××× (대) 이월이익잉여금 ×××	
			③ 세무조사의 결과 법인세를 추징하는 경우가 있다. 이 경우도 또한 신판청구·감사원심사청구·행정소송 등에 의하여 환급받은 법인세에 대하여는 다음과 같이 한금을 받게 되는 경우에 이에 대한 법인세의 세액 상당액을 익금불산입으로 세무조정을 하게 된다. 즉, 법인세과세표준신고서 상에 익금불산입으로 조정하게 되는 것이다. (차) 미 수 금 ××× (대) 법인세환입액 ××× 상기와 같이 기업회계에 의하여 그 회계처리를 하고 수입으로 계상한 법인세환수익과 이자수익에 대하여는 익금불산입으로 세무조정을 하게 된다. 이 경우 기업회계에 의하여 회계처리를 하고 익금불산입으로 세무조정을 하여야 하는 것이다. (차) 미 수 금 ××× (대) 이자수익과 할인액 ××× 법 인 세 환 수 익 ×××	

거래의 주요내용	사용하는 계정과목	유의점·세무상의 요점	관계법령
3. 국가·지방자치단체 세금·벌과금 등	제정과목 (Gains From Prioterm Adjustments)	• 기업회계에 의하여 그 회계처리를 하고 법인세과세표준신고서상에 익금불산입으로 세무조정을 하여야 한다. • 국세환급가산금의 이율은 시중은행의 1년만기 정기예금 평균수신금리를 감안하여 행법에 위한 은행업의 인가를 받은 금융기관으로서 서울특별시에 본점을 둔 금융기관의 1년 만기 정기예금의 평균을 감안하여 국세청장이 고시하는 이자율로 한다. • 국세환급금을 충당 또는 지급하는 때에는 다음 각호에 계기하는 납부 다음날부터 그 납부 또는 지결정을 하는 날까지의 기간에 대하여 상기 국세환급금에 가산하게 된다. ① 착오납부·2중납부 또는 납부후 그 납부의 기초가 된 신고 또는 부과를 경정하거나 취소함으로 인한 국세환급금에 있어서는 그 납부일. 다만, 그 국세환급금이 2회 이상 분할납부된 것인 때에는 그 최후의 납부일로 하되, 국세환급금이 최후에 납부된 금액을 초과하는 경우에는 그 금액에 달할 때까지 납부일의 순서로 소급하여 계산한 국세환급금의 각 납부일로 한다. ② 적법하게 납부된 국세에 대한 감면으로 인한 국세환급금에 있어서는 그 결정일 ③ 적법하게 납부된 후 법률의 개정으로 인한 국세환급금에 있어서는 그 법률의 시행일 ④ 소득세법·법인세법·부가가치세법·개별소비세법·주세법 또는 교통세법에 의한 환급세액을 신고 또는 잘못 신고함에 따른 경정을 원인으로 하여 환급하는 경우에는 그 신	

거래의 성격별 내용	주요거래의 내용	사용하는 계정과목	유의점·세무상의 요점	관계 법문
3. 국가·지방자치단체(고·가산세 등)	3-11 무신고·무기장 손익수정손·경정 가산일실·법인세·가산세·과소신고·소득세·신고불성실·무증가세산등 대한법인·세금증신체가세·고가산세·부증수·가산세 보고불성실세가산세·등)	잡손실 처리 (차) 잡 손 실 xxx (영업외비용) (대) 현금및현금성자산xxx (법인세추납액) (특별손실)	• 가산세 중의 가산세는 일종의 제재형벌이므로 조세행정의 질서를 유지하기 위하여 손금산입하지 아니한다.(손금불산입) • 세무회계상 이익잉여금의 처분으로 한다. • 기업회계상으로는 비용으로 계상한다. • 소멸시효 : 납세자의 국세환급금과 국세환급가산금에 관한 권리는 이를 행사할 수 있는 기간부터 5년간 행사하지 아니하면 소멸시효가 완성된다. ⑤ 경정청구에 의하여 원천징수의무자가 연말정산에 환급함에 있어서는 연말정산 또는 원천징수 영수증부기한으로부터 30일이 경과한 때 정부에 의하여 원천징수 등에게 납부한 세액을 환급하는 환급 세액에 있어서는 결정일로부터 30일이 경과하는 때 고를한 발신고한 납의 법정신고기일 전에 경정하는 때에는 당해 법정신고기일로부터 30일이 경과하는 때, 다만, 환급세액을 신고하지 아니함에 따른 경정으로 인하여 발생한 환급	§54

거래의 주요개념		사용하는 계정과목	유의점·세무상의 요점	관계법령
내 용				
3. 국가·지방자치단체·세금·벌금·과태료·벌과금 등	세를 납부하였을 때		• 기업회계에 의하여 각종 가산세를 비용으로 계상하고 법인세과세표준신고서상에 손금불산입으로 세무조정을 하게 된다.	
			• 법인이 기업회계 기준에 따라 비용으로 계상하였으나, 이에 대하여 손금불산입으로 무조정을 하지 아니하고, 법인세를 산출하였다면 설치세무조사시에 있어서는 가산세를 익금가산함과 동시에 기타사외유출로 처분하게 될 경우	
			• 세무계산상 가산세에 대한 회계처리는 다음과 같이 하게된다.	
			(차) 가 지 급 금 ××× (대) 현금및현금성자산 ×××	
			(이월이익잉여금)	
	3-12 원천징수분이 법인세를 납부한 경우	잡손실 (Miscellaneous Loss)	• 법인세법상 각 사업연도의 소득금액계산상 가산세는 손금에 산입하지 아니한다.	
			• 원천징수분이행에 따른 가산세 : 원천징수하였거나 원천징수하여야 할 기한이 경과하여 납부하는 경우에는 그 금액의 100분의 10이다.	
			• 세무회계상 가산세는 이행하는 경우에는 그 금액의 100분의 10이다.	
			(차) 이월이익잉여금 ××× (대) 현금및현금성자산 ×××	
	법인세추납액 및 전기손익 수정손실 (Losses From Prior Period Adjustments)		• 기업회계상으로는 비용으로 계상하여야 할 것이다.	
			(차) 잡 손 실 ××× (대) 현금및현금성자산 ×××	
			(영업외비용)	

거래의 상대방	주요거래의 내용	사용하는 계정과목	유의점·세무상의 요점	관계법령
	3. 3-13 발급 · 교부 · 수 령 · 지 급 · 남부 · 체 납 · 가 산 금 · 가 산 세 · 체 납 처 분 비 를 납부하였을 때 〈세금·벌금·벌과금 등〉	잡손실 (Miscella- neous Loss) 전기손익수정손실 (Losses From Prior Period Adjustment)	벌인세 추납 외 전기손익수정손실 • 벌금·과료(통고처분에 의한 벌금 또는 과료도 포함한다)·과태료(과료와 과태료를 포함한다)가산금 및 체납처분비에 대해서는 각 사업연도의 소득금액계산상 손금에 산입하지 아니하는 것이다. • 벌금·과료 등은 법령에 의한 제재형으로서 법령이 이의 이행을 두고 의무불이행에 따른 벌에 해당하므로 행정절차를 유지하기 위하여 산입하지 아니한다. • 종업원이 개인적으로 지급하여야 할 벌금 등을 회사가 대신하여 납부한 경우에는 급여 또는 기부금으로 취급하게 될 우려가 있다. • 가산금이라 함은 국세를 납부기간까지 납부하지 아니한 때에 국세징수법에 의하여 고지세액에 가산하여 징수하는 금액과 납부기한이 경과 후 일정기한까지 납부하지 아니한 때에 다시 가산하여 징수하는 금액을 말한다. • 국세청장·지방국세청장 또는 세무서장은 범칙사건의 조사에 의하여 범칙의 심증을 얻은 때에는 그 이유를 명시하여 벌금 또는 과료에 해당하는 금액, 추징금에 상당하는 물품, 추징금에 상당하는 금액, 서류출건의 운반·보관에 요하는 비용을 지정한 장소에 납부할 것을 통고하여야 한다. 다만, 벌수 또는 몰취에 해당하는 물품에 대하여는 납부의 신립만을 할 것을	§9 처벌법 절차법

거래의 상대방	주요거래의 내용	사용하는 계정과목	유의점·세무상의 요점	관계법령
3. 국가·지방자치단체		제세·벌금·과금 등	고할 수 있는 것이다. 그러나 범칙자가 통고대로 이행할 자력이 없다고 인정되는 때에는 통고를 요하지 아니하고 즉시 고발하여야 하는 것이다. • 통고처분에 의하여 결정될 벌금 또는 과료 상당액도 실질상 행정처분으로서 산입하지 아니하는 것이다. • 과태료도 행정질서벌로서 각 행정에 관한 단행법에서 의무이행에 대하여 부과되는 것이다. 이는 과료 또는 과태료라고도 불리며 모두 행정질서벌인 것이다. • 체납처분비라 함은 국세징수법 중 체납처분에 관한 규정에 의한 재산의 압류·보관·운반과 공매에 소요된 비용을 말한다. • 다음 각호의 1에 해당하는 경우에는 이를 각 사업연도 소득금액계산상 산입하지 아니한다. ① 법인이 임원 또는 사용인의 관세법을 위반하고 지급한 벌과금 ② 업무와 관련하여 발생한 교통사고 벌과금 ③ 산업재해보상보험법 제70조의 규정에 의하여 징수하는 산업재해보상보험료 가산금 ④ 금융기관이 최저예금지급준비금 부족에 대하여 한국은행에 납부하는 과태금 ⑤ 국민건강보험법 제7조의 규정에 의하여 징수하는 가산금	법인법 §2 통칙 2-0 …3

거래의 형태	주요거래의 내용	사용하는 계정과목 · 유의점 · 세무상의 요령	관계법령
3. 국가·지방자치단체〈세금·벌금·과료 등〉		⑥ 외국의 법률에 납부한 벌금 (차) 가 지 급 금 ××× (대) 현금및현금성자산××× 또는 (차) 이월이익잉여금 ××× (대) 현금및현금성자산××× 세무회계상으로는 가지급금으로 계상했다가 기말에 이익처분으로 회계처리를 하는가 또는 이월이익잉여금으로 계상하여 그 회계처리를 하게 된다. (차) 가 지 급 금 ××× (대) 현금및현금성자산××× 또는 (차) 이월이익잉여금 ××× (대) 현금및현금성자산××× 그러나 기업회계에서는 비용으로 처리를 하게 된다. (차) 잡 손 실 ××× (대) 현금및현금성자산××× 또는 (영 업 외 비 용) (차) 전기손익수정손실 ××× (대) 현금및현금성자산××× (특별손실) · 기업회계에 의하여 벌금·과료·과태료·가산금·체납처분비를 비용으로 계상하고 법인세 과세표준신고서상에 손금불산입으로 세무조정을 하게 된다.	

주요거래의 선택대안	사용하는 계정과목	유의점·세무상의 요점	관계법령
3. 국가·지방자치단체(세금·벌과금 등)			
3-14 법인의 손금불산입	세금과공과 (Taxes and Dues)	법인이 벌금 등을 기업회계에 의거하여 비용으로 계상하였으나, 이에 대한 세무조정 즉, 손금불산입으로 익금가산하지 아니하고 법인세를 산출하였다면, 세무조사시에 법인세를 결정할 경우에는 벌금 등에 대하여 익금산함과 동시에 기타 사외유출로 처분함은 귀속자가 국가나 지방자치단체이기 때문이다. ·손금부인된 금액을 처분함에 있어서 그 손금으로 부인된 금액의 귀속이 세금에 있어서는 국가 또는 지방자치단체에 납부되었음이 명백한 것이며, 공과금은 공과단체에 납부된 것이 명백할 것이라 하겠다. 또한 벌과금 등에 있어서도 국가나 지방자치단체에 귀속이 불명백하다고는 할 수 없기 때문에 기타 사외유출로 처분하게 되는 것이다. 법인세 등 다음의 각 사업연도의 소득금에 산입하지 아니한다: 1. 법인세 또는 지방소득세와 각 세법에 규정된 의무불이행으로 인하여 납부하는 세액 및 부가가치세 매입세액 2. 내국법인이 외국에 납부한 외국법인 등은 설정의 제세공과(외국납부세액 손금산입 방법을 선택한 경우에 손금산입하는 외국납부세액을 제외)한다.	(통칙 20-21...1)

거래의 종대별	주요거래의 내용	사용하는 계정과목	유의점·세무상의 요령	관계 법령
3. 국가·지방자치단체·법인·단체 등에 세금·벌금·과료 등	3-15 재산세를 납부하였을 때	세금과공과 (Taxes and Dues)	• 재산세는 지방세이며 손금으로 산입한다. • 재산세를 납부하였을 때에는 세금과공과계정으로 회계처리를 하게 되나, 판매비와 관리비 또는 세금과공과와 제조경비로서 세금과공과를 구분하여, 그 회계처리를 하게 된다. (차) 세금과공과 ××× 　　(판매비와관리비) (차) 미지급금 ××× 　　(대) 미 지 급 비 용 ××× 　　(대) 현금및현금성자산××× ※ 제조경비로서의 세금과공과는 제조원가를 구성하게 된다. 공장에 대한 재산세는 제조경비로 계상하게 된다. • 과세객체 : 재산세는 시·군·구내에 소재하는 건축물·선박·항공기 등 재산에 대하여 부과한다. • 과세표준 : 재산세의 과세표준은 재산가액이 것이다. • 세율 : 지방세법 제113조의 규정을 적용한다.	지방법 §105 지방법 §105

거래의 유형 주요거래의 내용	사용하는 계정과목	유의점·세무상의 요점	관계법령
3. 국가·지방자치단체·공공단체에 세금·벌금 등을 납부하였을 때	세금과공과 (Taxes and Dues)		
3-16 자동차세를 납부하였을 때	세금과공과	• 자동차세는 지방세로서 손금산입하게 된다. • 자동차세를 납부하였을 때에는 세금과공과계정으로 회계처리를 하게 된다, 판매비와 도서의 세금과 공과로 구분하여 그 회계처리를 하게 된다. ① 납세고지서를 발부받았을 경우 　(차) 세금과공과 ×××　(대) 미 지 급 금 ××× ② 자동차세를 납부하였을 경우 　(차) 미 지 급 금 ×××　(대) 현금및현금성자산××× • 납세의무자 : 시·군내에서 자동차를 소유하는 자는 자동차세를 납부할 의무를 진다. • 과세표준과 세율 : 지방세법 제196조의 5에 의한다.	지방법 §124 의 5 지방법 §125 의 3
3-17 면허세를 납부하였을 때	세금과공과	• 면허세를 납부하였을 때에는 세금과공과계정으로서 세금과공과의 제조경비로서 세금과공과를 구분하여 회계처리를 하게 되나 판매비와 관리비의 세금과공과로 구분하여 그 회계처리를 하게 된다. ① 면허세 납세고지서를 받았을 경우 　(차) 세금과 공과 ×××　(대) 현금및현금성자산××× ② 면허세를 현금으로 납부하였을 경우 　(차) 미 지 급 금 ×××　(대) 현금및현금성자산×××	지방법 §23 ~ §39

거래의 상대방	주요거래 내용	사용하는 계정과목	유의점·세무상의 요점	관계법령
3. 국가·지방자치단체 (세금·벌과금 등)	3-18 지방법인세를 납부할 때	지방법인세비용	· 납세의무자 : 지방세법 제161조의 규정에 의한다. · 세율 : 지방세법 제164조의 규정에 의한다. · 내국법인의 각 사업연도의 소득금액계산상 지방소득세는 손금에 산입하지 아니하는 것이다(손금불산입). · 기업회계상 주민세는 법인세비용으로 그 처리를 하게 된다. (차) 법인세비용 ××× (대) 미지급법인세비용 ××× · 지방소득세는 법인세비용계정으로 손금계산서에 계상하고 법인세과세표준신고서 상에 손금불산입으로 세무조정을 하게 되는 것이다. · 주민세는 지방세로서 균등분·재산분·종업원분으로 구분하게 된다.	법인법 §21 ①
	3-19 손해배상금을 지급하였을 때	잡손실 (Miscellaneous Loss)	· 당해 손해배상의 대상이 된 행위가 법인의 업무수행과 관련된 것으로서 고의 또는 중과실에 기인되지 아니한 경우에는 그 지출한 손해배상금은 법인의 손금에 산입할 것이다. · 자동차사고 등이 회사의 차량을 사용하여 업무수행상 발생한 경우, 운전자의 중과실·인원에 중대한 과실이 없는 한 접손실로 손금으로 할 수가 있다.	법인 1234-1069

주요거래의		관계
거래의 선택방 내용	사용하는 계정과목 유의점·세무상의 요점	법령

3. 국가·지방자치단체〈세금·벌금 등〉	• 법인의 사용인이 교통사고를 발생시켜 회사에서 보상금을 지급하였을 경우, 법인이 사용인의 운전자의 업무수행 중 발생한 사고에 대하여 지급하는 사고보상비는 손금으로 계상할 수 있다.
	• 당해 손해배상의 대상이 된 행위가 법인의 업무수행과 관련된 것으로서 고의 기인되지 아니한 경우에는 그 지출한 손해배상금은 법인의 손금에 산입하게 되는 것이다.
	• 이 경우에 있어서는 다음과 같이 회계처리를 하게 된다.
	  (차) 잡 손 실 ××× (대) 현금및현금성자산×××
	• 타법률에 의하여 구상권을 행사할 수 있는 경우에는 구상권의 행사에 의하여 수입될 금액의 범위내의 금액은 손금으로 계상할 수 없다.
	• 회사의 차량을 사용하였어도 업무수행상의 사고가 아닌 경우 또는 상기의 경우라도 운전자의 중대한 과실이 있는 경우에는 배상하여야 하기 때문에 그 지출한 손해배상금은 당해 사용인에 대한 채권으로 함이 타당하다.
	• 이 경우에 있어서는 다음과 같이 회계처리를 하게 된다.
	  (차) 가 지 급 금 ××× (대) 현금및현금성자산×××
	     (미 수 금)	

제4장 유형자산 등에 관련하여 발생하는 거래의 세무처리 요령

거래의 선택방향	주요거래 내용	사용하는 계정과목	유의점·세무상의 요점	관계법령
4. 유형자 산의 취 득·성 립·매 입 등의 정지작업 예상된 비용 매각·제각·수선·이전 등	4-1 토지를 취득하기 위하여 취득·성토·매입 등의 정지작업 예상된 비용	토 지 (Land)	• 타인으로부터 매입한 상각자산은 그 주체의 매입가액에 취득세·등록세 기타 부대비용을 포함한다. • 취득가액에는 다음 각호의 금액을 포함하지 아니하는 것으로 한다. ① 유형자산을 장기할부조건 등으로 취득하는 경우 발생한 채무를 기업회계기준이 정하는 바에 따라 현재가치로 평가하여 현재가치 할인차금으로 계상한 경우의 당해 현재가치 할인차금 ② 다음의 연지급수입에 있어서 취득가액과 구분하여 지급이자로 계상한 금액 ㉮ 은행의 연지급수입에 있는 기한부 신용장개설수수료 또는 이와 유사한 수수료 ㉯ 연지급수입에 있어서 외국환은행이 수입대금을 지급하는 경우 그 지급일부터 당해 수입대금 결제일까지의 기간에 대하여 징수하는 이자 ㉰ 정부·지방자치단체 또는 외국정부간에 수출입거래에 있어서 수출자가 원리금에 수수기간을 위하여 징수하는 이자 ㉱ 기타 위 ㉮내지 ㉰와 유사한 연지급수입이자 ③ 법인세법시행령 제88조 제1호 나목의 규정에 의한 시가초과액 • 토지의 축량·성토작업·매립 등 정지작업을 위하여 소요된 비용은 토지의 취득원가에 산입하게 된다. 그러나 토지위에 건설되는 건물·구축물 등의 기초를 위한 정지비용 등은, 토지의 개량을 위한 비용이 아닌 것에 대해서는 토지의 취득원가로서 산입하여야 한다. • 토지의 축량·성토작업·매립 등 정지작업을 위하여 소요된 비용이라 하더라도 건물·구축물에 대한 취득원가로서 산입하여야 한다.	법인법 §41

거래의 상대방	주요거래의 내용	사용하는 계정과목	유의점·세무상의 요점	관계법령
4. 유 형 자 산	4-2 토지를 취득하고 납부하는 금액이 있는 경우 4-3 토지·건물을 취득하고 납부하는 금액이 있는 경우 4-4 토지매입중개수수료를 지급한 경우 4-5 도로개설공사 부담금·수익자 부담금을 지불하는 경우 〈예〉 등	토지 (Land)	• 토지를 구입하기 위하여 직접 요하게 되는 부대비는 취득가액에 산입하게 된다. • 도로수익자 부담금은 취득가액에 산입한다. • 도로수익자 부담금을 납부하였을 경우에 있어 수익자 부담금은 자본적지출로 처리된다. • 도시계획에 의한 도로공사로 인하여 수익자 부담금이므로, 이는 자본적지출로 처리된 토지의 가액에 개산한다. • 도로로 충당된 토지를 국가 또는 지방자치단체에 기부하였는지, 또는 그 대가를 받음을 불문하고, 도로를 신설하여 도로공사 상의 지불을 국가·지방자치단체로부터 그 대가를 받음이 없이 공물(公物)로서 인용에 체공되는 국가·지방자치단의 재산에 있어서 그 도로에 충당된 토지가액 상당액을 설비비와 개량비로 계상할 수 있다.	

기래의 상태별	주요가래의 내용	사용하는 계정과목	유의점·세무상의 요점	관계 법령
4. 유형자산 취득·매각·제각·수선 이전 등	4-6 토지를 취득하기 위하여 그 토지의 사용자에게 퇴거하게 하기 위해 지급하는 퇴거료	토지 (Land)	• 토지의 취득가액에 산입한다. • 토지를 취득함에 있어서 그 토지의 사용자에게 퇴거료등을 지급하였을 경우에는 그 지급된 비용을 토지의 취득가액에 산입하여야 한다.	
	4-7 토지에 대하여 잔디 등의 식수 비용	토지 (Land)	• 잔디 등의 식수비는 토지의 취득가액에 산입할 것인가? 이 취급은 처음의 식수비에 한하는 것이다.	
	4-8 구입한 토지에 지상건물이 있는 경우 건물의 철거비용 등	토지 (Land)	• 토지를 사용할 목적으로 매입한 토지에 지상건물이 있는 경우에는, 그 건물의 취득가액과 철거비용은 토지의 정지비로서 토지의 취득가액에 산입하여야 하는 것이나, 자기소유의 토지상에 있는 기존건물을 철거하여 사업상 등 건물이 필요된 경우에는 예를 손금에 산입하고, 철거한 건물전체의 매각대에 금은 수익으로 계산하여야 되며, 다만 당해 건물의 용도변경·개찬·확장 및 중설의 경우에는 그 비용을 자본적지출로 하여 원본에 가산하게 되는 것이다. • 건물이 있는 토지를 건물과 함께 취득하였을 경우에 있어서, 취득 후에 그 건물을 철거	

거래의 유형	주요거래 내용	사용하는 계정과목	유의점·세무상의 요점	관계법령
4. 유형 자산	4-9 공유수면 매립지의 취득에 따른 매립비 등 공공시설 설치 유지관리비의 처리, 이전비 등	토지 (Land)	· 매립지대 공공시설인 국유재산에 대한 유지·보수·관리비의 부담이 공유수면 매립하여 토지를 취득한 자의 수익자 부담금의 성격인 경우에는 자본적지출에 해당한다.(매립비·매립분담비·이업보상을 포함) · 동 공공시설을 이용하는 대가로서 지급되는 사용료의 성격인 경우에는 공공시설을 이용함으로써 얻는 이익에 대응하는 비용으로 처리하게 되는 것이다. · 토지를 조성할 목적으로 공유수면 등을 매립하여 취득하는 토지의 취득가액에는 매립비 외에 매립면허를 이업보상을 포함하여 토지의 취득원가로 하여야 한다.	
	4-10 철거 건물의 장부가액 처리	토지 (Land)	· 토지를 취득함에 있어서 그 토지에 있는 건물을 사용할 목적이 없이 구입하고, 그 건물을 철거하는 경우에 소요된 철거비용과 그 건물의 원가는 토지의 취득원가에 산입한다. · 기왕에 건물에 사용하고 있던 건물을 철거하는 경우에는 당해 건물의 장부상 가액과 철거	

거래의 주요거래의 내용	사용하는 계정과목	관계 법령
4. 유형자산 〈취득·매각·제작·신축·이전 등〉	유임점·세무상의 요점	

비용의 처리가 문제가 될 것이다.

예 총체경원상의

단지에 건물이 불용자산이므로 철거하는 경우
건물을 헐고 철거비용 2,000,000원이 지급되었을 경우
토 지 : 40,000,000원
건 물 : 27,000,000원

① 단지에 건물이 불용자산이므로 철거하는 경우
(차) 건물체자손 29,000,000   (대) 건 물 27,000,000
                                 현 금 2,000,000

② 새 건물을 신축하기 위하여 구건물을 철거하는 경우
〈철거비용과 구건물의 취득원가는 새건물의 취득가액에 산입한다〉
(차) 건설중인자산 29,000,000   (대) 건 물 27,000,000
                                 현 금 2,000,000

• 정부의 도시계획사업에 따라 당국의 철거명령에 의하여 타의로 철거된 기존건물의 장부가격은 기타 사유로 인한 건물의 멸실로서 특별상각하고, 철거비용은 잡손실로 처리할 수 있다.

• 그러나 기존건물의 노후 등의 사유로 이를 철거하고, 새 건물을 신축하는 경우에는 기존건물의 장부가액은 신축건물의 부대비용으로 원본에 가산한다.

거래의 형태	주요거래의 내용	사용하는 계정과목	유의점·세무상의 요점	관계 법령
4. 유형자산	4-11 무상할인하게 된 체비지를 시가환산하여 현금 계상한 경우	토 지 (Land)	• 체비지 부담은 수익자 부담금이므로 손금처리할 수 없다. • 체비지 대신 현금으로 지출한 금액은 자본적지출로 하여야 한다.	
	4-12 공장 등의 용지로서 중점에 기자산으로 이용중, 고정이 반침하 되고, 그 구절을 위한 성토와 이전 비용 등	수 선 비 (Repairs)	• 부구를 위한 성토비용으로서 다음과 같은 것은 토지의 취득가액에 산입한다. ① 토지취득 직후에 이루어지는 성토의 비용 ② 지반침하에 의하여 평가손을 계상하고 있는 토지에 행하여지는 성토의 비용 ③ 토지의 이용 목적의 변경 등을 위한 성토의 변경	

거래의 성격별	주요거래의 내용	사용하는 계정과목	유의점·세무상의 요점	관계법령
4. 유형자산의 취득·매각·제작·수선·이전 등	4-13 기계설비의 취득 시 지출되는 비용	기계장치 (Machinery and Equipment)	• 수선의 정도가 경미하고, 특히 당해 기계 등의 내용연수의 연장 또는 사용가치를 증가시키지 아니하는 것은 수선비가 된다.	
	4-14 수입한 기계설비 등에 관련된 보험료·인수운임·하역비·구입수수료·설치점검비용 등	수선비 (Repairs)	• 당해 상각자산의 내용연수를 연장시키거나 당해 상각자산의 가치를 현실로 증가시키는 수선비는 이를 자본적지출로 한다. • 자본적지출의 수선비는 취득원가에 산입한다.	법인령 §31 ②
	4-15 구입후 사용에 제공하기 전에 구입기업에서 있어서 피난시설 등의 설치		자본적지출로 되는 것은 다음과 같다. ① 본래의 용도를 변경하기 위한 개조 ② 엘레베이터 또는 냉난방 장치의 설치 ③ 빌딩 등에 있어서 피난시설 등의 설치	

거래의 형태	주요거래 내용	사용하는 계정과목	유의점·세무상의 요점	관계 법령
4. 유형자산	취득·매각·제작·수선·이전 등	4-16 본체외의 제설비에 대한 수선비 4-17 기계설비 등을 구입하고 지급한 시운	④ 재해 등으로 인하여 멸실 또는 훼손되어 용도에 이용할 가치가 없는 건축물 ⑤ 기타 개량·확장·증설 등의 복구 기계·설비 등의 복구 ④의 내지 ④와 유사한 성질의 것 ⑥ 토지만을 사용할 목적으로 건축물이 있는 토지를 취득하여 그 건축물을 철거하거나, 자기소유의 부지상에 있는 임차인의 건축물을 취득하여 철거한 경우 철거한 건축물의 취득가액과 철거비용은 당해 토지에 대한 자본적지출로 한다. ⑦ 토지구획정리사업의 결과 무상양도하게 된 체비지를 대신하여 지급하는 금액은 토지에 대한 자본적지출로 한다. ⑧ 도시계획에 의한 도로공사 등으로 지출된 분담금은 토지에 대한 자본적지출로 한다. ⑨ 공장 등의 시설을 신축 또는 증축함에 있어서 배수시설을 하게 됨으로써 그 공사비를 부담할 경우 그 공사비는 배수시설에 대한 자본적지출로 한다. ⑩ 설치 중의 기계장치의 시운전을 위하여 지출된 비용에서 시운전기간 중 생산된 시제품을 처분하여 회수된 금액을 공제한 잔액은 기계장치의 자본적지출로 한다. ⑪ 수입기계장치를 설치하기 위하여 지출한 외국인기술자에 대한 식비 등 체재비는 장치에 대한 자본적지출로 한다. ⑫ 장기할부조건으로 자산을 취득함에 있어서 이자상당액을 가산하여 매입가액을 확정한 시은	법인세 통칙 31- 23- 2- 10-…1

주요거래의 선택대안	내용	사용하는 계정과목	유의점·세무상의 요점	관계법령
4. 유형자산 (취득·제작·수선·이전 등)	전예소용 월 비용		⑬ 그 자산을 연불방법으로 한 경우의 이자상당액은 당해 자산에 대한 자본적지출로 한다. 이 경우 당초 계약시 이자상당액을 당해 자산의 가액과 구분하여 지급하기로 하였어도 또한 같다. 다만, 법인세법시행령 제72조 제3항 제1호의 규정에 의하여 제외한 현재가치할인차금의 상각가액 매입가액 확정 후 연불대금 지급시에 이자상당액을 변동이자로 재계산함에 따라 증가되는 이자상당액은 그러하지 아니하다. ⑭ 부가가치세 면세사업자의 고정자산 취득에 따른 매입세액은 당해 자산에 대한 자본적지출로 한다. ⑮ 사업용·종업용·차량용·농업용 등에 사용하기 위하여 소·말·돼지·면양 등을 사육하는 경우, 그 부체에 사용할 때까지 사육을 위하여 지출한 사료비·인건비·경비 등은 이를 자본적지출로 한다. ⑯ 무아지(조지)의 조성비는 토지의 취득한 기계장치 등을 차분함에 있는 토지·건물만을 사용할 목적으로 참가 취득한 기계장치 등 안분계산한 금액은 각각 당해 자산에 대한 자본적지출로 한다. ⑰ 토지·건물만을 사용할 목적으로 참가 취득한 부속으로 참가 취득한 기계장치 등에 의하여 안분계산한 금액은 각각 당해 자산에 대한 자본적지출로 한다. ⑱ 부동산 매매업자 (주택신축판매업자를 포함한가) 토지개발 또는 주택신축 등을 당해 사업의 수행과 관련하여 그 토지의 일부를 도로용 등으로 국가 등에 무상으로 기증한 경우 토지상당액은 건설토지에 대한 자본적지출로 한다. ⑲ 기계장치를 설치함에 있어서 그 하중에 의한 지반침하의 건물을 방지하기	

거래의 형태별	주요거래의 내용	사용하는 계정과목	유의점·세무상의 요점	관계 법령
4. 유형 자산 〉취득 매각 제각 수선·이전 등			위해 당해 기계장치 설치장소에만 특별히 실시한 기초공사로서 직접적으로 연결된 기초공사에 소요된 금액은 이를 등 기계장치에 대한 자본적지출로 한다. 자본적지출로 하였을 경우의 회계처리는 다음과 같다. (차) 기계장치 ×××　　　(대) 현 금 ××× (또는 당해 유형자산) • 유형자산에 대한 자본적지출에 해당하는 것을 순금경리한 경우에 있어서는 이를 감가상각한 것으로 보아 시부인 계산하게 된다. • 증설이란 증가지출로 인하여 기존설비에 새로운 설비를 부가하거나 또는 기존설비를 확장하는 것을 의미한다. • 증설은 불가항적인 증대를 말한다. • 기존설비에 새로운 설비를 부가하기 위한 지출은 기존설비의 취득원가를 구성한다. • 개량이란 기존설비의 단순한 결점 향상을 위한 추가지출을 의미한다. • 개량을 위한 결적인 증대를 말한다. • 개량을 위한 추가지출은 그 추가지출이 부착이 기존설비의 결점 향상에 있고, 또한 그 지출로 인하여 결적이 이루어진 것이므로, 그 만큼 당해 기존 설비의 기초가 증대되었다고 보므로, 이와 같은 추가적 지출은 기존설비의 취득 원가에 산입하게 된다.	

거래의 선택방향	주요거래의 내용	사용하는 계정과목	유의점·세무상의 요점	관계법령
4. 유형자산의 취득·매각·제작·수선·이전 등	4-18 취득가액 또는 정부가액의 50%를 초과하는 수선비의 자본적지출		• 4-18에서 특히 50%가 자본적지출과 수익적지출의 분기점은 아니지만, 현재 가치의 50%를 초과하는 수선비를 내용연수 또는 자산가치를 증가시킨다고 판단할 수 있는 것이다. • 내용연수를 연장시키는 부분에 대응하는 금액의 산식은 다음과 같다. 자본적지출금액 = 지출금액 × (지출 후의 사용가능 연수 − 지출하지 않는 경우의 잔존사용 가능연수) / 지출 후의 사용가능 연수 • 가액을 증가시키는 부분에 대응하는 금액의 산식은 다음과 같다. 자본적지출금액 = 수리 후의 자산가액 − 통상의 관리 수선을 하지 않은 경우의 가액 • 세무에 있어서 수익적지출과 자본적지출과의 구분은 실질적인 내용에 의하여 판정하지 않으면 안된다. 유형자산에 대한 추가지출이 다음의 사실에 대하여 실질적으로 판단하는 것이다. ① 당해 유형 자산의 내용연수를 연장시키는 요인이 되고 있는가? ② 당해 유형자산의 가치를 증가시키는 요인이 되고 있는가? ③ 당해 유형자산의 원상을 회복시키는 요인이 되고 있는가? ④ 당해 유형 자산의 노후유지를 위한 요인이 되고 있는가? 실질적으로 판단함에 있어서는 다음의 2가지 점에 유의할 필요가 있다. ㉠ 지출하는 명목에 관계없이 실질적으로 판단하여야 한다. ㉡ 지출하는 금액의 다소에 의하지 아니하고, 그 성질에 따라서 판단하여야 한다.	

거래의 선택방	주요거래의 내용	사용하는 계정과목	유의점·세무상의 요점	관계법령
4. 유형자산 〈 취득 매각 제작 수선 이전 등 〉	4-19 성능표	수선비	• 수선비에 대한 자본적지출과 수익적지출에 대한 구분의 기준으로서, 그 구분의 기준은 다음과 같다. ① 1건당 지출금액에 의한 구분방식에 있어서 그 구분의 기준은 다음과 같다. ② 취득가액에 대한 금액 비율에 의한 구분 ③ 매출액에 대한 비율에 의한 구분 이외 같은 방법은 실천적이라 할 수 있으며, 또한 운용에 있어서도 세무당국이 이에 대한 승인에 있어 위험도는 적다고 보겠다. [금액기준에 의한 구분방식] ① 개별 자산별로 수선비로 지출한 금액이 600만원 미만의 지출은 모두 수익적지출로의 수선비로 하고, 그것을 초과하는 지출은 자본적지출로의 수선비로 한다. ② 개별 자산별로 수선비로 지출한 사업연도 종료일 현재재무상태표의 자산가액(취득가액에서 감가상각누계액 상당액을 차감한 금액의 100분의 5에 미달하는 경우에는 수익적지출로서의 수선비로 하고, 초과하는 경우에는 자본적지출로서의 수선비로 한다. ③ 3년 미만의 기간마다 주기적인 수선을 위하여 지출하는 경우에는 수익적지출로서의 수선비로 한다. • 수선이라 함은 당해 기초시설의 현상유지를 위한 부득이한 지출을 의미하게 되며, 수선에	법인법 §31 ③

거래의 성격	주요거래 내용	사용하는 계정과목	유의점·세무상의 요점	관계법령
4. 유형자산	유형자산을 유지하기 위하여 지출하는 수선비	4-20 화재·풍수해 등에 의하여 파손된 부분의 복구 또는 부속품 또는 벨트의 대체 등 (Repairs)	• 법인이 각 사업연도에 지출한 수선비가 필요하지 않은 경우문서 그 수선비를 당해 사업 연도의 손금으로 계상한 경우에는 자본적지출에 포함되지 아니하는 것으로 한다. ① 개별자산별로 수선한 금액이 600만원 미만인 경우 ② 개별자산별로 수선한 금액이 직전사업연도 종료일 현재 재무상태표상의 자산가액(취득가액에서 감가상각누계액을 차감한 금액을 말한다)의 5%에 미달하는 경우 ③ 3년 미만의 기간마다 주기적인 수선을 위하여 지출하는 경우 < 자본적지출의 수선비로 한다 > ① 건물 또는 벽의 도장 ② 파손된 유리나 기와의 대체 ③ 기계의 소모된 부속품 또는 벨트의 대체 ④ 자동차 타이어의 대체 ⑤ 재해를 입은 자산에 대한 외장의 복구·도장 및 유리의 삽입 ⑥ 기타 조업 가능한 상태의 유지 등 ① 내지 ⑤와 유사한 것	법인령 §31 ③
				법인칙 §17
	4-21 단순히 능률이 좋은 수선비	취득·매각·제각·순해를 위하여 처분하여야 할 것으로 인정되는 수선비		법인통칙

187

거래의 형태	주요거래의 내용	사용하는 계정과목	유의점·세무상의 요점	관계법령
4. 유형자산	서 수선은 토, 물, 부품 등을 대량 사용하지 아니한 정도의 수선비 〈 취 득 매 각 제 각 수 선 이 전 등 〉		되는 인건비는 수익적지출로 한다. ⑧ 임대차계약을 해지한 경우 임차자산에 대하여 지출한 자본적지출 해당액의 미상각잔액은 수익적지출로 한다. ⑨ 분쇄기에 투입되는 강구(Steel Ball)비는 수익적지출로 한다. ⑩ 뉴마제조업체의 병행(틀)비는 수익적지출로 한다. ⑪ 법인세 기본통칙 23-31…1 제1호 이외의 사유로서 기존 건축물을 철거하는 경우, 기존건축물의 장부가액과 철거비용은 수익적지출로 한다. • 수선비로 되는 자본적지출의 무작정 현상의 유지를 위한 부분인 지출이므로, 그 지출은 기존시설에 대한 원가가능년은 인정할 수 없고, 당해 기존시설의 유지·관리에 관련되어 발생한 추가지출임으로 손비로 처리하게 된다. • 다음 각호의 것을 제외하고 그 취득가액이 거래단위별로 100만원 이하인 감가상각자산에 대하여는, 이를 그 사업에 사용한 날이 속하는 사업연도의 손금으로 계상한 것에 한하여 이를 손금에 산입한다. ① 그 고유업무의 성질상 대량으로 보유하는 자산 ② 그 사업의 개시 또는 확장을 위하여 취득한 자산 • 역기에서 거래단위란 함은 이를 취득한 법인이 그 취득한 자산을 독립적으로 사업에 직접 사용할 수 있는 것을 말한다.	2-10 …2 법인령 §31 ④

거래의 유형별	주요거래의 내용	사용하는 계정과목	유의점·세법상의 요점	관계법령
4. 유행자산 ㆍ취득 ㆍ매각 ㆍ제각 ㆍ수선 ㆍ이전 등			• 다음의 자산에 대하여는 이를 그 사업에 사용한 날이 속하는 사업연도의 손금으로 계상한 것에 한하여 이를 손금에 산입한다. ① 어업에 사용되는 어구(어선용구 포함) ② 영화필름·공구금형(포함)·가구·전기기구·가스기기·가정용기구·비품·시계·시험기기·측정기기 및 간판 ③ 대여사업용 비디오테이프 및 음악용 콤팩트디스크로서 개별자산의 취득가액이 30만원 미만인 것 • 수익적지출로 한 경우에 있어서의 회계처리는 다음과 같다. 　(차) 수 선 비 xxx　(대) 현 금 xxx • 4-21의 비용이 내용연수를 연장시키거나, 자산가치가 높아지는 경우에는 자본적지출로 한다. • 재해에 의하여 건물이나 기계장치 등이 훼손되는 경우로서 유형자산을 복구하기 위하여 지출한 금액(재해복구비)은 원칙적으로 자본적지출로 구분하여야 한다. 이 구분에 대하여 세법에서는 다음과 같이 구분하여 수익적지출과 자본적지출로 하고 있다. 재해를 입은 자산에 대한 의장의 복구·유리의 삽입 등은 수익적지출로 하고, 재해 등으로 인하여 건물·기계·설비 등이 멸실 또는 훼손되어 당해 자산의 본래의 용도에 이용가치가 없는 것의 복구는 자본적지출로 한다.	법인령 §31 ⑥

거래의 상대방	주요거래 내용	사용하는 계정과목	유의점·세무상의 요점	관계법령
	4. 유형자산 〈취득·매각·제작·수선·이전 등〉		• 통상의 관리 또는 수리는 유형자산의 유지·보수에 대하여 일반적으로 행하는 수선을 말함은 물론이려니와 그 자산을 통상의 장소에 설치하여 작업조건에 따라 사용하는 것을 전제로 하고 있는 것이다. 그러나 특수한 입지조건이나 작업조건에 의하여 설치조건이나 작업조건에 의한 경우에 있어서는 이미 통상의 관리 또는 수리의 범위를 벗어난 것이라면 자본적 지출이라 함은 구체적으로 다음과 같은 것을 의미하게 된다. ① 설치장소 변경도·습도·피해위험도 ② 작업환경 ③ 작업시간(사용시간) ④ 작업강도 능력(사용강도) 그리고 통상의 수선이라 하는 경우에는 그 수선에 대하여 경제성이나, 적시성이 없어서는 아니된다. 이와 같은 수선은 세무에 있어서도 큰 문제점이라 하겠다. 유형자산에 대한 수선의 대부분 취득가액/장부가액에 비교하여 그 경제성이 판정되어야 할 것이다. 기업으로서는 수선에 의하여 본래의 기능이 유지된다 하여도 그 수선에 과대한 지출을 요한다면, 그에 대한 수선은 절대로 하지 않을 요이다. 그러므로 고정자산에 대한 수선은 결대로 하지 않고 할 역시 합리적인 통상의 수리라고 할 수 있을 것이다. 그리고 수선의 적시성에 대하여서도 음미할 필요가 있다. 유형자산에 대하여 취득 후 즉	

거래의 종류	주요거래의 내용	사용하는 계정과목	유의점·세무상의 요점	관계법령
4. 유형자산 취득·매각·제작·신설·이전 비용 등	4-22 기계장치들이 설치를 이용해 매각 모두 해체하는 이전 요하는 수선에 비용	수선비 (Repairs)	시로 행해지는 내부수선 등은 역시 합리적인 통상의 수리라고는 말할 수 없을 것이다. 통상의 판단 또는 수선이 대해 세무경영관리의 관점에서 음미하여 본다면 대체 과 견은 점이 포인트가 될 것이다. • 기계장치의 이 설비는 목적에 의하여 다음 처리도 된다. ① 통상의 입지조건 ② 통상의 사용상황 ③ 수선의 경제성 ④ 수선의 적시성 • 우선 이설에 대한 행태에 있어서 먼저 가지로 생각할 수 있겠으나, 세무경영 관리의 관점에서 다음 4가지의 유형으로 구분하여 검토하여 보면 다음의 모든 비용은 손금산입이 된다. ① 집중생산을 행하는 까닭에 이설(移設) ② 보다 좋은 입지 조건에 의한 생산을 행하기 위한 이설 ③ 다액의 가치비를 요하는 기계장치의 이설 ④ 기타의 이설 • 기계장치를 이설함에 따라 발생하는 지출은 일반적으로 다음과 같다. 기계장치의 이설이 상기 ①부터 ③까지의 행태로 행하여진 경우에는 ① 해체비, ② 구치치비는 수익적지출로 보아서 손금에 산입되고, ③ 신기치비, ④ 운임은 자본적지출로 보아 기계장치의 취득가에 산입하여야 한다.	

거래의 성격별	주요거래 내용	사용하는 계정과목	유의점·세무상의 요점	관계법령
4. 유형자산, 취득·매각·제각·이전 등	4-23 유흥자산의 취득의 경출을 위하여 소요된 비용	접대비 (Entertainment)	유흥자산의 취득의 경출을 위하여 소요된 비용 등, 기념품대, 기념행사에 요한 비용 등, 시중의 누대비용은 원가에 산입하지 아니한다.	
	4-24 건물을 취득함에 있어서 그 건물의 기원의 사용자에게 지급하는 퇴거료·명도비 등의 비용	건물 (Building)	건물을 취득함에 있어서 그 건물의 기원의 사용자에게 지급하는 퇴거료·명도비 등은 원가에 산입한다.	
	4-25 차량을 취득함에 따라 하는 취득세·등	차량 (Vehicle)	차량을 취득함에 따른 취득세는 취득원가에 산입한다. ·매입 후에 납부하는 자동차세는 세금과공과로서 손금에 산입한다.	

거래의 성격별	주요거래의 내용	사용하는 계정과목	유의점·세무상의 요점	관계법령
	4-26 토지·차량 등의 취득 등에 수반한 차입의 이를 위한 수수료	**지급수수료** (Bond Interest Paid)	• 부동산 중개업자 등에게 지급하는 중개료 등은 자산가액에 포함하게 된다.	
4. 유형자산의 취득·매각·제작·신설·이전 등	4-27 자기가 건설, 제작 등에 의하여 취득한 고정자산의 원가	**건설중의 유형자산** (Construction Work in Progress) (Construction Progress)	• 법인이 자기의 영업에 이용할 유형자산을 스스로 건설, 제작할 경우에 있어 취득원가는 그 자산의 건설, 제작에 소요된 원재료비·노무비·운임·하역비·보험료·수수료·공과금(등록세·취득세를 포함)·설치비 기타 부대비용의 합계금액으로 하게 된다. • 자기가 부대비용이나 할증 건설자금이자의 그 외에 당해 자산의 완성 후에 영업의 목적에 사용하는 데까지 소요된 비용으로 일반적으로 다음과 같은 것들이다. ① 시운전비 ② 공장건설에 있어서 준공전에 예상되어 있는 공해보상비 ③ 유형자산의 건설 또는 제작에 응하여 요하는 공해 변화를 요하는 경우의 면허료 • 유형자산의 준공 등에 따라 지급하는 낙성식·기념비용은 이를 취득원가에 산입하지 아니한다.	

193

거래의 형태별	주요거래 내용	사용하는 계정과목	유의점·세무상의 요점	관계법령
4. 유형자산 제각	4-28 건물·기계장치 등 구축물을 제각하는 경우, 이외 기타 유형자산의 제각 4-29 제각 철거를 하기 위한 비용	유형자산제각손 (Removal)	· 유형자산을 법인이 스스로 제작 또는 건설할 때 소요된 취득원가에 산입하여야 할 비용은 그 건설이나 제작이 완료할 때까지 자산으로 처리하였다가 당해 유형자산이 건설·제작이 완성된 날에 이를 당해 유형자산계정에 대체하게 된다. · 제각은 당해 유형자산을 재무상태표의 제장에서 제각하는 경우를 말한다. · 재해에 의한 멸실, 처분, 증여 등에 의하여 사실상 그 자산이 기업자산으로서 존재하지 않게 된 경우 및 실질적·기능적 감가에 의한 폐기·전용 기타 이유에 의하여 실제가 하지 않게 되어 제각전액으로부터 제각되는 경우를 포함하는 것이다. 예 유형자산을 제각하면, 그 원가와 그 감가상각누계액을 감액한다. <감가상각누계액 약 46,500,000원> 직접법: (차) 유형자산제각손실 3,500,000 (대) 건물 3,500,000 간접법: (차) 유형자산제각손실 3,500,000 (대) 건물 50,000,000 　　　　　감가상각누계액 약 46,500,000	

거래의 실태별	주요거래내용	사용하는 계정과목	유의점·세무상의 요점	관계법령
4. 유형자산	4-30 건물·기계장치·집기비품·차량운반구 등을 매각하였을 경우의 장부가액과의 차액	유형자산처분이익 (Gains From Sales of Fixed Assets)	• 법인이 각 사업연도에 계상한 유형자산의 감가상각액은 법인세법이 인정하는 범위의 금액을 한도로 하여 이를 손금에 산입하되, 그것을 초과하는 부분의 금액은 손금에 산입하지 아니한다. • 감가상각자산에 대하여 감가상각비를 손비로 계상한 경우에는 그 부인액은 손금에 산입되지 아니하므로, 그 자산에 대한 상각이 그만큼 없었던 것과 같이 취급되어 미상각잔액으로 차기에 이월하는 것이다.	법인법 §23
	4-31 감가상각 초과액이 있는 자산의 매각	유형자산처분손실 (Losses From Sales of Fixed Assets)	• 유형자산을 양도한 경우에 시인부족액(손금으로 계상범위 내에 미달하는 금액)이 있었을 때에는 양도한 자산에 대한 시인부족액은 법인세법 시행령 제26조의 규정에 의하여 계산한 금액에 상당하는 금액을 손금에 산입한다. • 유형자산을 양도한 법인세법 시행령 제32조의 규정에 의한 자산의 양도에 따른 부분은 이를 익금에 산입한다.	법인령 §32
	4-32 기계장치·집기비품·차량운반구 등		• 다음의 건은 감가상각의 시부인액을 가지고 있는 법인이 장부가 450만원의 기계장치를 600만원에 양도하였을 경우, 그 감가상각부인액의 처리와 양도차액을 계산하면 다음과	

거래의 성격별	주요거래의 내용	사용하는 제 계정과목	관계 법령
4. 유형자산 〈취득·매각·제각·수선·이전 등〉	들을 자업에 한 가액으로 양도하고, 신품을 취득할 경우에 있어 구 자산의 상각전 잔액과 제각한 가액으로 안도한 가액의 차액		유의점·세무상의 요점

걸이 될 것이다.

〈예 1〉

단위 : 원

자산종류	건 물	기계장치	차 량	집기비품
감가상각 시부인액	2,500,000 ⊃ 2,200,000	1,800,000	⊃ 1,400,000	700,000

※ 그표는 상각부인액임

이 경우에 있어, 기계장치에 대한 상각부인액 220만원은 건물과 차량의 시부인 부족액과 상계되어 손금용인이 이미 되어 빠졌기 때문에 소멸하게 된다. 그러므로 기계장치에 대한 양도차액은 1,500,000-(6,000,000-4,500,000)이 되는 것이다.

〈예 2〉

단위 : 원

자산종류	건물	기계장치	차량	집기비품	계
감가상각 시부인액	1,800,000	1,300,000	⊃ 2,500,000	⊃ 1,500,000	900,000

※ 그표는 상각부인액임

이 경우에 있어, 기계장치에 대한 상각부인액중에 130만원은 차량·집기비품에 대한 상각부 인액과 상계된 것으로, 이미 과세되어야 할 것이, 과세가 보류되었기 때문에 익금에 산입 하게 된다. 그러므로 기계장치에 대한 양도차액은 2,800,000원(6,000,000-4,500,000+1,300,000)

거래의 선택명	주요거래의 내용	사용하는 계정과목	관계법령
4. 유형자산 〈취득·매각·제작·생산·이전 등〉		유형자산·세무상의 요령	

이 된다.

〈예 3〉

단위 : 원

자산종류	건 물	기계장치	차 량	집기비품	합 계
감가상각 시부인액	1,800,000	▷1,500,000	▷1,200,000	▷1,500,000	▷2,400,000

※ ▷표는 상각부인액

이 경우에 있어 기계장치에 대한 상각부인액 150원이 손금에 산입된다. 이때에 있어 기계장치에 대한 양도차액은 없다. (6,000,000 - 4,500,000 - 1,500,000)

• 유형자산의 일부를 양도하였을 경우에 그 자산중에 대한 상각부인액의 모든 시인부족액에 대하여 도시신의 비율을 상각부인액 중에서 계산하고, 대기에서 총자산가액이 대한 합은 양도한 자산이 속하는 설비별 자산가액의 합계액으로 한다.

• 회계상 매각손을 계상함에 있어 그 양도가액이 시가에 비하여 현저히 저렴한 경우에 서는 기부금으로 취급받게 된다.

• 상가와 같은 매각손이 발생한 경우에 있어, 그 상대방이 임원인 때에는 임원상여로 취급된다.

거래의 실태별	주요거래의 내용	사용하는 계정과목	유의점·세무상의 요점	관계 법령
4. 유 형 자 산	4-33 고정 자산의 재 해로 인한 손상하여 있 는 평가차 손의 계상	유형자산 평가손 (Loss From Revaluation of Fixed Assets)	・천재・지변・화재・범법에 의한 수용, 채굴제한령 등의 사유로 인한 파손 또는 멸실된 유형자산으로 정상가액과 장부가액과의 평가차손은 손금산입한다. ・단기투자자산(재고자산 포함) 이외의 자산의 평가차손은 손금불산입한다. ・특별한 사유에 의하여 발생하는 감손이 아니고는 유형자산 자체에 특별한 사유가 발생한 경우와 기업자체에 일정한 사유가 생겨 발생한 감가액과의 2가지가 있는데, 이를 일반적으로 평가손이라 하고 있다. 이 평가손은 원칙적으로 산업할 수 없는 것이다. 유형자산 자체에 특별한 사유가 생겨 발생한 감모손이란 다음과 같은 사실이 유형자산 자체에 발생한 경우의 감모액을 말하는 것이다. ① 당해 유형자산이 1년 이상 유휴상태에 있는 것 ② 당해 유형자산이 그 본래의 용도에 사용할 수 없음으로 타의 용도에 사용된 것 ③ 당해 유형자산이 그 본래의 용도에 사용할 수 없음으로 타의 용도에 사용된 것 ④ 당해 유형자산이 소재한 장소의 상황이 변화한 것	매각・ 제각・ 수선・ 이전 등
	4-34 법인의 각 사업연 도에 계상한 고정자 산의 감가상각비	감가상각비 (Depreciation and Amortization)	・법인이 각 사업연도에 계상한 감가상각비로서 유형자산의 내용연수에 따른 상각률에 의한 각 사업연도 계상한 금액을 초과하는 손금을 인정하지 아니한다. <손금불산입> ・법인이 감가상각비를 손금으로 계상하기 위해서는 감가상각자의 대상자산에 대한 내용연한 고정자	

거래의 형태	주요거래의 내용	사용하는 계정과목	유의점·세무상의 요점	관계법령
4. 유가 증권	산의 감가 상각 범위 초과액		· 위 상각방법을 먼저 결정하여야 한다. · 감가상각비의 계산은 법인이 감가상각자산을 손금에 계상하였을 경우에만 상각범위액을 한도로 손금으로 용인하도록 규정하고 있다. · 유가증권을 사업연도 중에 매각하였을 경우에는 사업연도 개시일로부터 매각시까지의 기간에 대하여는 감가상각을 할 수 있다. · 유가증권의 대부분은 그 사용 또는 시일이 경과함에 따라 그 가치가 감가되는 것이다. 다시 말하면 토질을 개량한 유가증권에 있어서는 경제적으로나 기술적으로 일정한 기일 즉, 일정한 수명이 있으므로, 사용으로 인한 마손(磨損)이나 시일이 경과함에 따라 발생하는 자연적인 노후의 감손으로 점차 그 가치가 소멸되는 것이다. · 유가증권을 가지다가 감소 또는 소멸되는 것을 회계학상으로 감가라 하며, 이와 같은 감가를 일반적으로 토질을 개량한 유가증권의 대가를 발생할 수 있는 법액적인 원인으로 하여, 역성될 규정적이며, 체속적으로 점차 소멸함으로 인하여 응당 발생하는 가치 또는 가격의 감손을 말하는 것이다. · 유행자산의 감가는 경제적인 비용이므로 기업에 있어서는, 이 감가를 이익의 유무나 다소에 관련없이 일정한 추산내용수 또는 추산유효기간 내에 일정한 비율로 배분하여 원가 또는 제품의 제조원가에 산입하여 그 금액만큼 유행자산의 매기 체속적으로 감가함과 동시에 산입이 이점을 제품의 판매 수익에서 보상하여 그 유행자산에	법인법 §23

거래의 종류별	주요거래의 내용	사용하는 계정과목	유의점·세무상의 요점 판례 법령
4. 유형자산 취득·매각, 제작·수선·이전 등			• 기업회계상 이와 같이 기업의 결산시에 고정자산의 감가상각을 일반적으로 산입함과 이울러 그 진부화를 자산으로 치기에 이월하는 절차를 감가상각이라 하며, 고정자산의 사용과 소모에 의하여 발생하는 비용항목 또는 원가항목을 감가상각비라 한다. • 감가상각이란 일반적으로 평가성과 비용배분성이 있다. 평가성은 정태론의 견해를 따르는 학자의 기술공학적인 입장에서 주장되고 있는 것이다. 이러한 평가성은 감가된 것이 당해 유형자산의 기술가치 저하함으로 인하여 발생하는 현상으로, 그래서 감가상각이라는 것이 회계를 설치평가나 설치조사 등의 방법에 의해 파악하여 제산한다는 것으로 제산계산의 재무상태표 예무 중심을 두고 있는 견해라 할 것이다. 비용배분성은 속기업과 회계가치의 입장본을 하고 있는 동태론적인 사고방식으로서 손익계산서를 중요시하는 입장이라 하겠다. • 감가상각이란 화폐경제는 일반적으로 고정자산의 원가나 또는 고정자산을 취득하기 위하여 투하된 자본을 회수하는 데 있는 것이다. 유효기간 동안에 적당하게 배분분담시켜 경우 그 투하된 자본을 회수하는 것이다. 이외 같이 일정기간 동안의 경제활동을 위하여 사용할 것으로서 수익에 부응하는 시설 비품부분이 있어서 경영활동을 위하여 사용한 것으로서 차기에 이월하는 비용부분을 구분하는 것을 비용배분의 원칙이라 하고 용부분괴를 결정하여 전비용을 비용배분의 원칙이라 한다.

거래의 형태별	주요거래의 내용	사용하는 계정과목	유의점·세무상의 요점	관계 법령
4. 유 행 자 산 〈 취득·매각·제각·수선·이전 등 〉			• 감가상각이라는 절차 또는 방법은 유형자산의 원가 중, 유형자산에 투하된 자본을 각 추산내용기간(견적내용기간)간에 배분함과 동시에 자본을 회수하는 것이다. 이러한 경우에 그 투하자본의 회수는 유동자산의 형태로 회수 되어야 고정자산의 유동화라 하는 것이다. 이 때에 있어서 자본을 회수한다는 의미는 단지 유형자산에 최초 투하된 화폐금액과 동일한 금액의 유동자산의 형태로 회수한다는 것을 의미하는 것, 즉 유형자산 또는 기타의 자산 형태로서 존재하는 것에 지나지 않으며, 고정이 과세 매기된 고정자산과 동일한 능력을 발휘할 수 있는 신규의 고정자산과 현재의 교체될 수 있다는 발문제이며 상각완료 후 실제 환원할 당시의 경체를 엄격히 다른다 하겠다. 현실적으로 보아 사장의 당액에 따라 그 교체하는 단일에 가지는 항상 변동하고 있으며, 따라서 물가는 화폐에 가지는 항상 변동하고 있으므로 유형자산에 보존하였던 다 하여 이하고 있으므로 유형자산의 최초의 등일한 금액을 화폐의 형태로 취득할 수 있다는 보장은 할 수 없다. 그리고 기업회계기준이 자산의 취득원가는 자산의 종류에 따라 비용배분의 원칙에 의하여 각 사업연도에 배분하지 않으면 아니된다고 규정하고 있는 것은 이 의미이며, 비용배분의 원칙에 의하여 취기부담의 비용은 손익계산서에 기재되어 수익과 대응하며, 앞날 사용 미소비부분은 현재에 존재하는 것으로서 자산으로 가입되어 차기에 이월되는 것이다. 그러므로 감가상각은 이 비용배분의 원칙에 적용되는 것한 하겠다.	

거래의 성격별 주요거래의 내용	사용하는 계정과목	유의점·세무상의 요점	관계법령
4. 유형자산 (취득· 매각· 제작· 수선· 이전 등)		는 것이다. 만약 장례에 있어 물가가 다소라도 등귀하고 화폐가치가 하락한 때에 있어서는 당해 유휴자산에 대한 원시취득원가로는 동일정도의 신규정상적인 취득원가를 취득 또는 현실화할 수 없는 것이 이러한 판제로 인하여 감가상각 방법에 있어서 취득원가주의와 한계재평가가 생기게 있다. 취득원가주의라 함은 명목자본유지설이라고도 하며, 감가상각의 무적을 취득원가의 배분 및 원시투하자본의 화수 또는 명목자본의 유지 또는 화폐자본의 유지를 주장하는 것으로서 원가에 의한 감가상각을 주장하고 있으며, 현재원가주의라 함은 실질자본유지라고도 하며, 감가상각의 목적을 환지원가의 배분 또는 누적 또는 실질자본유지 또는 불질자본의 유지를 주장하는 것으로서 시가에 의한 감가상각을 주장하고 있다. 이러한 주장은 각각 장단점이 있으므로 간단하게 그 당부를 결할 수 없으나, 현제의 일반적으로 인정되고 있는 회계학의 원칙은 취득원가설의 지배적인 것이다. ·유형자산에 감가를 발생케 하는 원인으로서는 일반적으로 ① 불리적원인, ② 기능적 원인으로 구분되고 있다. (1) 불리적 원인에 의한 감가 불리적 원인에 의해 발생하는 감가를 물리적 감가라 하며, 대체적으로 계속적·평연적으로 생기는 감가로서 경상적 감가라고도 한다. 이러한 물리적 원인에 의하여 발생	

기업의 선택방	주요거래의 내용	사용하는 계정과목	유의점·세무상의 요점	관계 법령
4. 유형자산 취득·매각·제작·수선·이전 등			하는 감가에는 사용 또는 시일의 경과에 의한 마손(磨損), 시일의 경과 또는 자연적 작용에 의한 노후로 구별할 수 있다. 사용 또는 자연에 의한 마손은 유형자산을 사용함으로써 그 결과로 정도의 소모, 마손의의 감가가 발생하는 것이다. 이것은 사용의 정도, 작업의 정도에 따라 정확하게 비례하는 것은 반드시 아니라는 것이 있으며, 동일한 유형자산일지라도 그 사용방법 여하에 따라 그 마손의 정도는 다른 것이 있어서 사용이나 작업에 관계없이 시일의 경과적으로 감소하는 것으로서, 이 중에서 단순한 시일의 경과에 의하여 자연적으로 감소하는 것을 때에 의한 상태를 일반적으로 노후라 하며, 결국 유형자산은 시일의 경과 또는 작용에 의한 감가가 발생하는 것이다. (2) 기능적 원인에 의한 감가 기능적 원인이 또는 경제적 원인에 의한 감가를 말하며, 이들 기능적 감가 또는 경제적 감가라고 한다. 이러한 기능적 원인에 의한 감가에는 부적응에 의한 감가, 진부화에 의한 감가적 부적응에 의한 감가라는 유형자산 자체의 이유에서가 아니고 다른 자산이 생기는 감가이다. 부적응이란 일정한 유효연수에 도달하기 전에 공정자산이 그 회사의 위 부적에 작용하지 않는 상태가 된 것을 의미하는 것이다. 다시 말하면 고정자산이 불리적으로 유효하며, 상당한 능률을 유지하고, 아직 내외의 사정에 의하여 그 고유한	

거래의 신대별	주요거래 내용	사용하는 계정과목	유의점·세무상의 요점	관계 법령
4. 유형자산 〔취득·매각·제각·수선·이전 등〕			• 목적을 충분히 발휘할 수 있는 상태가 된 것을 말한다. 대가치 내외적 사정이나 환경의 일반적으로 기업규모의 개변·확장·시회사정의 진보·변화·법률·기타의 경제명령을 말하는 것이다. 지분화에 의한 경기는 기계에 대하여 진부화로 하는 것은 시대의 뒤떨어졌다는 것을 의미하는 것은, 새로운 발명, 발견 생산수단의 개기타의 이유로 하여 종래에 사용하던 기기제산의 구식이 되어, 이것을 계속하여 사용하는 것이 오히려 비경제적이며, 그 사용가치에 있어서 감소를 초래하는 폐기한 상태가 된 사설을 말한다. • 감가상각을 함으로 인하여 연어지는 효과는 유형자산을 유동화하며, 원가계산을 정확히 할 수 있으며, 기간손의계산을 정확히 하는 데 있다고 하겠다. 일반적으로 감가상각을 하게 되면, 그 만큼의 금기(수期)의 비용이 증가하므로 이용이 만큼의 당기이익이 감소된다. 만약 유형자산에 대한 감가상각을 실제 대상각을 하게 되면, 유형자산이 실제가액보다 장기이익이 되며, 당기 이익이 감소하여지게 된다. 또한 과대상각을 계속하였을 경우에 있어서는 유형자산의 헐값이 있음에도 불구하고 정부상에 상각완료되어 빠져 버리게 결과가 발생하게 된다. 이것을 부기상에 있어서는 상각완료되어 비밀자산이라고 일컫고 있으며, 이와 같이 비밀자산의 형태로 감추어진 이익금은 비밀적립금이라 하는 것이다. 이러한 비밀자산 또는 비밀적립금을 장	

기래의 성격별 내용	주요가래의 내용	사용하는 계정과목	유의점·세무상의 요점	관계법령
4. 유형자산 취득·매각·제작·수선·이전 등			부기록의 정확성이나, 인간의 정보간 등에서 생각하여 결과 종은 것이라고 할 수 있으나, 회계의 건전을 도모한다는 입장에서는 소유자산의 내용이 종합화하는 경에서 열되고 있다고 하겠다. 이와 같이 감가상각은 감가상각액의 대소에 의하여 당기의 비용이 중감하며, 그만큼 기업 이익을 좌우하는 것이다. 그러나 감가상각은 금기에 있어서 과대상각을 하였거나, 과소상각을 하였다 하더라도 다음기에 있어서 소망간에 전액이 경기간에 결제되어 본 대에는 전체의 기업 손익에는 영향이 없다 하겠다. 상각하는 것이므로 장각 결기간에 결쳐서 보면 기간손익을 한 그 기에 과대상각을 하였느냐, 아니면 다음기에 과대상각을 하느냐에 따라 방법한 대기업에 있어서는 이러한 감가상각비의 재생에 대한 내용연수의 기초를 가하여 유행자산에 대한 내용연수의 상각비용에 대하여 규제하고 있으며, 세법상에 있어서는 상각유행자산에 대한 신중을 기하지 아니할 수 없으며, 세법상에 있어서는 상각유행자산에 대한 내용연수의 상각비용에 대하여 규제하고 있다. · 유행자산의 사용에 따르는 코스트의 자산에 있어 문제점은 감가상각이라 하겠다. 이러한 유행자산에 대한 감가상각의 요점은 다음과 같은 3가지 점으로 요약할 수 있다. ① 취득가액 ② 잔존가액 ③ 내용연수 이와 같이 감가상각을 계산하는 데는 위에 설명한 바와 같이 3가지 요소문서 계산하게 되는 것이다. 그러므로 이 3가지의 계산요소를 먼저 결정하지 않으면 아니되는 것이다.	

거래의 형태별	주요거래의 내용	사용하는 계정과목	유의점·세무상의 요점	관계법령
4. 유형자산 취득·매각·제작·생산·이전 등			• 일반적인 경우의 취득가액 감가상각자산의 기초가액이 되는 취득가액은 법인세법시행령 제72조의 취득가액에 관한 규정을 적용하여 계산한다. ① 타인으로부터 매입한 자산 : 매입가액+부대비용(취득세·등록세 포함) ② 자기가 제조·생산·건설 기타 이에 준하는 방법에 의하여 취득한 자산 : 제조원가+부대비용 ③ 현물출자·합병·분할로 취득한 자산 : 정부에 계상한 출자가액 또는 승계가액(시가초 과액은 제외) ④ 위 이외의 방법으로 취득한 자산 : 취득 당시의 시가 • 고가매입한 자산의 취득가액 특수관계자로부터 시가를 초과하여 매입한 경우에는 시가초과액에는 부당행위계산의 부인에 의해 부인하고, 동 시가초과액은 자산의 취득가액으로 보지 아니한다. 또한 특수관계가 없는 자로부터 정상가액을 초과하여 매입한 경우에는 기부금으로 의제하여 정상가액을 초과하는 금액은 자산의 취득가액으로 보지 아니한다. 따라서 취득가액은 정상가액(시가±30%)이 된다. 그러나 법인이 자가매입한 자산은 실제 매입가액이 취득가액이 된다. • 현제가치 할인차금 법인이 장기할부조건 등으로 고정자산을 취득한 경우의 취득가액은 다음과 같다.	법인령 §26 ②

기업의 주요거래의 식별	주요거래의 내용	사용하는 계정과목	유의점·세무상의 요점	관계법령
4. 유형자산 (취득·매각·폐각·수선·이전 등)			① 현재가치할인차금 계상여부 : 취득가액(감가상각자산 대상금액) ② 계상한 경우 : 현재가치할인차금을 차감한 금액 ③ 계상하지 않은 경우 : 현재가치할인차금을 차감하지 아니한 금액 위 내용은 회사에서 기업회계기준에 따라 현재가치할인차금을 계상하면 세법에서도 그 회계처리를 그대로 인정하여 현재가치할인차금을 차감한 금액이 취득가액이 되며, 현재가치할인차금을 계상하지 않으면 세법에서도 현재가치할인차금을 인정하지 않는다는 의미이다. 즉, 회사의 회계처리에 따라 취득가액이 달라지는 것이다. • 자산의 평가기능 법인세법에서는 보험업법 기타 법률에 의하여 자산을 평가하거나 〈자본적지출에 대해서는 4-15 참조, 수익적지출은 4-19 참조〉 또한 중고기계를 구입하여 수선함으로써 사용할 수 있게 되었다면, 이에 대하여 지출된 수선비를 기계원가에 산입하는 것이 상례로 하겠다. • 잔존가액 잔존가액이란 함은 유형자산이 내용연수에 도달하여 불용·폐물된 때, 그 유형자산을 매각분해하여 얻을 수 있는 추산가액을 말하며, 이러한 잔존가액은 구체적이고 구체가액과 폐물가액으로 구별하는 것이다. 즉, 구체가액이란 함은 그 전손하여 고유의	

거래의 형태	주요거래 내용	사용하는 계정과목	유의점·세무상의 요점	관계 법령
4. 유형자산 (취득·제작·매각·처분·수선·이전 등)			수 없게 된 경우나 해당되도, 이것을 어떤 용도에 그냥 사용할 수 있는 경우를 말하며, 폐물가격이란 전혀 타에 이용할 수 없고 선물로서 처분되는 경우를 말한다. 법인세법상 잔존가액은 영(0)으로 한다. 단, 정률법에 의하여 상각범위액을 계산하는 경우에는 취득가액의 100분의 5에 상당하는 금액으로 하되, 그 금액은 당해 대한 미상각잔액이 최초로 취득가액의 100분의 5이하가 되는 사업연도의 상각범위액에 대하여는 이를 손금에 산입하지 아니한다. 그리고 법인은 이상에 불구하고 감가상각자산이 증로되는 감가상각 자산에 대하여는 취득가액의 100의 5원 1,000원 중 적은 금액을 당해 감가상각자산의 장부가액으로 하고, 동 금액에 대하여는 기을 손금에 산입하지 아니한다.	법인법 §26 ⑥⑦
			·내용연수 내용연수란 취득한 유형자산이 보통의 상태·조건상에서 배물로서 처분되기 때까지 유효하게 사용할 수 있는 추산기간 또는 추정연한을 말한다. 단지 취득후 참자신이 그 취득의 목적에 견딜 수 있는 최대한을 말하는 것이다. 내용연수는 이것을 자연연수와 유효연수일 구별하며, 자연연수란 물리적 원인에 의하여 파기될 때까지의 경과연수 또는 기간을 말하며, 유효연수는 물리적 원인에 의한 기능적 원인도 포함하여 그 유효연수 또는 기간을 말한다. 이러한 유효연수는 일반적으로 자연연수보다 짧은 것이 보통이며, 또는 폐기처분될 경우에	법인령 §28

거래의 주요거래 내용	사용하는 계정과목	유의점·세무상의 요점	관계법령
4. 유형자산 취득·매각·제각·수선·이전 등		· 감가상각의 계산처리상 중요한 것은 유효연수이며, 이것은 상각자산의 종류 및 구조에 따라 천차만별이며, 확실한 예측을 하는 것은 불가능하나 대개로는 추정하는 것도 곤란하다 하겠다. 그러므로 상각자산에 대한 내용연수를 추정하는 데는 업종·구조·사용별·기술적 진부에 의한 기타의 사정을 충분히 고려하고 자기의 경험과 동업회사의 실사상황 등을 참작하여 이것을 결정하여야 하는 것이다. · 법인세법에서 규정하고 있는 상각자산의 내용연수와 상각률은 다음 각호의 1에 의하도록 하고 있다. ① 시험연구용자산과 무형고정자산(법인세법시행령 제24조 제1항 제2호 가목~다목); 시험연구용자산 및 무형고정자산의 내용연수표·무형상각자산의 내용연수 범위와 그에 따른 상각방법별 상각률 ② 위 ①의 감가상각자산(법인세법시행령 제24조 제1항 제2호 마목으로 인정된 자산을 제외); 구조·자산별·업종별 기준내용연수에 그 기준내용연수의 100분의 25를 가감하여 법인이 선택하여 관할 세무서장에게 신고한 내용연수와 그에 따른 상각률. 다만, 신고기한내에 신고를 하지 아니한 경우에는 기준내용연수에 따른 상각률로 한다. · 다른 20년이상의 부합구조로 구성되어 있는 경우에는 주된 구조에 의한 내용연수 범위가 서로 다른 20년이상의 업종에 공용으로 사용하고, 건축물 외의 유형자산의 내용연수	법인령 §28 ① 법인칙 §15

거래의 상대방	주요거래내용	사용하는 계정과목	유의점·세무상의 요령	관계법령
	4. 유형자산 (매각·제각·취득·수선·이전 등)		용하고 있는 경우에는 그 사용기간 또는 사용정도의 비율에 따라 그 사용비율이 큰 업종의 내용연수 범위를 적용한다. • 내용연수의 신고 ① 신설법인과 새로 수익사업을 개시한 비영리내국법인의 경우에는 그 영업개시일의 내용연수 신고는 다음의 기한내에 하여야 한다. ② 위 ①의 법인의 자산별·업종별 구분에 의한 기준내용연수가 다른 고정자산을 새로 취득하거나 새로운 업종의 사업을 개시한 경우에는 그 취득일 또는 사업개시일이 속하는 사업연도의 내용연수 범위내에 하여야 한다. <감가상각의 계산방법> • 법인세법에서는 법인에 대하여는 감가상각자를 강제하지 아니하고, 법인이 감가상각비를 손금으로 계상한 경우에 한하여 손금으로 인정하게 된다. 다만, 감가상각의제에 대한 강제상각제도를 택하고 있다. • 법인이 손금으로 계상한 감가상각비를 모두 손금으로 인정하지 아니하고, 법인이 선택하여 신고한 내용연수·상각방법에 따라 세법이 정한 계산방법에 의거 계산한 금액 한도내에서 손금산입이 되는 내용연수 범위는 연중별로 정해져 있는데, 그 범위내에서 법인이 스스로 선택할 수 있다. 또한 상각대상자산의 종류별로 선택할	법인령 §28 ③ 법인령 §23

거래의 형태별	주요거래의 내용	사용하는 계정과목	유의점·세무상의 요점	관계법령
4. 유형자산〈취득·제작·매각·생산·이전 등〉			• 유형자산을 사업연도 중에 매각했을 경우에는 사업연도 개시일로부터 매각당시까지의 기간에 대하여는 감가상각을 할 수 있다. • 감가상각에 대한 계산방법으로서는 다음과 같은 방법이 있다. ① 정액법 (균등상각법) ② 정률법 (미상각잔액법) ③ 생산량비례법 • 법인이 소유하고 있는 유형자산에 대하여 감가상각을 할 경우에 있어서는 그 감가상각법을 미리 납세지 관할세무서장에게 신고하여야 하며, 이러한 법인의 유형자산에 대한 감가상각방법은 다음에 의하여 계산하여야 한다. ① 건축물과 무형고정자산(3 및 ⑥ 내지 ⑧의 자산을 제외)에 대하여는 정액법 ② 건축물 외의 유형고정자산(④의 광업용 유형고정자산을 제외)에 대하여는 정률법 또는 정액법 ③ 광업권(해저광물자원개발법에 의한 채취권을 포함)에 대하여는 생산량비례법 또는 정액법 ④ 광업용 유형고정자산에 대하여는 생산량비례법·정률법 또는 정액법 ⑤ 개발비는 관련제품의 판매 또는 사용이 가능한 시점부터 20년 이내의 기간내에서 연단	법인령 §26

거래의 성격별	주요거래의 내용	사용하는 계정과목	유의점·세무상의 요점	관계법령
4. 유형자산의 취득·매각·제각·수선·이전 등			• 정액법(균등상각법) 이 방법은 자산연도에 감가상각비를 균등하게 할당하는 것으로서, 유형자산의 취득가액에 상당하는 금액을 일정한 율을 매년 상각하는 방법이다. 즉, 당해 감가상각자산의 취득가액에 당해 자산의 내용연수에 따른 상각률을 곱하여 계산한 각 사업연도의 상각범위액이 매년 균등하게 되는 상각방법이다. 이 방법은 자산연도마다 감가상각비를 균등하게 체감, 적용하는 방법이다. 즉, 당해 감가상각자산의 취득가액에 당해 감가상각자산의 장부가액에 내용연수에 따른 상각률을 곱하여 계산한 각 사업연도의 상각범위액이 매년 균등하게 체감되는 상각방법이다. • 일반적으로 정액법이라고도 하며, 매기 등액(等額)을 상각하기 때문에 동액상각법이라고도 한다. 다시 말해서 정액법은 당해 감가상각자산의 정부가액에서 잔존가액을 뺀(0)으로 하여, 그 잔존가액을 공제한 잔액(기초가액)에 당해 자산의 내	법인법 §26 ②

위 표 신고한 내용연수에 따라 매사업연도별 경과월수에 비례하여 상각하는 방법
⑥ 사용수익기부자산에 대해자산의 사용수익기간(그 기간에 관한 특약이 없는 신고내용연수를 말함)에 따라 균등하게 안분한 금액(그 기간중에 당해 기부자산의 멸실이나 계약이 해지된 경우 그 잔액을 말함)을 상각하는 방법
⑦ 전파법 제74조의 규정에 의한 주파수이용권 및 공항법 제105조의 2의 규정에 의한 공항시설관리권은 주무관청에서 고시하거나 주무관청에 등록한 기간내에서 사용기간에 따라 균등액을 상각하는 방법

이 경우에 있어서 감가상각방법의 적용에 있어서 다음 구분에 의한 공제 방법만을 체택, 적용하여야 하며, 그중의 사업연도에 있어서는 계속하여, 그 감가상각 방법만을 적용하여야 한다.

구 분	주요개념의 내용	사용하는 계정과목	유의점·세무상의 요점	관계법령
4. 유형자산	취득·제작·건설·수선·이전 등		용역수에 따른 상각률을 곱하여 계산한 각 사업연도의 상각범위액을 매년 균등하게 하는 상각방법을 말한다. 이것을 산식으로 표시하면 다음과 같다. 매년의 상각액 = (정부가액) / 내용연수 ※ 1 영업기간이 1년 미만인 경우에 있어서는 다음의 산식에 의하여 감가상각액을 계산한다. 상각액 = 정부가액/내용연수 × 1 영업기간의 월수/12 또한 영업연도의 도중에 취득한 유형자산에 대하여는 취득 후 최초의 결산기에 한하여 다음의 산식에 의하여 감가상각액을 계산하게 된다. 상각액 = 정부가액/내용연수 × 1 영업기간의 월수/12 × 당해영업기간에 있어서 자산의 취득후의 월수/1 영업기간의 월수 • 정률법(미상각잔액법) 정률법은 고정자산의 정부가액(준년도) 또는 그 미상각잔액(차년도부터)에 일정한 율을 곱하여 매사업연도의 감가상각비를 계산하는 방법이다. 즉, 당해 감가상각자산의 취득가액에 하여 이미 감가상각비로 손금에 산입한 금액을 공제한 잔액에 당해 자산의 내용연수에 따라 상각률을 곱하여 계산한 각 사업연도의 상각범위액이 매년 체감되는 상각방법이다.	법인령 §26 ② 1호 법인령 §26 ② 2호

거래의 성격별	주요거래의 내용	사용하는 계정과목	유의점·세무상의 요점	관계 법령
4. 유형자산 (취득·매각·제각·폐기·수선·이전 등)			그러므로 이 정률법을 체감잔액법 또는 미상각액법이라고도 한다. 상각액 = 기초잔액(미상각잔액) × 상각률 1차연도 : 기초잔존가액 × 상각률 = 감가상각액 2차연도 : 기초잔존가액 - 감가상각액(1차연도분) × 상각률 = 감가상각액 3차연도 : 기초잔존가액 - 감가상각액(2차연도분) × 상각률 = 감가상각액 • 생산량비례법 생산량비례법은 일반적으로 정액법이나 정률법에 있어서는 내용연수를 기초로 하여 계산하나, 내용연수 대신에 생산수량을 기준으로 하여 계산하는 방법이다. 즉, 제조공업의 경우에는 제품생산량, 운수교통업의 경우에는 주행이수를, 광산업의 경우에는 산림업의 경우에는 벌채량 등을 기준으로 정하는 방법이다. 이러한 생산량비례법에 의한 감가상각을 세법으로 허용하는 생산량에 따라 상각률을 구하여 이것을 매기의 실제생산량에 곱함으로써 감가상각액을 산출하는 것이다. 법인세법 시행령 제26조 제3항 제3호에 규정하고 있는 생산량 비례법에 의해 감가상각자산에 대한 상각범위액을 계산할 때에는 다음과 같다. 즉, 당해 감가상각자산의 취득가액을 그 자산이 속하	법인령 §26 ② ③호

기재의 선택	주요기재의 내용	사용하는 계정과목	유의점·세무상의 요점	관계법령
4. 유형자산 (취득·제작·매각·처분·수선·이전 등)			는 광구의 총채굴량으로 나누어 계산한 금액에 당해 사업연도의 상각범위액으로 하는 상각방법을 말한다. 채굴한 양을 곱하여 계산한 금액을 각 사업연도의 상각범위액으로 하는 상각방법을 말한다. • 감가상각방법의 변경 법인이 고정자산에 대하여 감가상각을 하고자 할 때에는 그 감가상각자산 별로 감가상각 방법을 납세지 관할세무서장에게 신고함으로써 그 신고한 방법에 의하여 각 가상각을 할 수가 있는 것이다. 그러나 법인이 이에 대한 감가상각방법을 변경할 필요가 있을 때에는 납세지 관할세무서장의 승인을 얻음으로써, 그 감가상각방법을 변경할 수 있다. • 법인이 신청한 감가상각 방법은 법인이 임의로 변경할 수 없고, 그후 사업연도에 있어서도 계속하여 그 상각방법을 적용하여야 하나, 다음의 변경사유에 해당되는 경우에는 신청에 의하여 관할세무서장의 변경승인을 받아 이를 변경할 수 있다. ① 상각방법이 서로 다른 법인이 합병(분할합병을 포함)한 경우 ② 상각방법이 서로 다른 사업자의 사업을 인수 또는 승계한 경우 ③ 외국인투자촉진법에 의하여 외국투자자가 내국법인의 주식 등을 20% 이상 인수 또는 보유하게 된 경우 ④ 해외시장의 경기변동 또는 경제적 여건의 변동으로 인하여 종전의 상각방법을 변경할 필요가 있는 경우	법인법 §27

거래의 형태별 내용	주요 거래 내용	사용하는 계정과목	유의점·세무상의 요점	관계 법령

4. 유형자산 〈취득·매각·제각·수선·이전 등〉			• 감가상각방법의 변경승인을 얻고자 하는 법인은 그 변경할 상각방법을 적용하고자 하는 최초 사업연도의 종료일 이전 3월이 되는 날까지 감가상각방법변경신청서를 세무서장에게 제출해야 한다.
			• 감가상각방법을 변경하는 경우 상각범위액의 계산은 다음 각호의 산식에 의한다.
			① 정률법 또는 생산량비례법을 정액법으로 변경하는 경우
			  상각범위액 = (감가상각누계액을 공제한 장부가액 + 전기이월상각한도초과액) × 신고내용연수또는 기준내용연수의 정액법에 의한 상각률
			② 정액법 또는 생산량비례법을 정률법으로 변경하는 경우
			  상각범위액 = (감가상각누계액을 공제한 장부가액 + 전기이월상각한도초과액) × 신고내용연수또는 기준내용연수의 정률법에 의한 상각률
			③ 정률법 또는 정액법을 생산량비례법으로 변경하는 경우
			  상각범위액 = (감가상각누계액을 공제한 장부가액) × 변경 전 사업연도의 채굴량 / 당해사업연도의 총채굴예정량
			• 감가상각방법의 신고가 없는 경우에는 법인이 적용한 상각방법에 불구하고 다음 상각방법에 의하여 감가상각비를 계산한다.
			① 건축물과 무형상각자산에 대하여는 정액법
			② 건축물 외의 유형상각자산에 대하여는 정률법
				법인령
				§27 ⑥
				
				법인령
				§26 ④

거래의 구분	주요거래의 내용	사용하는 계정과목	유의점·세무상의 요점	관계 법령
4. 유형자산	취득·매각·제작·수선·이전 등		③ 광업권 또는 방업에 직접 사용되는 사업용유형자산에 대하여는 생산량비례법 1. 직접법 • 감가상각의 기장방법으로서는 직접법과 간접법의 2가지 방법이 있다 직접법은 상각할 자산의 장부가액에서 감가상각비를 직접 별감가는 방법이다. 이 직접법이란고도 하며, 감가상각액을 직접감가하고 감가액을 손익에 공제법이라고도 한다. 유형자산의 부과하는 동시에 그 유형자산계정의 대변에 직접 기입하고, 그 유형자산의 정부가액을 감소시키는 방법이다. 직접법은 채용한 경우에 있어서 재무상태표상의 기초정부가액을 매기 감소시키는 방법의 단 해 유형자산의 단말의 체감액과 기재방법에는 ① 단순히 원장잔액을 표시하는 방법과 ② 당해 유형자산의 상각액과를 차감하는 형식으로 채시하는 방법의 2종류가 있으나, 가능한 제2법을 채용하여야 한다. 이러한 직접법은 기장절차가 매우 간단하다. 상각액이 당해 유형자산에서 직접 감가되므로 하여, 원장면에서는 그 취득원가와 현재까지의 상각누계를 알 수 없다는 결점이 있다. 직접법에 의한 기장절차에 대시하면 다음과 같다. 즉, 정부가액 300,000만원의 기계를 정률법으로 계산하여 기말에 15,000원을 감가상각하는 경우 (차) 감가상각비 15,000 (대) 기 계 15,000 먼저 위와 같이 분개하여 감가상각비계정의 감가상각비계정의 차변에, 그리고 기계 15,000원을 총계정원장의 대변에 각각 기재한다.	

4. 유형자산 〉 취득·제작·수선·이전 등

거래의 선택별	주요거래의 내용	사용하는 계정과목	유의점·세무상의 요점	관계법령
4. 유형자산 〉취득·제작·수선·이전 이전 등			이렇게 매기 떨어나가면 나중에는 장부상에서 그 기계는 없어지는 것이다. 그리고 당초 취득가액 300,000원의 기계가 270,000원까지 감가상각되고, 잔존가액이 30,000원인 기계를 50,000원에 매각하였다면 다음과 같이 분개하여야 할 것이다. (차) 현금및현금성자산 50,000 (대) 기 계 30,000 　　　　　　　　　　　　　　유형자산처분이익 20,000 2. 간접법 간접법은 상각한 자산의 정부가액은 그대로 두고 감가상각자액을 별도로 감가상각누계액으로서 기장하여 상각자산의 현존건준가액을 그 자산의 정부가액과 감가상각누계액의 차액의 형태로서 간접적으로 표시하는 방법인 것이다. 단지 말하면 이러한 간접법은 평가감이라고 하며, 매기의 감가상각액을 2기의 경상적 비용으로서 감가상각비계정의 차변에 기입하여 감가액을 손익에 부과하는 동시에 감가상각액을 자산가액에서 직접 공제하지 아니하고 자산계정은 최초의 취득원가대로 두고 매기의 감가상각누계액계정을 별도로 마련하여 그 대변에 기입하는 방법인 것이다. 이러한 간접법을 채용한 경우에 있어서 재무상태표의 기장방법에는 ① 자산계정의 차변측에 감가상각누계액을 나타내는 방법과 ② 차변측 자산 이외의 적요란에 대해자산원가의 당기까지의 상각누계액을 표시하고 일반적으로 공제전의 금액단위에 표시하는 방법의 2종류가 있으니, 일반적으로 양자의 공제전액을 제2의 방법에 의하고 있다.	

주요개정의 내용	사용하는 제정과목	유의점·세무상의 요점	관계법령
4. 유 형 자 산 〉취득·매각·제각 ·생산·이전 등		제2의 방법이 합리적이라는 이유 즉, 감가상각누계액계정은 평가계정이며, 이무런 실적 내용을 찾지 않은 기술적 계정의 일종에 임중에 지나지 않는 것이므로, 이것을 독립된 과목으로 재무상태표에 표시하는 것은 이론적으로 타당치 않다는데 그 근거를 두고 있다. 건설법에 의한 기장절차에 예시하면 다음과 같다. 채를 정률법으로 계산하여 기말에 감가상각하는 경우 (차) 감가상각비 15,000 (대) 감가상각누계액 15,000 에, 그리고 감가상각누계액의 감가상각비계정의 차변에, 감가상각누계액 15,000원을 기계 감가상각비의 총계정원장의 차변에 기입하게 되는 것이다. 이러한 건설법에 의하여 기장함에 있어 자산계정인 기계계정에는 아무런 기입도 하지 아니하는 것이다. 그러므로 기계의 원존존가액을 알고자 할 때에는 그 정부가격(300,000원)에서 기계감가상각누계액(15,000원)을 공제하면 그 잔액(285,000원)이 현존가액이 되는 것이다. 이와 같이 매기 건설법에 의하여 감가상각을 계속하여 행하면 점차 감가상각누계액의 금액이 증가하여 내용연수의 만료시에는 상각될 유형자산의 정부가액에서 범위된다. 그리고 이 건존자산을 폐기처분할 때에는 다음과 같이 유형자산을 소멸시키기도 하는 것이다. 즉, 정부가액 300,000원 기계감가상각누계액 285,000원	

거래의 성격별	주요거래의 내용	사용하는 계정과목	유의점·세무상의 요점	관계 법령
4. 유형자산 〉취득 매각 제각 수선·이전 등			・즉시상각의 의제 법인이 손금으로 고정자산을 취득하였거나, 유형자산에 대한 자본적 지출에 해당하는 것을 손금경리한 경우에는 이를 감가상각한 것으로 보아 시부인계산을 하며, 그리고 그 유형의 성질상 대항으로 보유하는 자산이나, 그 사업의 개시 또는 확장을 위하여 취득한 자산으로서 그 취득가액이 거래단위별로 100만원 이하인 감가상각자산에 대하여는 이를 그 사업에 사용한 날이 속하는 사업연도의 손금으로 계상한 것에 한하여 이를 손금산입한다. 예외서 거래단위라 함은 취득한 법인이 그 취득한 자산을 독립적으로 사업에 직접 사용할 수 있는 것을 말한다. ・상각제산의 자산가액 상각범위액계산의 기초가 될 자산의 가액 중에는 유휴설비의 가액을 포함하되 건설중의 자산 또는 부명행위재산(고가매입·과대평가 등에 의한 시가초과액은 이를 포함하지 아니	법인령 §31 ④

(차) 현금및현금성자산 50,000 (대) 기 계 300,000
기계감가상각누계액 285,000 유형자산처분손익 35,000

전존가액 0의 기계를 고철로서 35,000원을 받고 매각하였다면 다음과 같이 분개처리하여야 할 것이다.

그리고 기업회계 기준에 의하면 유형자산의 감가상각자분순액은 그 현실으로 기재하도록 규정하고 있으므로 일견하여 자산상태를 이해할 수 있게 되는 것이다.

거래의	주요거래의 내용	사용하는 계정과목	유의점·세무상의 요점	관계법령
4. 무형자산 (취득·매각·제각·수선·이전 등)			• 감가상각방법의 계속성 감가상각자산에 있어서 각종 자산별로 그 장단이 있어서 감가상각을 계산함에 있어서 각종 자산법은 각각 그 장단이 있으나, 일단 채용한 방법에 있어서는 계속성의 원칙에 의하여 함부로 개변하여서는 아니되는 것이다. 기업의 특수성 사정 등에 의하여 적당하게 취사선택을 하겠으나, 일단 채용한 방법에 있어서는 계속성의 원칙에 의하여 함부로 개변하여서는 아니되는 것이다. • 감가상각의 의제 각 사업연도의 소득에 대하여 법인세가 면제되거나 감면되는 사업을 영위하는 법인으로서 법인세를 면제받은 경우 그 감가상각자산에 대한 감가상각비를 손비로 계상하지 아니하였을 경우에 있어서도, 그후 사업연도의 상각범위액에 대한 상각액을 손비로 계상하지 아니하였을 경우에 있어서도, 그후 사업연도의 상각범위액에 대한 상각액을 손비로 계상하는 경우에는 그 감가상각자산에 상당하는 금액을 공제한 잔액을 기초가액으로 하여 상각범위액을 계산하게 되는 것이다. • 상각부인액의 추인 법인이 각 사업연도의 손금으로 계상한 감가상각비 중 상각범위액을 초과하는 금액(시인부족액)은 그 후의 사업연도에 있어서 법인이 손금으로 계상한도록 하여 이들 손금으로 추인하는 경우에 그 미달하는 금액(시인부족액)을 한도로 하여 이를 손금으로 추인한다. 이 경우 법인이 감가상각비를 손금으로 계상하지 아니한 경우에도 상각범위액을	법인령 §30 법인령 §32

222 PART▶4 고정자산 등에 관련하여 발생하는 거래의 세무처리 요령

거래의 선택방	주요거래의 내용	사용하는 계정과목	유의점·세무상의 요점	관계 법령
4. 유형자산의 취득·매각·제작·개량·수선·이전 등	4-35 고정자산의 손실에 대해 해약금의 수급이 있었을 경우의 회계처리	잡수입 (Miscellaneous Incomes)	• 해약으로 인해서 계약금을 몰수하는 경우의 위약금은 세무회계상 익금으로 산입하게 된다. (차) 현 금 ××× (대) 잡 수 입 ××× (계약보증금) • 분 개 토 해야 그 상각부인액을 손금으로 추인한다. • 감가상각의 부인과 세무처리 감가상각비의 부인액이 유형자산의 상각액을 손금에 계상하였을 경우에 유형자산의 내용연수에 따른 상각범위액을 한도로 하여 이를 소득계산상 손금으로 계상하며, 이 경우 상각액을 손금에 계상하였을 경우는 법인의 기장상 그 청자산의 정부가액을 상각한 금액에 해당하는 하는 것이다. 그러나 법인이 각 사업연도에 계상한 유형자산의 감가상각누계액을 포함)가 세무계산상 상각범위액을 초과할 경우에 있어서는 그 초과하는 부분의 금액에 대해서는 금액으로서 부인받게 되며, 결과적으로 익금으로 산입하게 되는 것이다. • 이 경우 익금으로 계상하여야 할 시점을 일반적으로 중도금을 지급하여야 할 날에 중도금을 지급하지 않으므로 계약 이행이 중지되었다고 보아 이 시점에서 익금으로 계상함이 타당하다.	

거래의 구분	주요거래의 내용	사용하는 계정과목	유의점·세무상의 요점	관계법령

4. 유형자산의 취득·매각·제각 등	4-36 고정자산의 매매에 있어서 계약금을 예수한 후 약정에 의한 특수사정에 의하여 계약을 이행하고 있을 수 없도록 구입예약을 반환한 경우	기부금 (Contribution)	· 이 경우 기부금으로 회계처리함이 타당하다.
			· 계약금 150만원 중 50만원을 현금으로 반환하다.
			① 기업회계상의 분개
			  (차) 선 수 금 1,500,000 (대) 현금및현금성자산: ××
			    (계약보증금) 접 수 일 ×××
			② 세무회계상 분개
			  (차) 선 수 금 1,500,000 (대) 접 수 일 1,500,000
			    (계약보증금)
			  (차) 기 부 금 500,000 (대) 현금및현금성자산 500,000	

	4-37 법인이 그 소유한 고정자산을 시가보다 현저히 저렴한 가격으로 타인에게 양도한 경우	기부금 (Contribution)	· 법인이 영리추구를 목적으로 하는 한 자산의 양도는 등가교환의 법칙에 따라 행하여지므로 양도가액을 시가로 되는 것이 통례라 하겠다. · 현실적으로 조세회피의 수단으로 시가보다 현저히 저렴한 가액으로 자산을 양도하는 경우도 있을 것이다. · 이 경우 시가와 양도자산의 장부가액과의 차액은 유형자산의 양도손실이 아니라 상대방에게 제공 증여한 볼 수 있는 것이다. · 그러므로 이러한 경우에 있어서는 세무회계상 그 차액을 기부금으로 보아 그 회계처리를	

거래의 형태별	주요거래 내용	사용하는 계정과목	유의점·세무상의 요점	관계법령

4. 유형자산	4-38 무상으로 자산을 기증받은 경우	해당유형자산 (차변 과목) / 수증익 (대변 과목)	· 해야 할 것이다.
			· 상대방이 특수관계인이 아닌 경우
			  (차) 해당유형자산 ×××
			            기 부 금 ×××
			  (대) 유형자산수증이익 ×××
			· 법인의 소유자산을 정상가격 보다 낮은 가액으로 양도한 경우의 그 양도차액은 기부금으로 간주하게 된다.
			· 기업회계상 자산의 증여는 자본잉여금이 되므로 기간손익계산에서는 제외하게 되나, 세무회계에 있어서는 무상으로 자산을 증여받은 것은 자본불입 이외의 요인에 의한 순자산의 증가이므로 익금을 구성하게 되는 것이다.
			· 증여란 일방적 행위를 포함하는 개념으로 이해되므로 자산의 수증뿐만 아니라 채무면제, 자본적 지출에 충당하지 아니한 국고보조금도 수증에 해당된다고 보아야 할 것이다.
			· 법인세법은 이월결손금의 보전에 충당한 무상으로 받은 자산의 가액은 익금에 산입하지 않도록 규정하고 있다.
			· 무상으로 받은 자산가액은 그 자산을 타인으로부터 매입하는 경우에
				법인령 §11 5호

	(가) 자산을 기증받은 경우			
	매각·제각·수선·이전 등			

거래의 성격별	주요거래의 내용	사용하는 계정과목	관계법령
4. 유형자산 (취득·매각·제각·수선·이전 등)	소요될 정상가액에 의하게 된다. • 수증익의 임금산입시기는 실제로 자산을 받은 날을 기준으로 하며 계상하는 것이 일반적이라 하겠다. • 수증익은 자산이나 채권에 대한 권리의 포기와 수증자가 이를 승인함으로써 중여에 관한 계약이 확정되는 것이므로, 중여자가 자산이나 채권의 포기의 의사표시만으로는 이의 수증에 관한 규정의 적용을 받게 되지 아니하며, 중여자의 의사표시의 수증, 무채면세익으로 계상하여야 할 타년일 실정이며, 중여자의 의사표시만으로는 신입할 수 없다고 보기 때문이다. • 무상으로 받은 자산의 가액을 산정하는 기준에도 그 자산을 받은 날에 그 자산을 타인으로부터 취득하는 경우에 소요될 정상가액에 의한다고 세법에 규정한 바 중여익의 임시가는 실제로 자산을 받은 날을 기준으로 하게 된다고 보는 것이다. • 전부 무상취득액은 그 자산의 평가액을 계상하여야 할 것이며, • 일부 무상수증은 취득가액과 평가액(시가)의 차액을 수증익의 임금으로 계상하여야 할 것이다. • 일부 무상수증은 자산을 무상으로 받지 아니하고 현저하게 저렴한 가액으로 양도를 받은 경우를 의미하기도 하는 것이다. • 계액의 성질상 시가에 비하여 현저하게 저렴한 가액으로 취득한 경우, 그 자산의 시가와	유형자산·세무상의 요점	

거래의 유형별	주요거래 내용	사용하는 계정과목	유의점·세무상의 요점	관계 법령
4. 유형자산의 취득·매각·제작·수선·이전 등	4-39 고정자산을 산을 취득한 경우	수증익 (Donated Income)	취득가액과의 차액은 무상으로 받은 자산의 가액으로 간주하므로 수증익으로 처리하게 된다. · 자산의 무상취득의 경우 그 회계처리 　(차) 건 물 ××× (대) 수 증 익 ××× 　　(당해유형자산) · 부분적 무상취득의 경우 그 회계처리 　(차) 건 물 ××× (대) 수 증 익 ××× 　　(당해고정자산) · 이월결손금이 있는 경우 　(차) 당해유형자산 ×× (대) 현금및현금성자산 ×× 　　 이월결손금 ××× · 유형자산을 시가보다 낮은 가액으로 구입하면, 시가와 그 낮은 가액(구입가액)과의 차액은 '수증익'으로서 세법상 익금의 과세의 대상이 되는 것이다. 그리고 시가보다 낮은 가액으로 유형자산을 매입하게 되면, 수증익의 상당액이 커지는 까닭에 있으로 매입할수록 그 만큼 높은 세금을 부담하게 된다. 그러므로 유형자산을 저렴한 가격으로 매입하면 할수록 그만큼 손금을 보게 되는 기이한 현상이 발생하게 되는 것이다.	

거래의 형태별	주요거래의 내용	사용하는 계정과목	유의점·세무상의 요점	관계 법령
4. 수 행 자 산 , 취득·매각·제각·수선·이전 등	4-40 고정자산을 고가로 취득한 경우	기부금 (Contribution)	하겠다. • 이 경우 매출자의 측에서도 과세문제가 발생하게 된다. 매출자가 회사인 경우에는 수증이익(시가)과 낮은 가액과의 차액을 매입자에게 기부한 것으로 간주, 세법상 기부금으로 인정하게 된다. • 세법상 기부금은 그 손금을 인정하고 있지 아니하므로, 손금에 산입되지 않는 금액만큼 익금에 가산되므로 결과적으로 과세소득의 증가를 가져오게 이다. 저가 매입의 경우에는 매출자나 매입자 공히 과세되는 것이다. 그런므로 2중과세가 된다. • 회계처리는 다음과 같다. (차) 담보유행자산 ×××　(대) 현금및현금성자산 ××× 　　　　　　　　　　　　　　수　　증　　익 ××× • 적정한 시가에 의하지 아니하고, 부당하게 고가에 의하여 유행자산을 취득하게 될 경우에 있어서는 즉, 유행자산을 시가보다 높은 가액으로 구입하면, 구입가액의 시가와의 차액은 매입자에서 매출자에게 기부한 것으로 간주하게 되며, 세법상 기부금으로 인정하게 된다. 이러한 기부금은 세법상 손금에 산입되지 않으므로, 그 금액은 손금에 산입되지 않는 금액에 상당하는 금액만큼 유행자산의 취득연도에 있어 과세소득으로서 그 만큼 증가되는 것이다.	

거래의 종류별	주요거래 내용	사용하는 계정과목	유의점·세무상의 요점	관계법령

4. 유형자산	취득·매각·제각·수선·이전비용 등		• 고가매입에 대한 부인이 발생하면, 매출자는 축제자도 과세의 문제가 발생할 수 있다.
			• 회사가 출자자 등으로부터 유형자산을 부당한 고가로 매입하였을 경우에는 다음과 같이 취급하게 된다. 구입가액과 시가와의 차액을 출자자에 지급한 회사에서 출자자 등에 대해 상여 지급한 것으로 인정하게 된다. 출자자 등에 지급한 상여 산입할 수 없으므로 그 금액은 취득연도의 과세소득으로 산입되는 것이다.
			• 이 경우 매출자인 출자자의 편에서는 상여로 인정되는 금액의 상당액이 급여소득으로서 근로소득세의 과세를 받게 되는 것이다.
			• 고가매입은 매출자나 매입자 공히 과세되는 것으로서 "이중과세"의 소지를 마련하게 되는 것이다.
			• 자신의 판매자가 부당행위계산 부인의 특수관계자가 아닌 경우에 있어서는 그 자산의 시가에 비추어 현저하게 고가로 매입하였다면, 그 차액만큼 기부금으로 처리하게 된다.
			  (차) 당해고정자산 ××× (대) 현금및현금성자산 ×××
			      기부금 ×××
			• 자신의 판매자가 특수관계자일 경우에는 다음과 같이 처리하게 된다.
			  (차) 당해유형자산 ××× (대) 현금및현금성자산 ×××
			      이월이익잉여금 ×××	

거래의 성격	주요거래의 내용	사용하는 계정과목	유의점·세무상의 요점	관계법령
4. 유형자산 〈취득·매각·제각·상각·손실·이전 등〉	4-41 출자자 등으로부터 무상으로 자산을 매입하였을 경우	대여금 (Loans)	• 회사가 "무수익자산"을 취득하는 것은 세법상 금지하고 있다. • 여기서 말하는 무수익자산이란 법인의 경영활동에 사용되지 아니하는 자산 또는 그 자산의 운용에 의하여 정상적에 있어 수익을 얻을 가망이 없는 자산의 것으로 주택·별장·공동 품·취미오락품 등을 말한다.	법인령 §88
	4-42 무수익 자산에 대하여 감가상각하여 계상하였을 경우	이익처분에 따른 상여 (Directors) Bonuses in Form of profit Distribution)	• 회사가 무수익자산을 출자 또는 구입에 의하여 수익하였을 경우에는 그 출자자 또는 그 자산의 특수관계에 있는 자로부터 무수익자산을 매입한것이다. • 세법상에 있어 이러한 무수익자산의 취득에 따른 취득가액에 대해서는 부인되어 있는 것이다. • 법인이 무수익자산을 출자받았거나, 그 자산에 대한 비용을 부담하거나 출자와의 특수관계에 있는 자로부터 무수익자산을 매입한 경우에 있어 한 때에 있어서 그 자본으로부터 무수익자산을 매입한 경우에 있어 그 출자자에 대한 비용을 부담한 것은 그 출자자에 대한 수익은 없었던 것으로 간주하게 되는 것이다. • 법인의 설립시나 법인의 증자시 주주로부터 무수익자산을 출자받았을 경우에 있어서는 그 출자는 없었던 것으로 간주하게 되는 것이다. • 출자자는 그 자체를 부인하게 됨으로써, 그 출자에 대한 수익은 없었던 것으로 간주하게 되는 것이며, 그러므로 당초부터 이에 대해서는 자본의 불입이 없었던 것으로 간주하게 되는 것이다.	법인령 §88

거래의 선택방안	주요거래의 내용	사용하는 계정과목	유의점·세무상의 요점	관계법령
4. 유형자산 (취득·매각·제각·수선·이전·등)	4-43 무수익 자산에 대한 유지관리비를 지급한 경우	대여금 (Loans) 상여 (Bonus)	• 법인이 이러한 무수익자산에 대하여 세금과공과, 수선비 등의 유지관리비를 부담하고, 그 비용을 법인의 손금으로서 계상하였을 경우에 있어서는, 이에 대하여 세법은 그 손금성을 인정하지 아니할 뿐만 아니라, 그 무수익자산을 출자한 주주에 대하여 이익처분에 의한 상여로서 처리하게 되는 것이다. • 무수익자산에 대한 경가상각비는 용인되지 아니함이 타당하다. • 법인이 무수익자산을 출자자 또는 특수관계에 있는 자로부터 매입하였을 경우에 있어서는 세법상 이와같은 무수익자산의 매입은 부인되며, 그 매매는 없었던 것으로 간주되므로, 법인이 출자자 등에게 지급한 매매대금은 그 출자자 내지는 법인의 성격 또는 기부금적 성격을 가지게 되므로 법인의 무수익자산을 매입하고 그 대금을 지급한 날 이후에 있어서는 법인이 지급한 대매금(또는 기부금)으로 간주되므로, 이에 대하여 세법은 인정하지 아니하고 산입(가산)한 후 동시에 그 산입(가산)된 익금만은 그 출자자 등에 대한 이익처분에 의한 상여로 간주하게 되는 것이다. • 법인이 무수익자산에 대하여 그 유지관리비 등의 비용을 지급하고, 이를 법인의 손금으로 계상하였을 경우에 있어서는 이에 대하여 세법은 그 손금성을 인정하지 아니하며, 그 비용을 현금으로 지급하였을 경우에 상여로 간주하게 되는 것이다.	법인법 §88

주요거래의 선례별	주요거래의 내용	사용하는 계정과목	유의점·세무상의 요점	관계법령
4. 유형자산 ·취득·제작·매각·처분·수선·이전 등			· 무수익자산의 취득을 금지하는 세법상의 배경에 대하여 음미해 보자. ① 기본적인 면에서 유행자산으로서 기능을 유지하기 위한 지출이라 볼 수 있으므로, 유형자산의 취득(수입)이 있었다고는 인정되지 않는다. ② 회사가 무수익자산을 소유할 경우에는 그 무수익자산에 대한 유지비(감가상각비)·제세공과·보험료·수선비·관리비·이자 등을 발생하는 것으로 되어 그 소득은 인정되지 않는다. ③ 소유하고 있는 무수익자산을 양도하므로 양도손실이 발생할 수가 있다. 이와 같은 양도손실의 발생은 회사의 이익(과세소득)을 부당히 감소시키므로 그 원인이 되는 무수익자산의 취득는 인정되지 않는 것이다. 기능의 판정(상)은 ① 의 점과 ② 이익감소 원인의 판정(상)기 ② 및 ③의 점에서 세법은 그 무 행자산으로서의 취득을 금지하고 있다.	
	4-44 채권의 변제로 법인의 사업용 고정자산을 양수한 있을 경우	기부금 (Contribution) 외상매출금 (Account Receivable) <대변>	· 채권의 변제로서 법인의 사업용 유형자산을 취득하였을 때에 그 취득원가를 당해 시가 정상가액에 의하는 것이 타당할 것이다. · 단해 채권의 진액과 정상가액과의 차액이 있어서 채권에 당해 자산의 정상가액을 초과할 경우 채권의 포기에 해당하며(이 경우 대손처리할 수 없음), 정상가액이 채권액을 초과할 경우, 그 차액은 수증에 해당하는 것으로서 처리함이 타당하다.	

거래의 종류별	주요거래 내용	유의점·세무상의 요점	관계법령
4. 유형자산 (취득·매각·제작·매각·이전 등)	사용하는 계정과목 **당해 유형자산**	• 그 회계처리는 다음과 같다. 　(차) 당해유형자산 ×××　(대) 매출채권 ××× 　　기부금 • 이때의 기부금은 손금불산입이 된다. • 채권자가 행사할 수 있는 모든 법적 절차상의 청구를 이행하였으나, 채권의 중당이 이루어지지 못하고, 결과적으로 대손확정 기준을 충족할 만한 사실이 입증되는 경우에는 대 　손금과 회계처리 함이 타당할 것이다. 　(차) 단해유형자산 ×××　(대) 매출채권 ××× 　　대손충당금 • 당해 자산의 사업용 유형자산에 해당하지 아니하고 비업무용자산이기 때문에 공장을 처분하여 현금화할 발목가 있을 때에는 채권액을 그대로 미결제정으로 대체하고, 당해 유형자산을 처분하였을 때 발생하는 차손수에 이익인 경우에는 잡수입으로 처리하고, 손실인 경우에 있어서는 증역으로 처리함이 타당하다 하겠다.	
	4-45 고정자산을 연말 연불 조건으로 취득하였	• 법인이 연불 또는 할부조건으로 유형자산을 매입하였을 때에는 그 취득원가는 당해 유형자산을 매입함에 있어 이자상당액을 구분함이 없이 당해 고정자산의 연불대금의 총계가 취득원가로 되는 것이다.	

거래의 형태	주요거래의 내용	사용하는 계정과목	관계 법령
4. 유형자산	4-46 일반적 매각·폐각·제각 방법으로 동산을 매각 또는 수용하고 대금을 연부 연납할 경우, 이연할 이자 처리 등	당해 유형자산	유의점·세무상의 요점 • 당해자산을 사업에 사용하기까지의 직접소요된 비용<설치비>·시운전비 등>은 취득가에 산입하게 된다. • 당해 유형자산의 대금의 청산 또는 소유권의 이전에 불구하고 당해유형자산을 인수한 날 또는 영업의 목적에 이용한 날을 기준으로 하여 계상한다. • 그 회계처리는 다음과 같다. (차) 당해유형자산 ×××　(대) 미 지 급 금　××× 　　　　　　　　　　　 현금및현금성자산　×× • 당초 연불조건에 이자상당액을 가산하여 매입가격을 확정하고, 동 지불을 연부방식에 의하는 경우에는 당초에 확정한 매입가격을 그 자산의 취득가격으로 처리하는 것이다. • 고정자산을 매입함에 있어 매입가격을 결정한 후 그 대금 일부잔금의 지급연으로의 이연잔액에 대하여 소비대차로 전환된 경우에 파생하는 이자를 매매의 본문에 가산할 성질의 것이 아니며, 동 이자를 지급할 때 소득세(이자소득) 또는 법인세를 원천징수 하여야 하는 것이다. • 교환에 의하여 유형자산을 취득하였을 경우에 있어, 그 취득원가의 결정방법으로서 일반적으로 일관된 방법은 다음과 같다.

4-47 법인의 사용하는 유형자산의 제공대가

주요거래	내용	유의점·세무상의 요점	관계법령

4. 유형자산과 새로운 자산을 교환하여 있을 경우
(취득·매각·제각·수선·이전 등)
	당해 사용하는 유형자산
	① 취득하는 자산의 정상가격을 기준으로 하는 방법
	② 양도하는 자산의 정상가격을 기준으로 하는 방법
	(2) 장부가액법
	양도하는 자산의 장부가액을 새로운 자산의 취득원가로 하는 방법
		(1) 취득가액
		· 세무회계상 교환으로 취득한 고정자산은 그 자산을 받은 날에 타인으로부터 매입하는 경우에 소요될 정상가액을 그 취득원가로 하게 되는 바, 상기의 방법 중 취득하는 자산의 정상가격을 기준으로 평가하는 것이 소망스럽다.
		· [기설례] 양도한 자산의 장부가액이 기계장치 900만원, 감가상각누계액 300만원인 경우에, 새로이 수입한 자산의 정상가액 800만원이라 한다면 그 회계처리는 다음과 같다.
		  (차) 기계장치 8,000,000 (대) 기계장치 9,000,000
		      감가상각누계액 3,000,000
		
		· 장기의 경우, 웃돈 300만원을 얹어서 교환하였다면 그 회계처리는 다음과 같다.
		  (차) 기계장치 8,000,000 (대) 기계장치 9,000,000
		      감가상각누계액 3,000,000 현금또는고정자산 2,000,000
		
		· 양도한 자산의 정상가격이 850만원인데, 정상가격 800만원의 자산과 맞교환하였을 경우에 있어서는 그 차액 500만원은 정상가액보다 낮은 가액으로 양도한 것으로 간주되므로 손금	

거래의 실태별 주요거래의 내용	사용하는 계정과목	유의점·세무상의 요점	관계법령
4. 유형자산 4-48 담보부 채무를 부담으로 인수한 자산의 취득	유형자산 채무인수	담보부 부동산의 경락으로 인한 자산의 양도차익은 법인세법 제14조 채무자가 일정기간까지 채무를 이행하지 아니하면 채무자의 부동산 소유권이 이전한다는 채무가 있었고, 담보 채무의 불이행을 사유로 그 부동산의 소유권의 이전이 합법적인 것으로 인정된 경우에는 양도에 해당하며, 소득세의 납세의무가 있는 것이다. 담보인의 기부금으로 처리하게 되는 것이다. (차) 기 계 장 치 8,000,000 (대) 기 계 장 치 9,000,000 감가상각누계액 2,000,000 현금및현금성자산 4,500,000 기 부 금 500,000	
4-49 법인이 운영자금을 차입하기 위하여 개인의 부동산을 담보로 제공하고 채권자로부터 담보물을 제공받는 자에게 지급하는 금품의 경우	사용료 (Royalty)	자기소유의 부동산을 타인의 채무의 담보로 제공하고, 채무자로부터 담보제공 수수료를 받는 경우에는 그 수수료는 당해 부동산의 교환가치권을 대여한 대가라 할 것이므로 부동산임대소득에 해당하게 된다. 타인으로부터 부동산 담보를 제공받은 경우, 부동산 담보를 제공한 자에 대하여 채무의 보증에 지나지 아니하므로, 따라서 증여세의 과세대상이 되지 아니하는 것이다.	소득 18-3

거래의 성격별	주요거래 내용	사용하는 계정과목	유의점·세무상의 요점	관계법령
4. 유형자산	4-50 임차시설에 대하여 지급	이연비용 (Deferred Charge)	• 임차시설에 대한 시설비는 이연비용으로서 임차계약기간에 의거, 보상받는 경우에는 손금에 산입할 수 있는 것이다. • 임차시설에 대한 시설비를 임차계약기간에 균등상각하는 것이다. • 공장건설용 토지를 임차할 계약에 의거 당해 청자작업 및 기타 개량비를 임차인이 부담하는 조건으로 임차하는 경우, 그 지출비용은 당해 토지의 임차계약기간 동안에 균등상각하게 된다.	
	4-51 받임을 임대하고, 임대 조건으로 보증금과 월세 수수 이전 등, • 취득 • 매각 • 제작 • 수선 • 이전 등	임대수입 (Payable) 예수금 (Deposits) 임대수입 (Withhold)	• 임대료 이외의 유지비나 관리비 명목으로 영수하는 금액 중 전기료·수도료 등의 공공요금을 제외한 청소비·난방비 등은 부동산 임대수입 금액계산에 합산하게 된다.(개인의 경우 법인의 경우 임대수입으로 피해소득에 포함하게 된다. • 수입에 대응하는 비용은 손금산입한다. • 보증금 또는 전세금은 건물사용기간 경과 후 다시 반환을 받을 성질의 것이므로, 보증금 또는 전세금이나 월세 상당액을 실시 받지 않고 무상으로 건물을 빌려 준 경우에도 금 또는 전세금 상당한 월세를 벌려 준 경우에도 토지 및 그 정착물과 부대시설을 포함된 것으로 볼 수 있는 비율 받는 경우 • 토지 및 그 정착물과 부대시설을 포함한 것으로 볼 수 있는 비율 받는 경우 소득의 수입금액이 된다.	

거래의 형태별	주요거래의 내용	사용하는 계정과목	유의점·세무상의 요점	관계법령
4. 부 행 자 산 (취득·매각·제작·수선·이전 등)			· 토지 및 그 정착물과 부대시설을 별도로 각각 임대하고 있는 경우에는 부동산소득과 사업소득의 수입금액이 된다. · 개인소유의 부동산을 법인이 무상이차할 경우 특수관계에 있는 자와의 거래에 대하여만 부당행위계산 부인규정을 적용한다. · 법인의 대표이사가 대표이사 개인소유의 부동산을 법인에게 임대하여 계약에 의하여 무상으로 임대한 경우 소득세법 제41조 부당행위계산 부인의 규정에 의하여 부동산 소득세를 과세하게 되는 것이다.	

제5장 금융기관 등에 관련하여 탄생하는

거래의 성격별	주요거래의 내용		사용하는 계정과목	유의점·세무상의 요점	관계법령
5. 금융 자산	5-1 금융기 관으로 부터 차입에 의하여 이자를 지급하는 경우		이자비용과 할인액 (Interest and Discount Paid)	· 손금에 산입한다. · 지급이자와 할인료에 대한 세무상의 취급에 있어 주의할 점은 다음과 같다. ① 경과기간에 대응하는 부분에 상당하는 금액은 손금에 산입한다. ② 법인의 차입금 중 건설자금에 충당된 금액의 이자는 손금불산입한다. · 건설자금에 충당한 금액의 이자란 그 명목여하에 불구하고 사업용 유형자산의 매입·제작 또는 건설(이하 "건설 등"이라 함)에 소요되는 차입금규에 대한 지급이자 또는 이와 유사한 성질의 지출금을 말한다. · 건설자금이자 또는 이를 지출금은 준공된 날까지 이를 자본적지출로 하여 그 원본에 가산한다.(차입금의 일시예금에서 생기는 수입이자는 자본적지출에서 차감한다)	법인령 §52 법인 통칙 28-53 ···1
	5-2 받을어 음의 할인 료			· 차입한 건설자금의 일부를 운영자금에 전용한 경우에는 그 부분에 상당하는 지급이자는 이를 손금에 산입하게 된다. · 어기에서 차입금이란 할인 지급어음을 부담하는 모든 부채를 말한다. 이 경우 상품·제품 등을 상업어음을 할인한 경우의 할인어음은 차입금으로 보지 아니하고 금융리스에 의한 리스료 해 재산한 이자상당액을 제외한 금액(상환액은 제외)에 포함한다.	①

거래의 주요거래의 내용	사용하는 계정과목	유의점·세무상의 요점	관계법령
5. 금융자산		• 차입한 건설자금의 연체로 인하여 생긴 이자를 원본에 가산한 경우, 그 가산한 금액은 이를 당해 사업연도의 자본적지출로 하고, 그 원본에 가산한 금액에 대한 지급이자는 이를 손금으로 한다. • 건설자금의 명목으로 차입한 것으로서, 그 건설 등이 준공된 후에 남은 차입금에 대한 이자는 각 사업연도의 손금으로 한다. 이 경우 건설 등의 준공일은 당해 건설 등의 목적물이 전부 준공된 날로 한다. • 미지급이자에 대하여는 결산기말까지 경과한 기간에 대응하는 금액에 대하여 손금산입할 수 있다. • 지급이자·할인료 등은 보험료 등과 마찬가지로 기말에 있어 선급비용·미경과(이연비)용으로 차기로 이연하여야 한다. • 전기에 있어 선비용으로 계상한 지급이자·할인료를 당기에 있어 지급보증료는 지급이자 또는 이와 유사한 성질의 지출금으로 본다. • 건설자금이자를 과다하게 계상한 경우 법인세법 시행령 제52조의 규정에 의하여 계산한 금액을 초과하는 금액은 이를 손금에 산입한다. • 매매를 목적으로 매입 또는 건설하는 주택 및 아파트는 법인세법시행령 제52조 규정에 의한 사업용 고정자산에 해당하지 아니한다.	법인통칙 28-52 …1

거래의 형태	주요거래 내용	사용하는 계정과목	유의점·세무상의 요점	관계 법령
5. 금 융 자 산	5-3 보증보험회사의 보증인에 대하여 지급한 보증료	지급보증료 (Guarantee Paid)	· 유형자산을 매입함에 있어서 매입가격을 결정한 후, 그 대금 중 일부잔금의 지급지연으로 그 금액이 실질적으로 소비대차로 전환된 경우에 지급하는 법인세법 시행령 제52조 제2항의 건설 등의 준공된 날까지의 기간중에 지급되는 건설자금 이자로 보고, 건설 등이 준공된 날 이후의 이자는 이를 각 사업연도의 소득금액 계산상 손금에 산입한다.	법인 통칙 28-52 …2
		(Commissioons Paid)	· 설정작으로 금융코스트라 하겠으며, 이자와 다를 바 없다 할 것이다.	
		지급수수료	기금 발생하는 경우에는 판리상 지급보증료로서 구분경리함이 바람직하다.	
		보험료 (Insurance Premium)	금융기관으로부터 차입시, 지급보증의 필요할 때 지급되는 지급보증료를 차입에 대하여 지급보증료를 지급하는 경우에는 법인세법 시행령 제52조 제1항의 적용상이 되는 것이다. <건설자금이자>	
	5-4 변세기일 전에 반제하는 경우에 하여 발생한 반분된 이자	이자비용· 할인액 (Interest and Discount Paid)	· 반제기일 전에 반제하는 경우 판리상 수입이자로도 또는 이와 유사한 성질의 차입금 이자로 처리하는 것은 반분된 지급이자와 할인료를 감소시키는 것이 바람직하다.	

거래의 선택별	주요거래의 내용	사용하는 계정과목	유의점·세무상의 요점	관계법령
5. 금전채권	5-5 차입증서 등에 사용한 수입인지 대금을 회사가 부담하였을 때		• 인지를 붙일 때에는 과세문서의 지면과 인지에 걸쳐 작성자의 인장 또는 서명으로서 분명히 이를 소인하여야 한다. • 사기 기타 부정한 행위로서 인지세를 납부하지 아니한 경우, 증서·장부 1개마다 액의 5배 이하의 벌금 또는 과료에 처한다. • 인지세의 과료·벌금은 세금과공과로서 손금에 산입되지 아니하는 것이다.	인지세법 §10 조세범처벌법 §9
	5-6 받을어음을 할인한 경우	할인어음 (Note Receivable Discounted) · 매출채권 (Notes Receivable Trade)	• 받을어음이란 거래처와의 일상거래에서 발생한 어음상의 채권을 말한다. • 매출채권계정에는 일반적 상거래에서 발생한 어음상의 채권을 기재한다. • 받을어음은 상품·제품 등의 매출대금이나 외상매출금과 같이 일상적인 거래에 대하여 타인발행의 약속어음 또는 타인지급의 한어음을 받아들인 경우의 일반적 상거래에 의한 어음상의 채권을 말하는 것으로서, 이는 일반적 상거래에 의한 어음채권이 아닌 어음에 포함되는 것이다. • 받을어음에 포함되는 어음은 상거래에 수반하여 발행된 상업어음으로서 약속어음과 한어음이 이에 해당되는 것이다. • 자금융통을 목적으로 상거래와 관련없이 발행된 융통어음은 매출채권계정에 포함시켜서는 아니되며, 이러한 융통어음은 어음대여금 또는 금융어음이라는 계정을 설정하여 처리하여야 한다.	

거래의 선택방 주요거래의 내용	사용하는 계정과목	유의점·세무상의 요점	관계법령
5. 결산		• 세법상 반올림의 범위에 대하여 경상적인 영업거래에서 발생하는 어음상의 채권이라고 규정하고 있다. • 매출채권기일 이후에 불구하고, 일반적 상거래 이외의 자산처분에 의하여 취득한 어음, 매매차손 또는 유가증권의 채무 등으로 인하여 발생한 어음에 대하여는 채권제외으로 처리하지 아니하고 미수금계정이나 또는 독립하여 어음미수금계정에서 처리하여야 하는 것이다. • 반올림을 만기일에 가서 현금으로 받아들이거나, 은행에 가서 어음할인을 받거나, 배서에 의하여 양도를 함으로써 소멸하는 것이다. • 반올림을 자금의 필요에 의하여 이전에 은행으로부터 할인을 받아 이용하는 경우가 있다. 즉, 어음을 거래은행에 지정하여 만기일까지의 어음에 대한 해당하는 이자할인액을 공제한 잔액을 받고 어음을 배서양도하게 된다. 이때 할인료는 영업의 비용으로 회계처리 되는 것이다. 또한 소지어음을 타인에게 배서하여 채무를 청산하는 경우도 있는 것이다. • 어음을 할인의 경우나, 배서양도의 경우에 있어서 배서인의 어음채권은 완전히 피배서인에게 이전되지만 차후에 있어서 그 어음의 지급에 대한 책임을 가지게 되므로, 만일 지급인의 만기일에 어음대금을 지급하지 아니하므로, 어음 소지인이 배서인에게 지급청구하면, 이에 대한 상환의무가 발생하게 되는 것이다.	

거래의 선택	주요거래의 내용	사용하는 계정과목	유의점·세무상의 요점	관계법령
5. 금영자산			① 배서 혹은 할인의 경우 　(차) 현금및현금성자산 ×××　(대) 받을어음 ××× 　　　지급이자와 할인액 ××× ② 이음을 배서양도한 경우 　(차) 매입원재료 ×××　(대) 받을어음 ××× 　※ 이때 우발채무는 비망기입한다. ③ 상환의무가 소멸된 경우 　기장하지 아니한다. • 어음을 할인하였거나 어음을 배서양도하였을 때에 있어서 회계처리하는 다음과 같다. 〈제1법〉 우발채무를 기록하지 않는 방법 　이 방법은 우발채무를 별도장부에 기입하지 아니하는 방법인 것이다. ① 어음을 할인하였을 경우 　할인의무는 2개의 대조계정을 사용하여 우발채무를 표시하는 방법이다. 　(차) 현금및현금성자산 ×××　(대) 받을어음 ××× 　　　지급이자와 할인액 ××× 　(차) 어음할인의무대충 ×××　(대) 어음할인의무 ×××	

거래의 성격	주요거래의 내용	사용하는 계정과목	유의점·세무상의 요점	관계법령
5. 어음 자산	① 어음을 할인이었을 때 　(차) 당좌예금 등 자산 ×××　(대) 할인어음 ××× 　　지급이자와 할인료 ××× ② 어음을 배서양도한 경우 　(차) 매입원재료 ×××　(대) 배서어음 ××× ③ 상환의무 소멸된 경우 　(차) 할인어음 ×××　(대) 받을어음 ××× 또는 　(차) 배서어음 ×××　(대) 받을어음 ××× <제2안> 어음채권을 사용하는 방법 이 방법은 할인어음채권 또는 배서어음채권을 설정하여 대변에 기입하고, 만기일에 무사히 결제되면 받을어음채권과 상계하는 방법이다. ② 어음을 배서하지 않고 　(차) 매입원재료 ×××　(대) 어음배서의무대응 ××× ③ 상환의무 소멸된 경우 　(차) 어음할인의무 ×××　(대) 어음할인의무대응 ××× 또는 　(차) 어음배서의무 ×××　(대) 어음배서의무대응 ×××			

거래의 구분	주요거래의 내용 / 사용하는 계정과목	유의점·세무상의 요점	관계법령

5. 급여자산		<제3법> 대조계정을 사용하는 방법
		이 방법은 어음할인의무대출 또는 어음배서의무 어음할인의 경우, 후일에 가서 그 어음이 부도되었을 때 상환의무를 지게 되는 경우에 가서 그 어음이 부도되었을 때 상환채무를 수발채무로 하게 된다.
		우발채무란 함은 소지어음을 타인에게 배서양도 하였을 때에 부담할 상환의무를 그 어음의 부도가 된 때에 실제의 채무로 되는 특수한 성질을 가진것으로서 현재에 있어서는 현실적인 채무는 아니지만 장래에 실제의 채무로 될지도 모르는 채무를 말하는 것이다.
		• 받을어음에 대한 회계처리는 타인이 발행한 약속어음, 환어음을 받았을 때에는 어음채권의 발생으로서 받을어음계정의 차변에 기입하며, 어음대금을 추심하여 입금되었을 때에는 어음채권의 소멸로서 받을어음계정의 대변에 기입하는 것이다.
		① 어음을 받았을 때
		  (차) 받을어음 ××× (대) 매출 ×××
		               (매출채권)
		② 어음을 추심하여 입금되었을 때
		  (차) 현금및현금성자산 ××× (대) 받을어음 ×××
		위에서 예시한 바와 같이 기업회계기준방법이 있으나, 어음할인의 경우에 있어서는 제2	

거래의 성격별	주요거래의 내용	사용하는 계정과목		유의점·세무상의 요점	관계법령
5. 금 융 자 산	5-7 채권 등의 이자를 받았을 때	이자수익 (Interest Earned)		• 지급이자와 관련하여 실질금리를 측정하는 경우 등의 판단 목적에서 금액의 대소에 관계 없이 기장함이 합리적이라 하겠으며, 배서양도의 경우에 있어서는 제3법에 의하여 받은액으로 기장함이 합리적이라 하겠으나, 그리고 재무상태표에서 할인어음과 배서양도액을 공제하여 받을어음으로 기재하게 되는 것이다.	법인법 §73
				• 이자소득금액에 관해서는 소득세법 제127조 제1항 제1호에 의하여 원천징수를 하게 된다. 하지 아니하고 접수일으로서 처리하여서는 아니된다 하겠다. ※ 원천징수세율(이자소득) ① 비영업대금의 이익에 대하여는 100분의 25 ② 기타의 이자소득금액에 대하여는 100분의 14	소득령 §129
		할인료 (Discount Paid)		• 신탁재산에 귀속하는 금융자산에서 발생하는 이자소득에 대하여는 소득세의 원천징수세율을 100분의 90(특정채권에서 발생하는 이자소득의 경우에는 100분의 20) (2001년 이후부터는 100분의 15)으로 하며, 종합소득세과세표준의 계산에 있어서 이를 합산하지 아니한다.(금융실명거래및비밀보장에관한법률 제5조)	
				• 법인법 제73조의 규정에 의하여 이자소득 금액에 법인세를 원천징수 당하였을 때에는 법인세 과세표준신고시에 공제하게 되므로, 원천징수법인세액은 가지급금 또는 선납법인세로 처리한다	법인법

거래의 산뢔방	주요거래의 내용	사용하는 계정과목	유의점·세무상의 요점	관계법령
5. 급 여			세·법인세 등으로서 처리하여야 한다. (차) 가 지 급 금 ××× (대) 수입이자와 할인료 ××× (선급법인세) 현금및현금성자산 ×× • 소득세법상 이자소득의 범위 ① 국가 또는 지방자치단체가 발행한 채권 또는 증권의 이자와 할인액 ② 내국법인이 발행한 채권 또는 증권의 이자와 할인액 ③ 국내에서 받는 예금(적금·부금·예탁금과 우편대체를 포함)의 이자와 할인액 ④ 상호저축은행법에 의한 신용부금으로 인한 이익 ⑤ 국내에서 받는 투자신탁(소득세법시행령 제23조에 규정한 이자부 투자신탁을 말한다)의 이익 ⑥ 외국법인의 국내지점 또는 국내영업소에서 발행한 채권이나 증권의 이자와 할인액 ⑦ 외국법인이 발행한 채권 또는 증권의 이자와 할인액 ⑧ 국외에서 받는 예금의 이자 ⑨ 금융기관이 금융기관대맷방법보장에관한법률 제2조 제1호 각목의 1에 해당하는 금융기관이 환매기간에 따른 사전약정이율을 적용하여 환매수 또는 환매도하는 조건으로 매매하는 채권 또는 증권의 매매차익	소득법 §16 ①

거래의 성격별	주요거래의 내용	사용하는 계정과목	유의점·세무상의 요점	관계 법령
5. 금융자산	5-8 비과세 소득으로서의 할인어음	이자수익 (Interest Earned)	⑩ 소득세법시행령 제25조에 규정하는 저축성보험의 보험차익 ⑪ 소득세법시행령 제26조에 규정하는 직장공제회초과반환금 ※ 직장공제회란 민법 제32조 기타 법률에 의하여 설립된 공제회·공제조합으로서 동일직장이나 직종에 종사하는 근로자들의 생활안정, 복리증진 또는 상호부조 등을 목적으로 구성된 단체를 말한다.(소득령 §26 ①) ⑫ 비영업대금의 이익 ⑬ 위의 ①~⑫의 소득과 유사한 소득으로서 금전의 사용에 따른 대가의 성질이 있는 것 • 내국법인의 각 사업연도의 소득 중 각 사업연도의 소득에 대한 법인세를 부과하지 아니하는 이자와 할인료는 다음과 같다. ① 공익신탁의 신탁재산에서 생기는 소득 ② 장기주택마련저축 ③ 농어가목돈마련저축 ④ 재형저축저축 ⑤ 증권투자신탁저축	§51 조특법 81 ① §91의 14 §88의 2 §88의 3
	5-9 농업협동조합으로부터 할인받은 구견자금	이자비용 (Interest Expense)	• 농업협동조합으로부터 할인받은 구견자금은 재사업자가 차입한 운영자금이다. • 구견자금에 대한 지급이자는 원재료 매입부대비용에 속하지 아니한다.	

거래의 선택방	주요거래의 내용	사용하는 계정과목	유의점·세무상의 요점	관계 법령
5. 금융기관 등으로부터 차입한 자금의 일부를 다른 법인에게 대여하였을 경우 그 차입금에 대한 지급이자와 대여금에 대한 이자의 처리	차입은 구 견자금에 대한 이자를 지급하였을 경우	이자비용 (Interest Expense)	• 차입금에 대한 지급이자와 이에 대응하는 수입이자는 각각 손금과 익금에 산입하게 되는 것이다.	
	5-10 법인이 타인의 대여금에 대한 지급이자를 대신 지급하여 주는 경우에는 당해 법인의 손금으로 되지 아니하는 것이다.	이자수익 (Interest Earned)	• 법인이 자금의 일부를 다른 법인에게 대여한 때에는 그 차입금에 대한 지급 이자와 이에 대응하는 수입이자는 기타의 사업의 손금과 익금으로 계산하게 되는 것이다.	

제6장 매입·위수체조 등에 관련하여 발생하는 거래의 세무처리요령

가맹의 선택방	주요가맹의 내용	사용하는 계정과목	무역업·세무상의 요점	관계 법령
6. 매입가	6-1 판매를 목적으로 하는 상품의 매입원가	매 입 (Purchase) 매입상품 (Purchase Commodity)	• 상품을 매입하기 위하여 필요로 하는 매입부대비용은 원칙적으로 매입상품의 원가를 구성하게 된다. • 상품의 매입에 따르는 검수·선별·정리·수입 등에 소요된 비용이 다액의 경우에 는 매입원가에 포함하게 되나, 소액일 경우에 있어서는 비용으로 처리할 수도 있다. <예> 검수비·운임 등> • 비록 타인의 경우에 있어서도 이에 의하여 증가되지 않으면 영업비로 처리할 수 있으므로 매입한 상품을 선별하여 해외에 수출하는 경우와 같이 중요한 요소가 되는 경우에 있어서는 매입원가에 포함시켜야 하는 것이다. • 세법상 타인으로부터 매입한 제고자산의 취득가액은 그 매입가로 하며, 그 취득가 및 매입원가에는 그 취득 및 매입에 소요되는 부대비용을 포함하는 것으로 규정하고 있다.	
6-2 당사부담의 운임·하역비·보험·운송·매입수수료·매입과·관세 등 세출입 상품을 구입하기 위하여 소요된 비용			• 일반적으로 제고자산의 취득원가에 산입될 매입부대비용은 매입대가(구입대가) 이외의 부대비용으로서는 다음과 같은 것을 들 수 있다. ① 매입대가 (구입대가) ② 매입비용 (구입비용) • 매입대가는 그 자산을 구입하기 위한 대가이며, 매입비용은 구입(매입)하기 위하여 소요된 비용을 말한다.	

거래의 형태별	주요거래 내용	사용하는 계정과목	유의점·세무상의 요점	관계 법령
6-3 상품의 매입에 따른 접수·선별·정리·수리·매입 시 등에 쓰는 비용	① 그 매입에 요한 인수비용 ㈎ 인수운임 ㈏ 하역비 ㈐ 운송보험료 ㈑ 매입수수료 ㈒ 관세 등 ② 재고자산의 매입을 위하여 판매인으로부터 매입에 요하는 편리(例) 수입식적 촉, 수입적 프리미엄 등을 얻수하는 데 소요된 비용 ③ 재고자산의 매입에 요하는 단인으로부터 매입에 요한 비용 ④ 부동산 매매업자가 판매목적을 위하여 취득한 ㈎ 부동산의 등록세 ㈏ 취득세 ㈐ 대서료 등 ⑤ 회사내부에서 상품을 이고(移庫)시킴에 따라 소요된 운임 및 포장비 ⑥ 재고자산을 특별한 시기에 판매하기 위하여 장기간 보유하는 데 소요되는 비용			
6-4 매입한 상품을 판매하는 데 있어 판매장소에서 판매장·탁송예시·판매를 위한 소요된 비용 (순판반비·광고비·창고료 등)	• 매입부대비용의 원가산입은 원칙적으로 어떤 매입거래에 대하여 개별적으로 그 발생액을 파악할 수 있는 것이라야 하며 또한 그 금액이 상당한 금액이 되어 부대비용으로서 계산하여야 할 가치가 인정될 때에라야만 하는 것이다.			

기준의 선택	주요기준의 내용	사용하는 계정과목	유의점·세무상의 요점	관계법령
6-5 매입상품의 특징			• 만약 부대비용이 소액일 경우 또는 소액이 아닌 각 자산에 공통적으로 발생한 경우, 중요성의 원칙이 입각되어야 함으로 그 원가에 산입하지 아니하고 경비로서 처리할 수도 있으며, 기간계산상 기의 평균하므로 손익계산상 큰 영향을 미치지는 않는 것이다. • 매입부대비용을 매입원가에 포함시킬 경우 부대비용이 2가지 이상의 매입품에 공통적으로 발생할 경우에 있어서는 합리적인 방법에 의하여 각 재고자산에 그 부대비용을 배부하여야 하는 것이다. • 일반적으로 채택되고 있는 재고자산에 대한 부대비용의 배부방법은 다음과 같은 것이 있으나, 이들 방법중 어느 한 방법을 채택하여 배부하여야 할 것이다. ① 매입대금에 소액인 재고자산에는 배부하지 않고 매입대금이 큰 것에만 적절한 기준에 의하여 배부하는 방법 ② 매입대금에 비례하여 재고자산의 배부하는 방법 ③ 부대비용을 기말에 일괄해서 매출원가와 기말재고와의 비례 또는 기타 적당한 기준에 의해서 배부하여 기말재고자산에 가산할 금액을 계산하고, 단지 해당금액을 기말재고의 부대비용에 배부하는 방법	
6-6 상품을 수입하기 위하여 타인의 수출권·수입권(예, 실적 프리미엄을			• 재고자산의 취득에 소요된 부대비용을 구체적인 재고자산에 배부하여 처리한 경우 예 재고자산의 중류가 서로 다른 것을 동시 구입하였을 때의 운반비 등의 부대비용에 있	

거래의 성격	주요거래의 내용	사용하는 계정과목	유의점·세무상의 요점
6. 매입 · 제비용 지급 취득가 산정을 위한 직접부수 비용 대가 취득한 물건 · 역무의 매출원가 · 판매 관리비	수행하는 데 소요될 비용 6-7 부동산의 매입 또는 판매목적 취득한 물건 의 취득가액	매입운반비	예. 그 때마다 당해 재고자산에 적정하게 배부하므로, 이외 같은 부대비용을 지급하였을 때에는 (차) 매입운반비 ××× (대) 현금및현금성자산 ××× 으로 당해 재고자산의 취득원가에 산입하지 아니하고, 부가가치계정이 매입운반비용으로 회계처리하였다가 사업연도말에 일괄적으로 기준에 의하여 이를 취득원가에 산입하게 된다. 예 사업연도 말일 현재 부가원가인 매입운반비가 300만원이며, 매출원가 5,000만원, 기말재고로 2,000만원인 경우 부대비용 × (기말재고자산)/(매출원가+기말재고자산) = 기말재고자산에 배부하는 부대비용 부대비용 − 기말재고자산에 배부하는 부대비용 = 손금 아닌 부대비용 3,000,000 × 20,000,000/(5,000,000 + 20,000,000) = 857,143 3,000,000 − 857,143 = 2,142,857 (차) 이월상품 857,143 (대) 매입운반비 3,000,000 매출원가 2,142,857 • 상품을 매입하기 위하여 소요된 차입금의 이자는 매입상품의 원가에 포함하지 아니할 수가 있는 것이다.

기준의 산대분	주요거래의 내용	사용하는 제점과목 제 품 (Material)	유의점·세무상의 요점	관계 법령
6. 매 입 • 외 주 (매 출 원 가)	6-8 당사에서 가공할 목적으로 매입한 것을 말한다. 타에서 매입한 제품의 제 품 (약주가 목적) 으로 매입한 제품의 포함한다 의주 제품의 포함한다 6-9 제품매출을 위한 매 출 원 가 계 산 6-2 에서 6-6 과 우 사 항 비 용		• 원료 또는 제료란 공업, 광업, 기타 생산이외의 사업을 영위하는 기업이 그 제품의 생산에 소비할 목적으로 외부에서 구입한 모든 소재로서 주로 생산의 제1요소가 되며, 제품의 기본체가 되는 것을 말한다. • 일반적으로 회계상에서의 원료와 제료에 대한 구별기준은 다음과 같다. ① 원료란 함은 화학적 작용을 가하여 생산되는 경우이며, 단지 유형적 변화에 그치지 않고 물질적 변화를 하는 제품으로 이용될 경우의 제료로 이용되는 것이다. ② 제료란 함은 주로 물리적 작용을 가하여 제품이 생산되는 경우이며, 단지 유형적 변화에 그치고 물질적 변화를 하지 않고 대체로 원형태를 유지하며 제품이 구성되는 것이다. • 이러한 원료단 제료에 있어서 즉, 어떤 제료인가 아닌가 하는 것은 제료의 속성이나 고유한 성질에 의하는 것이 아니라, 그 경영과의 관계, 가공의 유무, 정도에 의한 등에 의하여 결정된다. 동일제화일지라도 어떤 기업에 있어서는 제료으로 취급되는 수가 있는 것이다. • 매입 또는 매입상품과 같이 처리하게 된다. • 제료는 기능적 분류에 의하여 주요제료와 보조제료로 구분할 수가 있다.	

거래의 형태별	주요거래의 내용	사용하는 계정과목	유의점·세무상의 요점	관계 법령
6. 매입 · 제 일 체	6~10 자기가 제조 또는 생산한 제 조 자 산 의 취 득 원 가 〈 매 출 관 계 〉	재 료 (Material)	• 원가계산기간 (통상 1개월 단위)의 사용한 산출 (월초 재료재고수량 + 월중재료매입 수량 – 월말재료 재고수량 = 당월재료소비량)하여, 다음과 같은 분개에 의하여 재료비에 대체한다. 　　(차) 재　　료　비 ×××　　(대) 재　　　　　료 ××× • 재료매입시의 분개는 다음과 같이 한다. 　　(차) 재　　　　　료 ×××　　(대) 현금및현금성자산 ××× • 자기가 제조 또는 생산한 제고자산은 그 제조원가 또는 생산원가를 취득가액으로 한다. • 제조원가라 함은 직접·간접을 불문하고 제조자산을 생산하기 위하여 소요된 일체의 비용을 말한다. 따라서 특정제품의 제조를 위하여 직접 소비한 경제가치의 합계 즉, 재료비·노무비·경비인 것이다. • 제품비의 의의 제품의 생산에 소비할 목적으로 외부로부터 매입한 물품을 제조 또는 생산 한 원료 또는 재료를 소비함으로써 제품비라는 원가요소가 발생하게 되는 것이다. 따라서 제품비는 자산이나, 제품비는 원가요소가 되는 것이다. 제 품비의 분류 제품비는 관점의 상이에 따라 다음과 같이 분류된다.	

거래의 형태	주요거래의 내용	사용하는 계정과목	유의점·세무상의 요점	관계법령
6. 매입·외주·목적·출하·관리·계			(1) 생산에 참가하는 상태별 기준으로 하는 분류 ① 주요재료비 주요재료비는 제품의 생산에 관하여 직접 소비되며, 제품의 기본적 실체로 되어 제품의 가치인 것이다. 일반적으로 제품이라고 부를 때에는 이 주요재료를 말한다. ② 보조재료비 보조재료비는 제품의 생산에 관하여 보조적으로 소비되며, 제품의 실체를 형성하지 않는 소모성 재료와 구별되는 것이 보통이다. 예를 들어 동력용연료·포장재료·실험용약품·기계용유류·연마재·도료 등이다. ③ 매입부품비 매입부품비는 외부에서 매입한 부분품의 소비가치이다. 부분품이란 그대로 제품에 매입되던가 또는 그 구성부분이 되는 물품을 말한다. 이러한 부분품에는 자가생산의 부분품과 매입부분품이 있으며, 자가생산의 부분품은 반제품에 속하게 된다. 예를 들어 기계공업의 표시기, 발전기, 조명구, 속도구, 자동차공업에 있어서 타이어, 가 ④ 소모공구기구비품 소모공구기구비품은 내용연수가 1년 미만 또는 가액이 상당액 미만의 공구기	

거래의 형태	주요거래의 내용	사용하는 계정과목	유의점·세무상의 요점	관계법령
6. 매입·위탁·주문·제출·관제( )			비품의 소모가치인 것이다. 이 경우에 있어서 그 가액의 상당액을 일괄으로 결정할 것인가 하는 것은 업종과 경영규모에 따라서 다르다. (2) 원가계산상의 분류 원가계산상 재료비는 직접재료비와 간접재료비로 분류하며 이는 제품에 대한 원재료를 기준으로 하는 무차별분류 한다. ① 직접재료비 직접재료비는 특정제품에 대하여 그 소비액을 직접적으로 포착할 수 있으며, 따라서 당해 제품의 원가로서 직접 제조할 수 있는 재료비인 것이다. 직접재료비에 속하는 것은 일반적으로 주요재료·매입 부분품 등이며, 보조재료로 포장재료, 특수공구 등이 당해 특정제품에 대해서만 사용되는 것은 직접재료비에 포함된다. ② 간접재료비 간접재료비는 제품전체 또는 다수의 제품에 대하여 공통적으로 발생하고 특정제품에 대하여 그 소비액을 직접으로 측정할 수 없는 직접재료비 이외의 재료비이다. 그러므로 간접재료비로 취급되어 원가에 간접적으로 배부되는 것이다. 일반적으로 간접재료비에 속하는 것은 보조재료·소모공구비품 등이다. • 재료에 대한 구입원가는 제조주·제료비로 구성된다. ① 제료주비는 제료의 매입대금을 말한다.	

개래의 주요개래의 신대방 내 용	사용하는 계정과목	주의점·세무상의 요점 관계 법령
6. 매입 외 주 치 매 출 관 제 ( )		② 재료부비는 재료의 매입가격 이외에 재료매입에 관련하여 지출되는 제비용을 말한다. 이러한 재료부비에는 외부재료부비·내부재료부비가 있다. ㉮ 외부재료부비란 재료의 매입·보관등에 대하여 지급되는 비용으로서 매입수수료·운임·하역비·보험료·관세·지급창고료 등이 이에 속한다. ㉯ 내부재료부비란 재료구매부의 경비·재료보관비·장비운반비·장기간 저장하는 재료에 대한 투자이자 등을 말한다. · 재료매입원가의 재산방법으로서는 재료매입가격에 외부재료부비를 가산한 것을 재료매입 원가로 하고 내부재료부비는 경비로서 취급하는 방법이 일반적으로 채택되고 있는 방법이다. 이 방법을 채택할 경우 외부재료부비를 재료매입 원가에 배부하는 방법에는 종합제산법·개별제산법 등이 있다. ① 종합계산법: 동일종류의 재료를 매입하는 경우에 적용되는 방법으로서 재료의 매입가격에 외부부비를 가산하고, 이것을 매입재료의 종수량으로 나누어 매입재료의 단위원 가를 산출하는 것이다. ② 개별계산법: 외부부비가 다른 종류의 재료에 대하여 공통적으로 발생한 경우에 적용되는 방법으로서 특정의 재료에 대하여 발생하는 특별비용은 자주재료에 직접으로 담사키고, 모든 재료에 대하여 공통으로 발생하는 공통비는 중량·용적·매입가격에 비례하여 부담시키는 것이다.

거래의 선택반	주요거래의 내용	사용하는 계정과목	유의점·세무상의 요점	관계 법령
6. 노임·잡급·외주비·복리후생비·출장비(제수당)		• 노무비의 의의 노무비란 제품의 제조에 관련한 노동력의 소비에 의하여 발생하는 원가요소를 말하는 것이다. • 노무비의 분류 노무비는 지급유형의 차이와 수급자의 지급 또는 신분관계의 차이에 따라 임금·급료·잡급·종업원상여수당으로 구분된다. • 임금은 육체적 노동을 주로 하는 공장종업원에 대하여 지급되는 보수이다. 임금에는 기본임금 외에 시간 외 또는 작업의 종류, 숙련, 미숙련 등에 따라 가산금이 있다. 이러한 가산금에는 규정시간 외의 작업에 대한 시간외할증가산금으로서 위험하거나 위생상 해로운 불결작업, 불유쾌한 작업에 종사하는 자에 대한 할증임금으로서의 특수작업 가산금이 있다. • 급료는 정신적 노동을 하는 공장장, 기사, 감독, 공장사원 등의 공장관계의 직원에게 지급되는 보수를 말한다. • 잡급은 임시고용의 노무자에 대하여 지급되는 보수를 말한다. • 종업원상여수당은 공장의 종업원에게 정상적으로 지급되는 상여 및 제수당을 말한다. 이것은 그 지급의 기준이 종업원의 작업관련하지 않는다는 점에서 기본금과 다르다. 종		

거래의 형태별	주요거래의 내용	사용하는 계정과목	유의점·세무상의 요점	관계법령
6. 매입·외주·제·(계출)			• 노무비는 원가계산상 노무비와 노무부대비로 구분된다. (1) 노무주비 ① 노무비는 직접 또는 간접으로 제조를 위하여 소비된 노동력에 대한 보수를 노무비라 한다. 그리고 노무자·기술자·사무원 등의 임금·급료·잡급·중역의 상여수당 등은 노무주비를 구성하게 되는 것이다. 그리고 개별원가 계산법을 채용할 경우 노무비를 원가담당자에게 직접 부과할 수 있느냐의 여부에 따라 직접노무비·간접노무비로 구분하게 된다. ② 직접노무비란 특정 제조체를 위하여 소비된 노동에 대한 보수로서 특정의 제품에 직접 부과시킬 수 있는 노무비를 말한다. ③ 간접노무비란 특정 직접으로는 소비되는 노동에 대하여 지급되는 보수를 말하며, 이러한 간접노무비는 공통적으로 특정 제품에 직접 부과하지 못하여 어떤 인위적인 기준에 의하여 각 제품에 간접적으로 배부되는 것이다. 즉, ㉮ 동력부, 창고부, 수선부 등의 보조부문에 종사하는 자에 대한 임금·급료 ㉯ 제품의 운반, 건물, 기계의 소제 등에 종사하는 자에 대한 임금·급료 ㉰ 공장사무원에 대한 임금·급료 등 임원 상여에는 연말상여·임시상여 등이 있으며, 종업원체수당에는 가족수당·주택수당·교통수당·물가수당·정근수당 등이 있다.	

거래의 형태별	주요거래의 내용	사용하는 계정과목	관계 법령
6. 매입 · 외주 · 제조 관계 (경비 · 목적물 출제)	(2) 노무부비 노무부비는 노동력의 획득 · 보전 · 관리에 관련하여 발생하는 제비용인 것이다. 이러한 노무부비는 노무자가 제공하는 노동력에는 직접적인 관련없이 발생하게 되며, 노무부비에 속하는 제비용은 다음과 같다. ① 종업원의 모집에 관한 비용 : 광고선전비 · 모집여비 등 ② 종업원의 교육훈련에 관한 비용 ③ 종업원의 복리시설에 관한 비용 : 의무 · 보건 · 위생 · 오락 등 ④ 고용에 따르는 사회적 부담액 근로기준법에 의한 재해보상 등의 사업주 부담액, 이러한 노무부비에 대한 처리방법은 노무비에 가산하는 방법, 경비로서 처리하는 방법 등이 있으며, 일반적으로 제2법이 채용되고 있어서는 기말에 실제 발생액을 계산하고 그것은 제조간접비로서 처리하게 되는 것이다. • 경비의 의의 경비란 원가요소 중 재료비와 노무비를 제외한 일체의 원가요소를 말하며, 경비에는 제료비 · 노무비와 같이 어떤 특정한 대상이 있으며, 그 내용이 일정하지 않다. • 경비의 종류 ① 부리비 : 공장종업원의 복리후생을 위하여 사업주가 지출하는 경비 제조원가를 구성하는 원가요소로서의 경비는 다음과 같다.	유의점 · 세무상의 요점	

거래의 종류	주요거래의 내용	사용하는 계정과목	유의점·세무상의 요점	관계 법령
6. 영업 외 지출 · 예출 · 결 계 ( )			㉮ 법정복리비: 근로기준법에 의하여 사업주가 부담하여야 할 복리비 ㉯ 후생비: 종업원의 의무위생, 보건, 위안, 수양 등에 요한 비용 ㉰ 복리시설부담액: 종업원을 위하여 학교·병원·식당 등 복리시설을 독립회계로 한 경우의 부담액 ② 지대집세: 공장의 토지, 건물 등을 임대하여 사용하고 있는 경우에 지급하는 지대집세 ③ 동산임차료: 기구·운반구 등을 임차하여 사용한 경우에 지급하는 임차료 ④ 특허사용료: 타인의 소유하는 특허권을 임차하여 제품을 제조하는 경우의 사용품의 임차료 ⑤ 보험료: 불시의 손해에 대비하여 사업자산에 거는 손해보험에 대해 지급하는 보험료로, 여기에는 건물기계 등의 손해보험이나 상품의 운송보험, 자동차의 보험 등도 포함한다. ⑥ 수선비: 공장용의 건물, 기계 등의 수선을 외부에 의뢰한 경우의 수선비 ⑦ 전력비: 외부로부터 구입한 전력의 대가 ⑧ 가스수도료: 외부로부터 구입한 가스 수도의 대가 ⑨ 운임 ⑩ 보관비: 제품·반제품 등의 보관을 외부의 창고업자에게 의뢰한 경우에 지급하는 보	

거래의 선택방	주요거래의 내용	사용하는 계정과목	유의점·세무상의 요점	관계 법령
6. 매입·외주·지급·제반경비(출제)			판매비이다. ⑪ 세금과공과: 공장용의 토지·건물에 대한 재산세·부가가치세·자동차세 등의 각종 세금과 공공단체에 납부하는 조합비·상공회의소 회비 등의 비용 ⑫ 여비교통비 ⑬ 교제비 ⑭ 재고감모비: 재료·반제품 등의 보관·운반·부패·증발·변질·도둘 원인으로 하여 발생하는 감모액. 이 경우에 원가로 되는 것은 재고감모비는 정상적인 것에 한한다. ⑮ 외주가공임 ⑯ 통신비 ⑰ 감가상각비 • 별항경비 별항경비는 1년 또는 수개월분을 일시에 계상하여 지급하는 경비 중, 일정기간을 기초로 하여 결정되는 비용으로서 보험료·감가상각비·임차료·세금과공과·특허권사용료 등이 이에 속한다. 이러한 별항경비의 계상은 한 기간의 발생액을 그 기간의 월수로 나누어 매월 예산가 재산기간의 경비액을 산출하고, 이것으로써 월별(일별)의 소비액으로 삼는 것이다. 결산기에 있어서 그 회계연도의 실제발생액이 확정되어 추정발생액과의 사이에 차액이 발생하면, 이 차액은 손익계정에 대체하여 원가 외의 순이익으로 처리하게 되는 것이다.	

거래의 종류별	주요거래의 내용	사용하는 계정과목	유의점·세무상의 요점	관계 법령
6. 업 체 외 주 치 목 출 관 계 ( )			• 측정경비 : 측정경비는 원가계산기간 중에 실제 소비을 측정할 수 없어서 이 수치를 그대로 그 달(월)의 경비액으로 산는 비용으로 전력비·가스수도료 등이다. • 지급경비 지급경비는 원가계산기간 중에 발생한 지급액으로서 그 달의 경비액으로 계산하는 것으로 이에 속하는 것으로는 복리비·수선비·운임·보관비·접대비·외주가공임·잡비 등이 있다. 이러한 지급경비를 계산하는 배에는 먼저 선급분과 미지급분에 대한 가감계산을 행하여 그 달의 순발생액을 산출한 다음 고정비와 미지급 분에 의하여 계산하게 된다. 그리고 경비을 종류에 따라서 매월 선급분(미경과분)이 나오는 다음의 식에 의하여 계산하게 된다. 당월지급액 + 전월선급액 – 당월선급액 = 당월발생액 또한 매월 지급이 발생하는 경비는 다음의 산식에 의하여 계산하게 된다. 당월지급액 + 당월미지급액 – 전월미지급액 = 당월발생액 • 발생경비 발생경비는 재고감모비와 같이 실제지급을 수반하지 아니하는 내부계에서 발생하는 경비로서 그 발생액을 그 달의 소비액으로 산는 것이다. 재고감모비는 제조 제품의 비품서 부가액과 실제재고액의 차액을 말하며, 경상적인 것은 매월의 원가계산상 제조간접비로서 제품의 제조원가에 산입하는 것이다.	

거래의 신계정과목	주요거래의 내용	사용하는 계정과목	유의점·세무상의 요점	관계법령
6. 매입·외주·제품	6-11 재료의 소비량 6-12 재료의 소비가격	재 료 (Material) 재 료 (Material)	• 재료비를 산정하기 위해서는 먼저 재료의 소비량을 결정하여야 하며, 재료소비량을 결정하는 방법으로서는 다음과 같은 방법이 있다. ① 계속기록법 ② 재고조사법 ③ 역계산법 • 재료비를 산정하기 위해서는 재료의 소비량을 정확히 계산하는 동시에 정당한 평가를 하여야 하는 것이다. • 재료의 소비가격은 소비재료의 수량에 재료의 단가를 곱함으로써 결정되는 것이다. 재료소비량 × 재료단가 = 재료소비가격 • 재료비를 산정하기 위한 재료의 소비가격을 계산하는 방법으로서는 다음과 같은 방법이 있다. ㉠ 원가법 ㉡ 개별법 ㉢ 선입선출법 ㉣ 후입선출법 ㉤ 총평균법 ㉥ 이동평균법	

주요개념	주요개념의 내용	사용하는 제정과목	유의점·세무상의 요점	관계법령
6. 일·치·외·주·목·출·관·계 ( )	6-13 재고 조사의 방법		(마) 매출가격환원법 ② 저가법 ③ 예정가격법 ④ 표준가격법 ・재고조사방법에는 다음의 3가지 방법 등이 있다. ① 장부재고 조사에 의한 방법 장부재고 조사에 의한 방법이란 정부 '상품재고장, 상품수불장, 기타에 의하여 재고자산의 수량 및 금액을 파악하는 방법을 말한다. 즉, 재고자산의 종류마다 수량·금액의 하나 하나에 대하여 수입액·불출액·잔액을 계속적으로 기록하여, 그 기록에서 '매출원가'와 '기말재고액'을 파악하는 방법인 것이다. ② 실지재고 조사에 의한 방법 실지재고 조사에 의한 방법이란 항은 계속적인 장부기록에 의하지 아니하고, 기말에 실제하고 있는 재고자산의 현품을 실지로 점검 집계하여, '기말재고'를 확정하여서 그 금액에서 '매출원가'를 역산하는 방법이다. ③ 장부재고 조사와 실지재고 조사에 의한 방법병용방법 이 방법은 장부재고 조사방법에 의하여 확인된 기말재고 조사와 실지재고 조사를 산정하여, 만약 양자에 상위가 있으면 장부재고액을 실지재고에 합치하게 하는 방법이다. 이 양자의 수량적 차이가 재고과부	

거래의 상대방	주요거래의 내용	사용하는 계정과목	유의점·세무상의 요점	관계법령
6. 매입·주(위)·탁·매·출·관·계 ( )			기말재고 자산수량에는 기말재고 자산단가를 곱하여 산출한다. 기말재고 자산가액 = 기말재고 자산수량 × 기말재고 자산단가 그러므로 기말재고 자산가액을 계산하려면, 그 재고자산에 대한 단가를 먼저 계산할 필요가 있다. 이와 같이 재고자산에 대한 전조수량을 파악하기 위해서는 먼저 재고자산의 수량계산을 할 필요가 있으며, 그에 대한 계산방법으로는 다음과 같은 방법이 있다. (1) 계속기록법 이 법은 재고자산을 수불할 때마다 기록계산 하는 방법으로서, 현행 장부재고 조사법, 출입계산법, 항구재고조사법이라고도 한다. 계속기록법은 재고품의 입고·시제장·수불장 등과 같은 일정한 장부를 마련하고, 거기서 재고품별로 입고·출고시마다 전표 또는 일정한 서식에 의하여 그 수량을 종별로 계속하여 기록함으로써 동시에 현재 수량을 언제나 계산하는 방법이다. 이 방법에 의할 경우 어느 때라도 장부상에서 재고조사가 가능하며, 장부상의 재고진량과 실지재고수량을 조사비교함으로써, 재고자산에 대한 계속적인 통제 관리가 가능하다. 그리고 재고자산의 매출수량이나, 제조업의 경우 원재료 소비량 등을 장부상으로	

주요거래의 선택사항		유의점·세무상의 요점	관계법령
거래의 구분	내용		
6. 매입·매출·제주(기타)관계	사용하는 제정과목	명확하게 알 수 있으며, 재고품에 대한 원가를 정확하게 계산할 수 있는 것이다. 계속기록법에 의하는 경우에 있어서도 정기적으로 재고자산에 대한 실지재고조사를 하여 실지재고량과 현재량을 비교대조하여 운송보관에 부대하여 발생하는 재고품의 감손·감모량을 확인하여야 한다. 감손·감모량은 다음과 같이 산식이 성립된다. (전기이월량 + 당기매입량) – (당기소비량 + 기말재고량) = 감손·감모량 (2) 재고조사법 재고조사법은 기말 또는 일정한 기간마다 재고품의 종류별에 대한 실지재고 조사를 하여, 기말재고량을 전기이월량과 당기매입량의 합계액에서 차감함으로써 당기의 소비량을 총괄적, 간접적으로 추정계산하는 방법이다. 이를 산식으로 표시하면 다음과 같다. (전기이월량 + 당기매입량) – 기말재고량 = 당기소비량 이 방법은 재고자산에 대한 수불을 기록해서 기록하지 않으므로, 재고품수불부의 과정이 기록재산 표시되지 않으며, 따라서 사업연도 중에 발생한 도난, 감손·감모량은 당기의 실제소비량에 포함되어 버리는 결점이 있으므로, 계속기록법을 적용할 수 없는 경우이거나 또는 적용할 필요가 없어 재고재산에 적용하고 있는 것이다. 일반적으로 재고재료는 보조재료나 소모품의 소비재산에 적용되고 있다.	

거래의 형태별	주요거래의 내용	사용하는 계정과목	관계 법령
6. 매입·제조·외주·제작·목출관계	6-14 재고자산의 평가		(3) 역계산법 역계산법은 제품 1단위당의 재료표준소비량을 결정한 후 제품의 생산량이 있을 때, 이 생산량에 표준소비량을 곱하여 그 소비량을 산출하는 방법이다. 이를 산식으로 표시하면 다음과 같다. 제품 1단위당 재료표준 예정소비량 × 당기말의 제품생산량 = 당기재료소비량 이 방법은 제조공업에서 적용되는 방법으로서 제품의 소비량이 제조공량에 가장 비례하여 증감하는 경우에 채용되는 것이다. 또한 이 방법은 계속기록법과 병용함으로써 현재료 소비량의 실제에 반하여 효과적인 것이다. 그 이유는 표준소비량과 일정한 생산조건하의 정상소비량을 의미한다고 하면, 이 방법에 의한 축정값과 다른 방법에 의한 실제소비량과의 비교로서 제품소비량의 다과가 판단될 수 있기 때문이다. • 일반적으로 회계학상에 있어서 평가란 일정시점 즉, 결산일에 있어서 기업이 소속하는 각종 자산의 가격을 평정하는 것을 의미하며, 기업의 재산재산과 결정한 판매를 가지는 것이다. 이러한 결정시점에 있어서 재산평가는 당해기간의 손익의에 중대한 영향을 미치는 것이므로 그에 대한 평가는 적정하여야 한다. • 만약 자산을 과대하게 평가한다면, 그 연도에 이익은 그 만큼 대액으로 표시되어 가공이익이 발생하며, 자산을 과소하게 평가하게 되며, 그 연도의 이익은 그 만큼 감소되므로 비밀적립금이 발생하게 되는 것이다.

거래의 형태별	주요거래의 내용	사용하는 계정과목	유의점·세무상의 요점	관계법령
6. 매입 및 재고 · 외주 (제품, 재료, 반제품)			재고 자산은 매출원가를 구성하므로 다음 산식에 의한다. 매출원가 = (기초재고액 + 기중매입액) − 기말재고액 • 기말에 재고액을 많이 계상하면, 그만큼 매출원가는 적게 계상되어 매출총이익이 많아지며, 기말에 재고액을 적게 계상하면 그만큼 매출원가가 많이 계상되므로 매출총이익이 적어지는 것이다. • 이와 같이 재고자산의 평가는 그 평가방법, 평가기준의 여하에 따라 그만큼 매출이익에 영향을 미치게 되며, 이들의 결정은 법인의 전체적인 손익의 측정에도 영향을 미치는 것이다. • 원가법이라 함은 재고자산의 취득가액을 그 자산의 평가액으로 하는 방법을 말한다. 즉, 원가법은 재고자산의 취득원가를 취득원가로 하는 것으로서, 대개가 취득원가와 함은 그 자산의 취득가액에 요한 제비용을 가산, 실제구입 원가를 의미하며, 당해 자산을 제작한 경우에 있어서는 제조원가, 제조자산에 이르는 근거는 제고자산을 아직 실현되지 아니한 장래의 수익에 대응이러한 원가주의의 이론적 근거는 제고자산을 기말재고 자산을 기중에 취득한 비용을 공제하고 시킬 비용의 선급으로 보는데 있으며, 따라서 기말의 대응수익에 발생된 비용을 공제하고 고자산의 총매입액에서 기중에 실현된 매출수익에 대응된 비용을 공제하는 모든 시가법 또는 저가법에 의하여 평가함으로써 발생하는 미실현손익의 계상을 배제하는 것이다.	

거래의 성격별	주요거래의 내용	사용하는 계정과목	유의점·세무상의 요점	관계법령
6. 매입·매출	6-15 단사조립을 하는 것으로 부적격으로 매입한 타에서 부분품의 가액(의 주조립품을 매출액으로 계상함을 원칙으로 하는 매입을 포함) 6-16 매입한 부분품에 대	매입부분품 (Purchased Parts)	원가주의는 재산의 확실성과 평가인의 자의적인 견해에 의하여 좌우되지 않으며 손익계산에서 미실현의 손익을 계상하지 않고, 계산기준이 명확하므로 기장·계산이 용이한 것이다. 그러나 원가주의는 물가의 변동 등이 있을 경우, 원가는 단지 과거의 조달액을 표시할 뿐으로서 현재 자산의 현재가치와는 무관한 즉, 자산의 현재가치를 나타내지 않는다는 단점을 가지고 있다. • 매입 또는 매입상품과 같이 취급하게 된다. 원가 계산기간 (통상 1개월단위)의 사용량을 산출하여 다음과 같은 분개에 의거하여 분품에 대체한다. (차) 부 분 품 비 ××× (대) 매입부분품 ××× • 부품 매입시의 분개 (차) 매입부분품 ×× (대) 현금및현금성자산 ××	

거래의 상대방	주요거래 내용	사용하는 계정과목	유의점 · 세무상의 요점	관계법령
6. 해외 6-2, 6-6과 유사한 비용	6-17 일반적으로 제조회사가 자기의 제품생산의 일부공정의 일부를 외주업자에게 위탁한 경우, 부품의 원재료의 경우, 부품 또는 완제품을 외주처에 지급하는 유상으로 지급하는 경우, 무상으로 지급하는 경우가 있다.		• 무상지급한 경우에는 자사사용과 같이 취급하게 된다. 될 수 있는 대로 외주가공비를 갖추고, 가공품의 수입을 기록하여 두어야 한다. 검사에 합격한 경우에는 다음과 같이 분개한다. 　(차) 외주가공비 ×××　(대) 미지급금 ××× • 제품매출대금과 외주미지급금을 상쇄하는 분개는 좋다고 할 수가 없다. 다음과 같이 외상매출금과 외주미지급금을 대조계정으로 상쇄하였다가, 그 후 상쇄하는 처리가 이론적이다. 　① (차) 매출채권 ×××　(대) 제　품 ××× 　② (차) 외주가공비 ×××　(대) 미지급금 ××× 　③ (차) 미지급금 ×××　(대) 매출채권 ××× • 제품 또는 부품의 판매에 의하여 매각익이 발생하였을 경우에는 그 매각익은 다음과 같이 구분계상하여야 한다.	

거래의 상대방	주요거래 내용	사용하는 계정과목	유의점·세무상의 요점	관계법령
6. 매입·매출 〈외주가공〉 6-18 부품을 외주처에 유상지급한 경우 6-19 가공 조립을 사외에 의뢰하고 그 가공수수료를 지급한 경우	으로 지급에 하는 경우 따단 별단 진다. 이때 제품을 외주처에 유상지급한 경우 매입 주처에 제 료 를 의 유상지급한 경우	외주가공비 (Amount Pad to Subcontractor)	(차) 매출채권 ××× 　　(대) 제　품 ××× 　　　　(부분품) 　　(대) 제료매가익 ××× 　　　　(매입부분품 매각익) · 원가계산 기간마다 제조비·부분품비에서 그 매가익을 공제하게 되는 적법한 처리를 할하게 된다. (차) 제료매가익 ××× 　　　　(매입부분품 매가익) 　　(대) 제　료　비 ××× 　　　　(부분품) · 외주중인 부분품 또는 제품을 접수한 경우에는 다음과 같이 분개를 하여 외주가공비을 계상한다. (차) 외주가공품 ××× 　　(대) 미지급 ××× (단, 외주가공품 중에서 분단품이 발생한 경우에는, 지급원제료비와 외주가공임은 판손품(실패품)으로 처리함이 바람직하다.	

거래의 선택방	주요거래의 내용	사용하는 계정과목	분개 · 세무상의 요점	관계 법령

6. 매입 · 외주비 · 제조원가 · 매출 관계	6-20 매입상품 등의 품질 · 파손 · 수량 등의 부족 · 규격 등의 이유에 의하여 매입대금에서 공제되는 주 · 하 · 할인 되는 경우	매입에누리 (Purchases Allowance)	기업회계상에서는 매입에누리액과 환출품액을 상품의 총매입액에서 공제하는 형식으로 기재하게 된다. 이 경우에 일정기간의 거래수량이나 거래금액에 따라 매입처로부터 받는 장려금 등은 매입에누리와 환출액에 포함하여 기재하는 것이다.
			
			• 매입에누리는 직접 영업활동의 결과로 반영하는 영업비용의 공제항목 또는 매입가격 자체를 수정한 성격의 것이라 생각할 수 있다.
			
			• 매입한 상품에 대해서 일어나는 매입에누리는 당해 상품에 대한 물리적 원인으로 생기는 값싼 기운에서 원칙적으로 판매자로부터 하위의 통지를 받은 날을 기준으로 하여 처리하게 된다.
			
			(차) 매입채무 ×××
			    (대) 매 입 ×××
			        (매입에누리)
			
			• 회계실무상에 있어 매입에누리액의 금액을 전액 직접 매입에서 직접공제 <차감>하거나, 별도의 차감계정인 매입에누리계정에 기입하지 않고 이를 경수입으로 처리하는 경우도 있다.
			
			(차) 경 수 입 ×××
			    (대) 매입채무 ×××
			
			• 매입에누리를 매입계정에서 공제하면, 당해 상품을 판매하지 아니하는 한 이익으로 계상되지 않는다.
			
			• 매입에누리를 경수입계정으로 처리하면 즉각 이익이 되어 과세가 된다. 이를 이론적인 면	

거래의 상대방	주요거래의 내용	사용하는 계정과목	유의점·세무상의 요점	분개 방법
6. 매입	6-21 매입한 상품 등에서 불합격되어 일부 또는 전부를 반환한 경우 ·매입환출 ·매출환출 (결제 계)	환출금 (Purchases Return)	· 기업회계상에서는 매입환출은 매입의 총액에서 공제하는 형식으로 기재하는 방법에 의해 상품을 반납한 날을 기준으로 한다. · 매입한 상품에 대하여 물량적인 하자가 있어 반납하는 경우의 회계처리는 당해 상품을 받은 손님이 없으면 환출이 성립되지 아니하는 경우에 있어서 그 상대방으로부터 반품의 승낙통지를 받은 날을 기준으로 한다. · 매입환출에 따르는 회계처리는 기업회계상에서는 매입금에서 차감하는 것이 원칙이다. · 환출이 일반적으로 정상적인 거래의 경우에는 당초의 거래와 관계없이 환출이 일어난 이 포함된 매출총액에서 공제할 수 있다. · 세무계산에서도 환출이 정상적이면, 비정상적인 간에 환출이 확정된 사업연도의 매입액에서 공제하게 된다. · 매입환출시의 분개는 다음과 같다. (차) 매입채무 ××× 　　　　　　　(대) 환출품 ××× 　　　　　　　　　　매입	

거래의 성격별 내용	주요거래 내용	사용하는 계정과목	유의점·세무상의 요점	관계 법령

6. 매입·매입채무·외상·주문·매출·반출(관계)	6-22 매입 대가의 지급기일 전에 대금을 결제한 경우	**매입할인** <영업외수익> (Purchase Discount)	· 매입할인은 금융수익(이자)의 성격을 가지고 있기 때문에 영업외수익으로서 처리하게 된다.
			· 매입할인이란 외상대금을 빨리 결제하는 것을 원인으로 하여 값깎기를 하는 것이다.
			· 세무회계에 있어서 매입할인은 사전약정이 있는 것으로서, 특정다수인에게 적용되는 경우에 한한다. 이 때에 매입할인으로 처리하여 영업외수익으로 하게 된다.
			  (차) 매입채무 ×××
			       매입할인 ×××
			· 특정인에게 사전약정 없이 얻어진 매입할인 매입에는 수증익으로 처리함이 타당하다.
			· 매입채무를 결제하는 과정에서 금전을 면제하여 주는 값깎기는 할인금과는 그 성질이 다르며, 이와 같은 불건의 면제는 매출자측에서는 사례금, 매입자측에서는 수증익 내지 채무면제익으로 처리하여야 할 것이다.
			  (차) 매입채무 ×××
			       현금및현금성자산 ×××
			       수 증 익 ×××
			       (채무면제익)	

거래의 상대방	주요거래의 내용	사용하는 계정과목	유의점·세무상의 요점	관계 법령

6. 매입 대한 의 여부터 터 지 급 받 는 할 인·에 누 리·장 려 금	6-23 일정 기간에 일 또는 대량의 매입 등 원인 으로 매입처로부터 지급받는 할부 금 (Miscellaneous Income)	매입장려금 (Miscellaneous) 잡수입	· 기업회계상에 있어 일정기간의 거래수량, 거래금액에 따라 매입처로부터 지급받 는 장려금은 직접 매입에누리와 혼동하여 기재하도록 되어 있다. 매입장려금은 직접영업 활동의 결과로 발생하는 영업비용의 공제 항목 또는 매입 가격자체 를 수정할 성격의 것이라 생각할 수 있다.
			· 일정한 기준매입가액, 매입수량으로서 계산되어 있는가, 지급조건이 어떻게 되어 있는가 를 확인하는 것이 요점이라 하겠다.
			· 매입처로부터 받은 장려금·보금·할증금으로서, 그것으로 다시 상행위에 의하지 아 니하는 현금, 비품용자산 등을 받았을 경우에 있어서는, 세무회계상 그 받은 금액을 부 수익으로서 처리하게 된다.
			  ① (차) 현금및금성자산 ××× (대) 잡 수 입 ×××
			  ② (차) 비품 ××× (대) 잡 수 입 ×××
			· 해당판매 계약을 원인으로 하여 장려금·보금·할증금을 자기가 직접 취급하는 상품을 으로 더 받았을 경우에 있어서는 별도의 회계처리를 하지 아니하고 상품중 부산이 매입 단가를 수정하여 주는 것이 바람직하다.
			· 실무상에 있어서는 상기와 같이 회계처리함은 상품수불부상에서 이미 판매된 상품의 단가를 수정하여야 하며 또한 단가수정에 있어서 원단가 미만의 금액이 나올 수 있으므로	

거래의 형태·내용	사용하는 계정과목	유의점·세무상의 요점	관계 법령

		편하게 된다.	
		· 단가수정을 행하지 않고 답으로 받는 상품에 대해서는 다음과 같이 회계처리를 함을 실무상 고려할 수 있다.	
		(차) 매 입 ××× (대) 잡 수 입 ×××	
6. 매입·제비용 등의 할인·할려·에누리·반송·감모·파손 등이 있는 경우			
6-24 할려, 할증, 에누리	치장품 (Aufpulse)	· 건설공사에 사용되는 판·형재 등은 일반적으로 감가상각의 대상이 될 유형자산으로 취급한다. 이는 한번 사용한 시멘트 등을 오물이 붙거나, 공사중에 파손되거나, 감모 등으로 인하여 1년 이상의 대여 공사에 사용하기가 어렵다. 이의 건은 미성공사출금계정으로 처리하였다가 공사완성 후 사용 가능한 조달시가로 평가하고, 그 가액을 미성공사출금계정에서 지장품제조으로 대체처리함이 일반적이다.	
매출관계		· 제품의 제조과정에서 제품을 가공할 때에 사용제품의 폐물을 작업 폐물이라 한다.	
6-25 작업폐물의 처리	작업폐물 (Scrap)	· 작업폐물은 가액이 큰 경우에 있어서의 회계처리는 다음과 같다. 작업폐물은 이미 재료비로서 취급되어, 작업폐물의 가액이 비교적 클 때에는 그 폐물을 통해 지명처분의 원가계산표에 주기하여 당해 제품의 직접재료비 또는 조정가액에 공제할 필요가 있다. 만일, 그 폐물이 어떤 부분에서만 제속적으로 생기는 것이라면 그 부분매에서 공제하면 되는 것이다.	

거래의 내용	주요거래의 내용	유의점·세무상의 요점	관계법령

6. 매입·지출·매출관계	사용하는 계정과목	• 작업폐물의 가액은 다음과 같이 결정하게 된다.
		① 그 폐물을 외부에 매각할 경우에는 매각예상가액에서 소요되는 비용을 차감한 금액으로서 정한다
		② 경영내부에서 그 작업폐물을 다시 이용하는 경우에는 고정을 이용함으로써 절약되는 제조의 예상구입 원가로서 작업폐물의 가액을 삼는다.
		• 총계정원장에는 자신의 작업폐물계정을 설정하여 처리하게 된다.
		① 제조과정에서 작업폐물이 발생하였을 시
		  (차) 작 업 폐 물 ×××
		     (대) 제 조 ×××
		② 작업폐물을 매각하였을 시
		  (차) 현금(현금성자산)×××
		     (대) 작 업 폐 물 ×××
		                  잡 수 입 ×××
		③ 작업폐물을 제조부문에서 이용할 경우
		  (차) 제조부문비 ×××
		     (대) 작 업 폐 물 ×××
		                  (현금성자산) ××
		• 작업폐물의 발생액이 제품의 제조원가에 비하여 극히 소액인 경우에는 고정을 제조원가 또는 부문비에는 차감하지 않고 또 매각 또는 공장 내부에서의 이용에 의한 수익을 원가 외의 경수입으로 처리한다.	

거래의 유형	주요거래의 내용	사용하는 계정과목	원인점·세무상의 요점	관계법령

6. 파손품의 처리
 	
6-26 파손품의 처리
		파손품
		(Damaged Goods)
		
		파손비
		(Loss Due to Spoiled work)
			〈매각시의 처리〉
			(차) 현금및현금성자산 ××× (대) 잡 수 입 ×××
			
			・파손품이란 함은 제품을 제조하는 과정에 있어서 작업종사자의 부주의나, 제품·설비·기계등의 결함 또는 작업관리의 불비 등으로 인하여 작업에 실패한 제품. 즉, 불합격품이 된 것을 말한다.
			
			・파손품은 다음과 같이 처리한다.
			(1) 보수하면 완성품으로서 회복할 가능성이 있는 것은 새로이 보수를 행하고, 그 보수에 드는 비용을 그 제품의 제조원가로서 가산하게 된다.
			이 경우, 파손품의 보수를 위하여 "보수지령서"를 발행하고, 대기에 보수비용을 집계하는 데 그 합계액을 제조원가의 해당 지령서 제작의 특별경비란에 파손비로서 기입하면 되는 것이다. 〈파손비로만 특별경비란에 계상〉 충제원원장에서는 파손비로서 집계하여 대기에 보수비용을 특별경비에 대체한다.
			정하여 대기에 보수비용을 집계하고, 그 합계액을 제조계정에 대체한다.
			
			[가설예]
			지령서의 #7의 제조에서 파손품 5개가 발생한다. 그 보수를 위하여 제품비 15,000원, 노무비 8,000원, 경비 5,000원이 소요된다.
			(차) 파손비 28,000 (대) 재 료 15,000
			                              임 금 8,000
			                              경 비 5,000	

거래의 선택방	주요거래의 내용	사용하는 계정과목	유의점·세무상의 요점	관계 법령
6. 매입제 외· 지주출물 계 ( )	위의 파손비를 지렴서 #7에 부과한다. (차) 제 조 28,000 (대) 파 손 비 28,000 (2) 보수를 하였어도 회복할 가능성이 없어 불가를 대체품을 제조하야 할 경우에 있어서는 제로의 제조지렴서를 발행하고, 그 제조불가를 집계하는 것이다. 이 경우, 지렴서에 집계된 파손품의 원가를 하여 파손품의 제로인정의 제작의 특별비용에 기입한다. 단만, 파손품에 매각가치 또는 이용가치가 있는 경우에는 그 가액을 대상에 서 파손품에 차감하게 된다. 이 방분은 파손품의 원가를 그 만른 제품의 원가에 가산하는 것으로, 그 만른 제품의 원가가 높아지는 것이다. [기설] [예] 지렴서 #9의 제조에서 파손품 3개가 발생하였으며, 대체품을 제조하기로 하였다. 이 파손품의 원가는 20,000원이며, 예상매각가액은 5,000원이다. (차) 제 조 20,000 (대) 파 손 품 5,000 파 손 비 15,000 위의 파손비를 세로 제조한 제품의 원가에 가산한다. (차) 제 조 15,000 (대) 파 손 비 15,000 (3) 보수를 하여도 제품으로서의 회복될 가망이 없고, 따로 대체품을 제조할 필요가 없는 경우에는 파손품에 손민된 원가가 자동적으로 다른 완성품에 부담시켜지는 것이다. 이 경우, 그 파손품에 매각가치 또는 이용가치가 있으면, 그것을 완성품의 제조원가에		

거래의 선택방	주요거래의 내 용	사용하는 계정과목	유의점·세무상의 요점	관계 법령
6. 매 입 · 외 주 처 리 의 목 출 관 계 (계)	6-27 재료 재고 의 처 리 법	재료재고 차손 (Materials Inventory Lossfrom Difference of Price) 재료재고 감모비 (Materials Inventory Depletion of Price)	· 서 공제하여야 하는 것이다. 매각가치 또는 이용가치를 유의 경우의 처리하는 것은 위의 경우와 같다. · 위에서 설명한 바의 것은 파손비가 경상적인 원인에 의하여 발생한 경우에 발생하는 것이다. · 파손의 원인이 임시적이며, 또는 우발적인 성질의 것인 경우에 있어서는 파손비를 제품의 원가에 산입하지 않고 원가 외의 손실로 처리하게 된다. · 재료재정을 순수한 자산재정으로 하여 그 입출고를 원가로 기장하는 경우에 있어서도 제료재정의 차변 잔액이 제료액과 일치하지 아니하는 경우가 있다. · 이 차이는 재료보관 중의 파손·감손·도난 혹은 담당자의 부정, 기장계산의 오류 등에 의한 것으로서, 현재상 부득이한 것도 있는 것이다. · 이 차이는 기말에 우선 제료재고자손 <또는 차이> 계정으로 처리하여 두었다가 그 차액의 원인을 경상적으로 발생하는 정상액의 범위내이면 재료재고 감모비계정에 대체하여 경비의 임중으로서 제품원가에 산입한다. <제조간접비> · 도난·화재 등으로 말미암아 기액의 발생하였을 때에는, 이것을 제품원가로 계상하지 않고, 손익계정에 대체하여 원가 외의 손실로 처리하게 된다.

거래의 형태별	주요거래의 내용	사용하는 계정과목	유의점·세무상의 요점	관계법령
6. 매입·매출·관세 ( )	6-28 증여에 의하여 재고자산을 취득한 경우	수증익 (Donated Income)	[가산 예] ① 기말재고조사를 한 결과, 실제재고액이 장부잔액보다 10,000원 부족하였다. (차) 재료재고차손 10,000 (대) 재 료 10,000 ② 위의 부족액은 조사결과 정상적인 감손인 것이 판명되었다. (차) 재료재고감모비 10,000 (대) 재료재고차손 10,000 ③ 재료재고감모비 10,000원을 제조간접비 계정에 대체하다. (차) 제조간접비 10,000 (대) 재료재고감모비 10,000 • 당해 자산을 취득하기 위하여 소비한 경제적 재화가 없을 뿐만 아니라, 무상으로 받은 자산의 가액에 해당하기 때문에 수증익을 현재의 제조설치가를 기준으로 하여 그 취득원가로 할 수 밖에 없다. • 그 자산을 받은 날에 자산을 타인으로부터 매입하는 경우에 소요될 정상가액에서 매입에 따르는 부대비용의 예정액을 합하여 취득원가로 하여야 한다. (차) 상 품 ××× (대) 수 증 익 ××× (매 입) • 자기가 매입하는 거래처로부터 매입수량, 거래실적에 따라 할증을 가취급하는 상품을 덤으로 받았을 때에는 그 취득원가는 없으므로, 이러한 재고자산의 취 득원가는 없는 것이다.	

거래의 형태	주요거래의 내용	사용하는 계정과목	유의점·세무상의 요점	관계 법령
6-29	채권의 변제	상 품 (Commodity)	· 원칙적으로 그 채권액을 재고자산의 취득원가로 하게 된다.	
	6. 의 수단으로서 상품계고자산을 취득한 경우	기부금 (Donation)	채권의 변제로서 받은 재고자산을 발급 기준으로 하여 정상적인 재고 실시기에 계상의 미달하는 경우에 있어서는 그 차액을 포기하므로 증여에 해당하게 되는 것이다.	
	매・외상・주・채권		(차) 상 품 ××× (대) 대 여 금 ×××	
	의 계		(매) 기 부 금 ×××	
			· 예) 대금 500,000원이 있는 재고자산에게서 상품의 정상적인 재조달시가 350,000원의 상품을 취득하였을 때	
			(차) 상 품 350,000 (대) 대 여 금 ×××	
			기 부 금 150,000	
			· 위의 경우에 있어서 그 재고자산의 취득이 회사정리절차법이나 파산선고 등에 의하여 취득한 경우에는 정상적인 시가를 초과하는 금액을 이를 대손금으로 처리함이 타당하다.	
			· 채권의 변제로서 받은 자산이 재고자산이 되지 아니하고 즉시 매각하여 버릴 자산인 경우에 있어서는 이를 미결산계정으로 처리할 수도 있을 것이다.	
			(차) 미결산계정 ××× (대) 대 여 금 ×××	
			기 부 금 ×××	

거래의	주요거래의	사용하는	유의점·세무상의 요점	관계
식별번호	내용	계정과목		법령
6. 매입·지출관계 (계속)	6-30 기계류 등의 공장전체에서 사용하는 제품의 제조과정에서 사용하는 소모성 소요된 비용	공장소모품비 (Factory Supplies Cost)	· 대규모의 공장에 있어서 공장에서 사용하는 소모품의 구입(이상적으로 대량으로 구입하는 경우를 제외)을 공장소모품비로서 비용계상할 수가 있다.(대체로 1년 이내의 소비분 상당의 경우에는 저장품으로 계상하지 아니하여도 될 것이다)	
	6-31 공장용 치구, 공구로서 소액의 것을 기구가 구입하기 위하여 소요된 비용(기계장치에 부속되어 일체로 사용되는 기능을 발휘하는 것을 제외한다)	소모공구 기구비품비 (Consumable Tool and Furniture)	· 취득가액이 고액이고, 내용연수가 1년 이상의 것은 공구기구비품으로서 자산으로 계상하여야 한다. · 기계장치와 일체로 되어 사용되는 것은 당해 기계장치의 대가에 포함하여 자산으로 계상한다.	

거래의 성대별 내용	주요거래의 내용	사용하는 계정과목	유의점·세무상의 요점	관계법령
6. 열·채·수	6-32 공장 등에서 사용하는 박용의 전력의 사용료	전력비 (Electric Power Charge)	• 사무소 및 공장의 일부에서 사용하는 소위 전등요금은 광열비로 구분된다. • 전력회사로부터 공급을 받는 경우에는 실제사용량의 파악에는 문제가 있겠으나, 청구 base가 아닌 지불 base에서 계속적으로 계상하는 것이 바람직하다. • 자가발전의 경우에 있어서는 연료비 체선비에 대한 감가상각비, 작업원의 임금수당 등이 그 원가가 되는 것이다. • 결산시점에 있어서는 지불 base가 아닌 청구 base에서 비용으로 계상함이 타당하다.	
	6-33 자가별 전의 이용에 요하는 비용			
위·채·출	6-34 전기로 남기내 미 냉방 가신 금의 처리	수도광열비 (Heat and water Expense)	• 전기 요금을 소정기간내에 납부하지 아니하고 연체함으로써 부과하는 가산금은 법인세법 제21조 제3호에 규정하는 손금불산입항목이 아닌 것이다.	
매·출				
관·계	6-35 제품의 출을 보수 또는 보전하기 위하여 하기 위한 소요된 제 소요된	제조경비 (Manufacturing Expense)	• 제조업자가 제품을 생산하는 과정에서 그 제품의 흠을 보수 또는 보전하기 위한 제조 비용은 판매 가능한 제품의 구성요소로서 그 제품이 판매된 날이 속하는 사업연도의 손비로 처리되는 것이다.	

거래의 성격	주요거래의 내용	사용하는 계정과목	유의점·세무상의 요점	관계법령
	6-36 공업용 수도 또는 제조공정에 사용하는 정수의 제품비용의 처리	가스수도비 (Gas and water Expense)	• 일반적으로 사용하는 상수도요금은 수도광열비로서 구분하여야 한다. • 공업용수도를 이용하기 위한 공사부담금, 보증금, 자기용 정수를 건설하기 위한 자기전용 무형자산 또는 구축물로서 자산계상하여야 한다.	
	6-37 신제품 또는 신기술의 연구	시험연구비 (Experimental and Research Costs)	• 신제품 또는 신기술의 연구를 위한 비용으로서 경상적이 아닌 것은 무형자산으로서 시험연구비인 것이다. • 신제품 또는 신기술의 연구를 위하여 지출한 비용은 신제품의 시작비, 신기술의 발명에	

거래의 산대방	주요거래의 내용	사용하는 계정과목	유의점·세무상의 요점	관계법령
	6-38 현재 생산하고 있는 제품 또는 제공하고 있는 기술의 개량, 개발을 위하여 지출한 비용	**시험연구비** (Experimental and Research Costs)	판계되는 비용으로서 특별히 지출한 비용인 것이다. · 무형자산으로서 경리하게 되며, 세법은 5년간 균등상각할 것을 규정하고 있다. · 시험연구가 성공하여, 공업소유권(특허권·의장권·실용신안권·상표권 등)을 취득하였을 때에는 취득시에 무형자산으로 계상되어 있는 시험연구비의 액만을 공업소유권(특허권 등)의 취득가액에 산입한다. <시험연구비의 장부전액을 특허권 제정으로 대체한다> · 시험연구가 불성공으로 끝났을 경우에는, 그것이 판명될 날이 속하는 사업연도의 손금으로 계상할 수 있다. · 무형자산으로서 시험연구비에 대한 회계처리는 다음과 같다. ① 시험연구비를 지급하였을 때 (차) 시험연구비 ××× (대) 현금및현금성자산 ××× ② 기말 결산시 상각하다. (차) 시험연구비상각 ××× (대) 시험연구비 ××× ③ 시험연구가 성공하였을 때 (차) 특허권 ××× (대) 시험연구비 ×××	

거래의 종류별	주요거래 내용	유의점·세무상의 요점	관계 법령
6. 매입처·임차지 구에 소요한 비용 (연구·개발·위탁·출판계)	통상 행하여 지고 있는 시험연 구를 위하여	· 산설의 시험연구소가 있어서 현재 제조하고 있는 제품이나, 현재의 생산방법 제조 기술의 개량을 위하여 경상적으로 지출한 비용은 시험연구비에 포함하지 않고 기술개체비로서 판매비와 관리비로서 처리한다. · 6~38에 의한 지출금액은 손금경리하는 것이 인정되어 있다. · 종래에 생산하고 있는 제품 또는 이전부터 채용하고 있는 기술개량을 위한 일반적인 경상적인 비용은 경상적인 손비로서 시험연구비인 것이다. · 적용대상이 되는 시험연구란 다음과 같은 것들이다 하겠다. ① 제품의 제조 또는 기술의 개량·고안 또는 발명에 관련되는 것 ② 인터넷에 의한 제조공정처리에 관하여 고도의 기술의 연구에 관련되는 것 상기 연구에 관련되는 비용으로서 다음과 같은 것을 시험연구비라고 생각할 수 있겠다. ㉮ 연구를 위한 원재료 또는 지도에 원래부터 종사하는 자의 인건비 및 경비지출을 위탁한 자에게의 보수 ㉯ 연구를 위한 원재료 사용료 ㉰ 그 연구를 위해 참부터의 사용료 ㉱ 연구를 위한 수강료, 교재의 작성 또는 취득에 요하는 비용 등을 포함	

거래의 상대방 성대방	주요거래 내용	사용하는 계정과목	유의점·세무상의 요점	관계 법령
	6-39 광산업 또는 제조업을 경영하는 자가 자기가 채굴 또는 제조한 것을 자기가 생산하는 다른 광산물 또는 제조한 제품을 제조하기 위한 원료·재료 또는 제조용 연료로 사용한 때에는 그 사용한 부분에 상당하는 자기가 채굴한 것 또는 제조한 제품	**재료비** (Material Cost)	• 광산업 또는 제조업을 경영하는 자가 자기가 채굴 또는 제조한 것을 자기가 생산하는 다른 광산물 또는 제조한 제품을 제조하기 위한 원료·재료 또는 제조용 연료로 사용한 때에는 그 사용한 부분에 상당하는 금액은 과세표준에 산입하지 아니하므로, 이와 같은 경우에는 판매수익으로 계상하지 아니한다. • 이에 따른 회계처리는 매출계정을 통해 직접 당해 원가계정으로 대체처리를 하는 것이 아니고 직접 당해 원가계정으로 대체처리를 한다. • <분개> (차) 재 료 비 ××× (대) 제 품 ××× • 출고시 회계처리를 한다. • 제조원가에 의거한다.	
	6-40 수입물품 판매	**수입원가** (Import Cost)	• 법인의 수입물품이 판세법 제126조의 규정에 의하여 국고에 귀속되는 경우에 동 물품을 수입하는 데 소요된 비용은 국고에 귀속되는 날이 속하는 사업연도의 비용으로 처리하게 되는 것이다.	

거래의 상대방	주요거래의 내용	사용하는 계정과목	유의점·세무상의 요점	관계 법령
	6. 매입처·외주처에 지출한 (매입·외주비 등 수업하는 데에 우에 있어 요된 비용)			

제7장 매출처 등에 관련하여 발생하는 거래의 세무처리 요령

거래의 식별방법	주요거래의 내용	사용하는 계정과목	운영점·세무상의 요점	관계법령
7. 매출 (치·출판매)	7-1 상품 등을 판매 하였을 경우(통상의 판매)	매출 (Sales)	• 모든 수익과 비용은 그것이 발생한 기간에 정당하게 배분되도록 처리하여야 한다. 다만, 수익은 실현시기를 기준으로 계상하고 미실현수익은 당기의 손익계산에 산입하지 아니함을 원칙으로 하고 있다. 또한 <수익인식>에 대금과 같이 규정하고 있다. • 재화의 판매로 인한 수익은 다음 조건이 모두 충족될 때 인식한다. ① 재화의 소유에 따른 위험과 효익의 대부분이 구매자에게 이전된다. ② 판매자는 판매한 재화에 대하여 소유권이 있을 때 통상적으로 행사하는 정도의 관리나 효과적인 통제를 할 수 없다. ③ 수익금액을 신뢰성 있게 측정할 수 있다. ④ 경제적 효익의 유입 가능성이 매우 높다. ⑤ 거래와 관련하여 발생하거나 발생기의 관련비용을 신뢰성 있게 측정할 수 있다. • 소유에 따른 위험과 효익의 대부분이 구매자에게 이전된 시점을 결정하기 위해서는 거래상황을 분석하여야 한다. 재화의 판매의 위험과 효익의 이전은 일반적으로 법적 소유권의 이전 또는 점유의 이전과 동시에 일어난다. 그러나 경우에 따라서는 소유에 따른 위험과 효익의 이전시점이 재화의 물리적 이전시점과 다를 수 있다.	

거래의 유형	주요거래의 내용	사용하는 계정과목	유의점·세무상의 요점	관계법령
7. 매출(제품매출계)			• 거래 이후에도 판매자가 판편재화의 소유에 따른 위험의 대부분을 부담하는 경우에는 그 거래를 아직 판매로 보지 아니하며, 따라서 수익을 인식하지 않는다. 이러한 예는 다음과 같다. ① 인도된 재화의 결함에 대하여 경상적인 품질보증범위를 초과하여 책임을 지는 경우 ② 판매대금의 회수가 구매자의 재판매에 의해 결정되는 경우 ③ 설치조건부 판매에서 계약의 중요한 부분을 차지하는 설치가 완료되지 않은 경우 ④ 구매자가 판매계약에 따라 구매를 취소할 권리가 있고, 해당 재화의 반품가능성을 예측하기 어려운 경우 • 거래 이후에도 판매자가 소유에 따른 위험의 대부분을 부담하는 반품가능 판매의 경우에는 ① 판매가격이 사실상 확정되었고 ② 구매자의 지급의무가 재판매여부에 영향을 받지 않으며 ③ 판매자가 재판매에 대한 사실상의 책임을 지지 않고 ④ 미래의 반품금액을 신뢰성 있게 추정할 수 있는 조건들이 모두 충족되지 않는 한, 수익을 인식할 수 없다. • 거래 이후에 판매자가 소유에 따른 위험을 일부 부담하더라도 그 위험이 별로 중요하지 않으면 판매자가 소유에 따른 위험을 일부 부담한다고 하더라도 그 위험이 별로 중요하지 않은 경우에는 판매자에서 참감한다.	

거래의 형태	주요거래의 내용	사용하는 계정과목	유의점·세무상의 요점	관계 법령
7. 매 출 (매 출 채 권)			• 수익은 거래를 판매로 판매자가 판매대금을 보아 수익을 인식한다. 대물 들은 판매대금에 의한 수입을 확실히 할 목적으로 해당 재화의 법적 소유권을 계속 가지고 있더라도 소유에 따른 위험과 효익의 상당부분이 실질적으로 구매자에게 이전되었다면, 해당 거래를 판매로 보아 수익을 인식한다. 또 다른 예로, 고객이 민족하지 않는 경우에 판매대금을 반환하는 소매체를 들 수 있다. 이러한 경우에 과거의 경험과 기타 관련요인에 기초하여 미래의 반환금액을 신뢰성 있게 추정할 수 있다면, 판매시점에 수익을 인식하고 추정반환금액은 부채로 인식한다. • 수익은 수익금액을 신뢰성 있게 측정할 수 있는 시점에 인식한다. 이는 수익금액이 반드시 확정되어야 할 의미하는 것은 아니며, 합리적인 근거에 의해 추정 가능한 경우에는 정보로서의 신뢰성을 가질 수 있기 때문에 수익을 인식한다. 그러나 중요한 불확실성이 존재하여 신뢰성 있게 거래하는 경우에는 수익을 인식하지 않는다. 판매대가를 받을 것이 불확실한 경우에는 불확실성이 해소되는 시점까지 수익을 인식하지 않는다. 그러나 이미 인식한 금액에 대해서는 회수불가능성이 불확실해지는 경우에도 수익금액을 조정하지 아니하고 회수불가능하다고 추정되는 금액을 비용으로 인식한다. • 수익과 관련비용은 대응하여 인식한다. 즉, 특정거래와 관련하여 발생한 수익과 비용은 동	

거래의 상대방	주요거래내용	사용하는 계정과목	관계법령
7. 매출, 지출, 매출관계		유의점·세무상의 요점	

- 일반 회계기간에 인식한다. 일반적으로 재화의 인도 이후 예상되는 품질보증이나 기타 비용을 수익인식 시점에서 신뢰성 있게 측정할 수 있다. 그러나 재화판매의 판면된 비용을 신뢰성 있게 측정할 수 없다면 수익을 인식할 수 없다. 이 경우에 재화판매의 대가로 이미 받은 금액은 부채로 인식한다.
- 어떠한 시설을 가지고 매출수익이 되었다고 해석할 것인가는 개개의 구체적 권리, 수익을 규제하는 계약내용, 기타 법률상 또는 사실상의 제사정을 종합하여 결정하여야 할 것이다.
- 매출은 회사가 취급하고 있는 판매대상물로서 보더라도 상품·제품·공사·서비스 등의 매출이 있으며 또한 그 판매형태에서 본다면, 통상의 판매·위탁판매·장기할부판매 등에 대해 가치가 있다.
- 세법은 소위 권리확정주의를 채용하고 있는 각 사업연도의 소득을 그 사업연도에서 수득할 권리가 확정된 수익과 그 사업연도에서 이행하여야 할 의무가 확정된 비용을 비교함으로써 인식 파악한다는 비교기준의 인식기준인 것이다. 즉, 순자산의 중감의 원인이 되는 사실의 금전적 해석적 수수로부터 이끌어내는 인식·파악하는 것을 권리확정주의 하에 한다. 이는 의무가 확정된 시점에서 손익을 인식·파악하는 것을 권리확정주의에 하게 된다. 이는 금주의 확정된 시점으로 옮아가는 과도기에 있어서의 비용, 수익인식에 관한 기준이다 할 수 있다.

거래의 성격방	주요거래의 내용	사용하는 제정과목	유의점·세무상의 요점	관계 법령
7. 매(출)채권(매출관계)			• 우리나라 법인세법은 제40조 제1항에 "내국법인의 각 사업연도의 익금과 손금의 귀속사업연도는 그 익금과 손금이 확정된 날이 속하는 사업연도로 한다"고 규정하고 있다.	법인법 §40 ①
			• 상품 등의 판매에 따른 손익귀속시기를 적용함에 있어서 법인이 매출함으로 하는 경우, 그 매출함으로 인에는 상대방과의 약정에 의한 지급기일(그 지급기일이 경해져 있지 않은 우에는 지급한 날이 속하는 사업연도의 매출액에서 차감한다.	법인령 §68 ①
			• 상품(부동산을 제외), 제품 또는 기타의 생산품(이하 "상품 등"이라 함)은 현금을 받고 매입자에게 상품·제품을 인도하거나 의상으로 매입자에게 인도한 날도 매출 계상하여야 하는 것이다. 그러나 상품 등을 인도한 날의 판정에 있어서 다음의 예는 당해 흠에 규정한 날로 한다.	법인령 §68 ④
			① 납품계약 또는 수탁가공계약에 의하여 물품을 납품하거나 가공하는 경우에는 당해 물품을 계약상 인도하여야 할 장소에 보관한 날로 한다. 그러나 계약에 따라 검사를 거쳐 인수 및 인도가 확정되는 물품의 경우에는 당해 검사가 완료된 날로 한다.	법인칙 §33
			② 물품을 수출하는 경우에는 수출물품을 계약상 인도하여야 할 장소에 보관한 날로 인도한 날로 한다.	
			• 상품 등의 시용판매는 상대방이 그 상품 등에 대한 구입의 의사를 표시한 날로 한다. 그러나 일정기간 내에 반송하거나 거절의 의사를 표시하지 아니하면 특약	

7. 매출

거래의 성대방	주요거래의 내용	사용하는 계정과목	유의점·세무상의 요점	관계 법령
	〈매출〉 제 품 (매 출)		• 등에 의하여 그 판매가 확정되는 경우에는 그 기간이 납품일로 한다. • 상품 등 의의 자산의 양도는 그 대금을 청산한 날을 귀속사업연도로 한다. 그러나 대금을 청산하기 전에 소유권 등의 이전등기(등록을 포함한다)를 하거나 당해 자산을 인도하거나 상대방이 당해 자산을 사용수익하는 경우에는 그 이전등기일(등록기일을 포함한다)·인도일 또는 사용수익일 중 빠른 날로 한다. • 자산의 위탁판매는 수탁자가 그 위탁자산을 매매한 날을 귀속사업연도로 한다. • 회계연도(사업연도) 말에 제품·상품의 매출계약을 하고, 계약금조로 대금의 일부를 받은 이음으로 받았거나, 결산일 현재 재고자산계정에 매출계약품이 계상되어 있다면도 보아 과세하게 되는 것이다. • 매출수익의 계상은 인도한 날을 기준으로 함으로써, 시설상 수익이 되어있지 않다라도 금의 청구권이 발생한 시점을 수익인식의 시점으로 하게 되는 것이다. • 이에 대하여 예를 들어 설명하여 보자. 매출 들어 12월 31일이 사업연도 종료일인 법인이 12월 31일에 매출월가 100만원의 상품(제품)을 150만원에 매출하고 아직 등 상품 등을 인도하지 아니하였으므로 당기 중 매출액으로 계상하지 아니하고, '(차) 현금 및 현금등가물 ××× (대) 선수금 ×××' 채우금조로 대금의 입부를 받았다. 기말재고자산에 제품·제품에 계상되었을 경우에 있어서는 세무계산	

거래의 형태	주요거래의 내 용	사용하는 계정과목	유의점·세무상의 요점	관계법령
7. 매 출 〈 매 출 관 계 〉			상 150만원은 익금(매출수익)에 산입하고, 매출원가 100만원은 손금으로 산입하게 되는 것이다. • 이러한 경우 법인이 그 다음 사업연도에 다음과 같이 처리하였다면 소득금액을 신고할 때 매출 중 150만원은 기매출이므로 과세소득에서 차감하여야 할 것이며, 동시에 이에 대응하는 매출원가 100만원도 과세소득에서 차감(익금불산입)하여야 할 것이다. 　　(차) 외상매출금　150,000　(대) 매　출　1,500,000 　　　　매출채권　1,350,000 • 위의 경우 세무회계상 회계처리를 합리적으로 하기 위해서는 다음과 같은 분개가 가능할 것이다. 　　(차) 선 수 금　500,000　(대) 이월이익잉여금　500,000 　　　　매출채권　1,350,000　　이 월 상 품　1,000,000 • 그러면 (가정 ㉯)에 의한 매출의 경우 회계처리에 대하여 음미하여 보자. [가정 ㉯] 제품을 100만원에 매출하고, 매입자로부터 부가가치세를 거래징수하고, 약속어음 20만원, 현금 30만원을 받고 잔액은 외상으로 한다. 　　(차) 현금및현금성자산　600,000　(대) 매　　　출　1,000,000 　　　　매출채권　　　　　500,000　　예　수　금　　100,000	

주요거래의 선택방	주요거래의 내용	사용하는 계정과목	관계법령
7. 매출 〈매출채권〉 (매출계)	• 판매기준 이 기준은 상품·제품의 인도하는 시기에 있어서 수익을 인식하는 기준인 것이다. 상품·제품을 인도하여 그 소유권이 상대방에게 이전되며, 그 대신 매출처는 대금청구권이란 채권을 획득하게 되는 때에서 가장 일반적이며, 확실한 매출실현의 기준이 될 것이다. • 이 기준은 보통판매의 형태 중, 매매계약에 의해서 상품 등을 상대방에게 인도함과 동시에 매출액이 확정되기 때문에 지급수단으로 전화(轉化)되기 또는 단기간에 유동성이 풍부한 채권으로 전환하는 판매형태에 합당하는 것이다 하겠다. 따라서 할부판매의 경우와 같이 상품 등의 인도를 끝내어도 대금의 지급시기가 단기간에 도래하지 아니하는 우위 간의 말하면 유동성이 풍부한 매출채권이 발생하지 아니하는 판매형태, 바꾸어 말하면 유동성이 풍부한 매출채권의 발생하지 아니한 판매형태에는 적용을 기준은 아니라 할 것이다. • 상술한 바의 상품 등의 수익실현은 판매 결정하게 되는 하나의 중요한 기준이긴 하나, 그것은 또한 그 인도를 어떻게 이해하는가에 따라 출하기준과 검수기준으로 나눌 수 있겠다. (1) 출하기준 출하기준은 거래처로부터의 주문에 의하여 상품 등을 출하하였을 시점(시기)에 매출이 제상하는 것으로서 다음과 같은 기준을 들 수 있다.	유의점·세무상의 요점	

거래의 형태	주요거래의 내용	사용하는 계정과목	유의점·세무상의 요점	관계법령
7. 매 출 〈 매 출 〉 관 계			① 참고도기준 : 참고도기준은 상품 등을 창고 또는 공장 등으로부터 출고한 시점(시기)에서 매출액을 계상하는 방법이며, 일반적으로 창고 등의 출하보고서 등에 의하여 매출액을 계상하게 된다. ② 화차적기준 : 화차적기준은 상품 등을 화차적(貨車積) 또는 트럭 등에 적재한 시점(시기)에서 매출액을 계상하는 방법으로서 보통 철도나 통신업자로부터의 적재보고서 등에 의하여 매출액을 계상하게 된다. ③ 선적기준 : 선적기준은 상품 등을 선편에 의하여 상대방에게 출하할 경우에 채택되는 방법으로서 선적보고서에 의하여 매출액을 계상하게 된다. ④ 반입기준 : 반입기준은 선박회사의 지정하는 장소에 반입하는 시기(시점)에 매출액을 계상하는 방법으로서 통상 상대방의 물품수령서에 의하여 매출액을 계상하게 된다. ⑤ 인하증권 등의 발행일기준 : 인하증권 등의 상품 등을 선적 등에 의하여 하송(荷送)하는 경우에 선하증권 또는 화물인환증이 발행되므로 그 발행일에 의하여 매출액을 계상하는 방법인 것이다. (2) 접수기준 접수기준이란 상대방에게 인도한 상품 등을 그 상대방이 접수인한 시기에 매출액을 계상하는 방법으로서, 통상 상대방의 접수통지서에 의하여 매출액을 계상하는 방법인 것이다.	

거래의 선택과목	주요거래 내용	시공하는 계정과목	유의점·세무상의 요점	관계 법령
7. 매출 (매출·수출·위탁매매·장기할부판매관계)	7-2 상품 또는 제품을 인도하여 인도한 경우	매출 (Sales)	• 당해 물품을 제약상 인도하여야 할 장소에 보관한 날에 수익으로 인식한다. 대한 물품의 검사를 거쳐 인수·인도가 확정되는 물품은 당해 검사가 완료된 날에 수익을 인식한다.	법인 통칙 40-68 …2
	7-3 물품을 수출하는 경우		• 수출물품을 제약상 인도하여야 할 장소에 보관한 날에 수익으로 인식한다. 이것은 제약상 발문의 명시가 없는 한 선적을 완료한 날을 말한다. 다만, 선적완료일의 불분명한 경우 서 수출할 물품을 보세구역이 아닌 다른 장소에 장치하고 통관절차를 거쳐서 수출면장을 발급받은 경우에는 "제약상 인도하여야 할 장소에 보관한 날"에 해당하는 것으로 본다.	
	7-4 장기할부로 물품 판매를 하였을 때	장기할부판매 (Long-term Installment Sale)	• 장기할부판매란 한 매매계약의 성립되었을 때에 상품 등을 인도한다는 것을 조건으로 인부 또는 전부의 대금을 할부 또는 연부 등으로 분할하여 받아들이는 형식의 판매를 말한다. • 위 같은 판매형태는 실제로 상품 등을 매입자에게 인도한다는 점에 매매 같으나, 그 대금의 회수기간이 장기에 결쳐 분할회수됨으로 대금회수상의 위험이 매우 높다는 특색을 가지고 있다. • 장기할부판매를 법률상으로 보면, 매매와 같은 체계약이므로서, 매매계약	

주요거래의 성격	내용	사용하는 계정과목	유의점·세무조정 요점	관계 법령
7. 매 (출) 채 권 매 출 관 계			결의 때에 당연히 그 상품의 소유권은 매입자에게 이전하여야 한다고 해석될 수 있겠으나, 전술한 바와 같이 대금회수에 대하여서야 할 점이 많으므로 매입자의 채권보전의 조치를 강구하여야 할 것은 말할 필요도 있다. 그리므로 장기할부 매출상품의 소유권을 자기 밑에 유보하는 제약 기한부대금의 완제될 때까지 그 장기할부 판매상품의 소유권을 자기 밑에 유보하는 제약 형태를 사용하는 때가 많은 것이다. • 그러므로 장기할부 판매시에 반드시 소유권 유보의 특약을 명기하여 계약을 체결하는 것이 소망스럽다 하겠다. • 일반적으로 채택되고 있는 장기할부판매의 회계처리하는 다음의 3가지 방법이 있다. ① 매출수익을 보통의 판매의 경우와 같이 판매기준에 의하여 상품 등을 상대방에게 인한 날에 실현된 것으로서 계상하고 별도로 대손충당금이나, 대금회수비, After Service비 등을 충당금 형태로서 견제계상하는 방법 ② 위 ①의 판매기준 대신에 장기할부금의 지급기한의 도래일 모든 임금일을 매출수익의 실현의 날로 하는 방법 ③ 판매기준에 의하여 매출수익을 계상하나, 지급기한도래일기준 모든 임금일을 매출수익에 따라 재산한 이연할부 매출손익(미실현손익)을 공제하는 방법 • 기업회계기준상 할부판매의 경우에는 이자수익에 해당하는 부분을 제외한 판매가액을 재화가 인도되는 시점에 수익으로 인식하는 것으로 규정하고 있다. 판매가액을 할부금의	

310 PART ▶ 7 매출자 등에 관련하여 발생하는 거래의 세무처리 요령

거래의 선택방	주요거래의 내용	사용하는 계정과목	유의점·세무상의 요점	관계법령
7. 매출관계 ( )			현재가치이며, 이자수익은 유효이자율법을 적용하여 계산한다.	2·A32
			• 장기할부기준은 단순한 현금주의 이연 것이며, 판매한 상품의 대금이 모두 현금으로 일괄 매출에 의한 수익이 모두 실현되지 않는다는 것이 아니고, 수익은 할부대금의 회수약정일에 비례하여 실현된다고 인정하는 것이다.	법인령 §68 ②
			• 법인세법에 있어서는 장기할부 매출수익을 회수하였거나 할 날에 확정되었다고 과세하게 된다. 즉, 장기할부조건으로 자산을 판매하거나 양도함에 있어서 사업연도의 결산을 확정함에 있어서 사업연도의 회수하였거나 회수할 금액과 이에 대응하는 비용을 각각 수익과 비용으로 계상한 경우에는 그 장기할부 조건에 따라 각 사업연도에 회수하였거나 회수할 금액과 이에 대응하는 비용을 각각 해당사업연도의 익금과 손금으로 산입한다. 이 경우 인도일 이전에 회수하였거나 회수할 금액과 해당 인도일에 회수한 것으로 보며, 법인이 장기할부기간 중에 폐업한 경우에는 그 폐업일 익금에 산입하지 아니한 금액과 이에 대응하는 비용을 폐업일이 속하는 사업연도의 익금과 손금에 각각 산입한다.	법인령 §68 ④
			• 여기에서 "장기할부조건"이란 함은 자산의 판매 또는 양도(국외거래에 있어서는 소유권 이전 조건부 약정에 의한 자산의 임대를 포함한다)로서 판매금액 또는 수입금액을 월부·연부 기타의 지불방법에 따라 2회 이상으로 분할하여 수입하는 것 중 해당 목적물의 인도일의 다음날부터 최종의 할부금의 지급기일까지의 기간이 1년 이상인 것을 말한다.	

거래의 상대방	주요거래의 내용	사용하는 계정과목	유의점·세무상의 요점	관계 법령

	7. 매 〉 출 〈 관 계 (지 목 출 제)		• 장기할부조건 등에 의하여 자산을 판매하거나 양도함으로써 발생한 채권에 대하여 기업회계기준이 정하는 바에 따라 현재가치할인차금을 계상한 경우 당해 현재가치할인차금상당액은 당해 채권의 회수기간 동안 기업회계기준이 정하는 바에 따라 환입하였거나 환입할 금액을 각 사업연도의 익금에 산입한다.
			
			• 건설·제조 기타 용역(도급공사 및 예약매출을 포함한다. 이하 "건설 등"이라 한다)의 제공으로 인한 익금과 손금은 귀속사업연도의 목적물의 인도일(용역제공의 경우에는 그 제공을 완료한 날)이 속하는 사업연도로 한다. 위에서 각 사업연도의 익금과 손금에 산입하는 금액의 계산은 다음 각호의 산식에 의한다.
			① 익 금
			  계약금액 × 작업진행률 − (전사업연도 말까지 익금에 산입한 금액)
			② 손 금
			  당해사업연도에 발생된 총 비용
			
			• 건설 등의 계약기간그 목적물의 건설 등의 착수일부터 인도일까지의 기간을 말한다)이 1년 이상인 건설 등의 경우 그 목적물의 착수일이 속하는 사업연도부터 그 목적물의 인도일이 속하는 사업연도의 각 사업연도의 익금과 손금은 그 목적물의 건설 등을 완료한 정도(작업진행률이라 한다)를 기준으로 하여 계산한 수익과 비용을 각각 해당
				법인법 §68 ⑥
				
				법인법 §69 ①
				
				법인법 §69 ②

거래의 선택방	주요거래의 내용	사용하는 계정과목	유의점·세무상의 요점	관계법령
7. 매 출 채 권 ( )			사업연도의 임금과 손금에 산입한다. 국기에서 "건설 등을 완료한 정도"라 함은 다음 산식에 의하여 계산한 외의 경우에는 이를 준용하여 계산한 비율을 말한다. ※ 중공사인정되는 법인세법시행령 제79조 제2호에 해당하는 건설업회계처리준칙을 적용하여 계약당시에 추정한 공사원가에 당해 사업연도말까지의 변동상황을 반영하여 계산한 비율을 말한다. 당해 사업연도말까지 발생한 총공사비 누적액 작업진행률 = ──────────────────────── 총공사예정비 작업진행률을 계산할 수 없다고 인정되는 경우(법인이 비치·기장한 장부가 없거나 장부의 내용이 충분하지 아니하여 당해 사업연도 중공일까지 실제로 소요된 총공사비 누적액을 확인할 수 없는 경우에는 그 목적물의 인도일이 속하는 사업연도의 임금과 손금에 각각 산입한다. 작업진행률을 계산하는 경우에 있어서 "총공사비"란 당해 공사원가의 구성요소가 되는 재료비, 노무비, 기타 공사비를 말한다. 당기 공사원가에 해당하는 감가상각비를 판매하지 않은 경우에는 실질과세원칙에 따라 이를 공사원가에 가산하여 작업진행률을 계산하며, 자재비를 부담하지 아니하는 조건으로 도급계약을 체결한 경우 총공사비에는 자기가 부담하지 아니한 자재비는 포함하지 아니한다.	법인세 §34 ① 법인통칙 40-69…3

거래의 유형	주요거래의 내용	사용하는 계정과목	유의점·세무상의 요점	관계법령
7. 목적물 출하 시 매출 계상 ( )	7-5 위탁판매 할 때	매출 (Labeled) <적송품 매출> (대) 위탁판매 (Consignment Out)	· 위탁판매란 상품 등의 판매를 수탁자에게 위탁하는 판매형태인 것이다. 다시 말해서 위탁판매라 함은 독립된 상인이 다른 상인을 위하여 상품의 판매를 하기도 하고, 상품의 소유자 <위탁자>가 대행자 <수탁자>에게 상품을 적송하고 수탁자는 위탁자를 위하여 판매하고, 수탁자는 그 대가로 수수료를 받는 판매형태를 의미하게 되는 것이다. · 위탁자의 경우에 있어서는 그 상품을 매출하기까지에는 그 상품의 소유권은 아직 위탁자에게 속하고 있는 셈이며, 수탁자 자신은 판매자가 아니므로 수탁자에게 도한 시기를 매출액의 실현의 날로 볼 수 없는 것이다. · 위탁판매를 위하여 수탁자에게 적송할 때에는 위탁자는 그 상품을 적송품이라 한다. 그리하여 발송되면 불출되는 것이기 때문에 상품과 구별하기 위하여 일반 적송품 적송품 계정을 두어 처리한다. ① 수탁자가 위탁자산을 매매한 날 : 결산점차 종료일까지의 매출계산서의 할인에 의하여 결산일까지 판매될 것이 명백히 된 것에 대하여 이것을 당기의 매출에 계상한 날 : 수탁자가 위탁 ② 수탁자가 매출계산서를 작성한 날 : 수탁자가 위탁	

거래의 형태	주요거래 내용	사용하는 계정과목	유의점·세무상의 요점	관계법령
7. 매출 (제품매출·상품매출·공사수입금 등)			상품을 판매한 날로 수익실현의 시기를 본다면, 이 시점에서 수익은 명백하여 정해지지만, 아직 수탁자의 수수료·매출금 그 밖의 계산이 끝나지 아니하는 한 위탁자에게 연말만의 수익이 될 수 없으므로, 이것이 명확하여지는 것은 매출계산서가 작성되는 때이므로, 그때를 가지고 수익실현의 시기로 삼아야 한다는 것이다. ③ 위탁자에게 매출계산서가 도착한 날 : 위탁자에게 매출계산서가 판매일마다 작성되는 경우에 매출 주·순·월마다 규칙적으로 위탁자에게 송부되어 오는 절차가 취하여질 경우에 매일 또는 대적일 것이다. • 기업회계에 있어서는 수탁자가 위탁품을 판매한 날에 실현되는 것으로 한다고 규정하고 있다. • 법인세법상으로는 수탁자가 그 위탁자산을 매매한 날을 수익시기로 한다. • 세법상에 있어서는 수탁자가 위탁한 날에 적송품 매출 <위탁품매출>이 확정되었다고 보고 과세하게 된다. • 세법상 원칙적 기준인 수탁자가 위탁상품 등을 매매한 날에 대하여 일견하여 취급하고 있으므로 매매의 사실을 확인할 뿐만 아니라 수탁자에의 확인이 의	법인법 §68 ① 4호

거래의 성격	주요거래의 내용	사용하는 재정과목	유의점·세무상의 요점	관계법령
7. 위・수탁판매(위탁자)			하여 당해 사업연도의 매출수익을 명확히 할 필요가 있는 것이다. ・사업상으로 본다면 신년도 조에 있어 전년도 매출분(위탁판매분)을 일일이 조회하여 추가 기장한 후 비로소 결산을 하게 될 것이다. 위탁판매에 있어 유념하여야 할 것은 위탁판매계약이 있을 경우에 위와 같은 처리가 된다는 점이다. ・위탁판매에 따른 회계처리에 대하여 살펴보자. 판매를 위탁하기 위하여 상품 등을 적송하였을 경우, 적송품계정을 설정하여 송하한 때에는 그 상품의 원가와 적송비용을 적송품 계정의 차변에 기입하게 된다. 상품을 적송하게 될 때에는 (차) 적 송 품 ××× (대) 매 입 ××× 함께부대성제지산 ※ 위탁품을 적송하였을 경우에는 매출계정 대변에 기입하지 아니하고, 매입계정 대변에 기입하여 적송비용은 비용계정으로 처리하지 아니하고, 적송품의 원가에 산입하여야 한다. 적송품이 매출 완료되어 수탁자로부터 매출계산서를 받음과 동시에 대금을 받았다면 (차) 매 입 ××× (대) 적 송 품 ×××	

거래의 종류	주요거래 내용	사용하는 계정과목	운영점·세무상의 요점	관계법령
7. 매출제출관계	7-6 예약판매를 매출하였을 때	매 출 (Sales) (대) 미 수 금 (Accrued Debit) (대) 예 약 판 매 (Deposit Sales)	(차) 현금및현금성자산 ××× (대) 매 출 ××× (또는 적송품매출) 그러나 매출계산서만은 수탁자로부터 받았다면 그 회계처리는 다음과 같다. (차) 매 출 ××× (대) 적 송 품 ××× (차) 적송외상매출금 ××× (대) 매 출 ××× (또는 적송품매출) 경 비 계 정 • 예약판매라 함은 상대방으로부터 예약금을 받고, 나중에 상품 등을 인도하거나 혹은 역무를 제공하는 판매방식을 말한다. 따라서 예약판매는 구입의 예약자로부터 미리 판매대금의 일부 또는 전부를 받아들일 경우 그 계약에 관한 상품 등을 인도하는 판매를 말한다. • 예약판매에 있어서는 예약금으로 대금의 일부를 받게 되나, 이 예약금을 수입했을 때, 이점을 바로 수익에 계상하는 것은 판매기준에 비추어 보아 지나친 일이라 할 것이다. 따라서 예약판매의 경우에 있어서는 상대방이 매매를 완결하는 의사표시를 할 때에 매매의 효력이 발생한다고도 볼 수 있으므로, 예약을 하였을 때에 이 시기가 되지 아니한 동안은 수입으로서 부채계정에 계상하게 된다. (차) 현금및현금성자산 ×× (대) 선 수 금 ××	

주요거래의 선택방 내용	사용하는 계정과목	유의점·세무상의 요점	관계법령
7. 매(출)관계		• 의약판매의 수익계상 시기는 제정자가 매매 완결할 의사표시를 행하고, 실제로 당해제 약에 관한 상품 등을 매약자에게 인도하였을 때인 것이다. • 기업회계기준상의 규정에 대해서는 앞의 7-1을 참조하기 바람. • 법인세의 계산에 있어서는 법령 등에 별단의 정함이 없으므로, 상품의 회계상에 있어서 처리에 준거하여야 할 것이다. • 기말까지에 상품 등의 인도나 역무의 제공이 끝난 것만을 당기의 매출액에 대체하게 되는 것이다. [가설 예] (차) 선 수 금 ××× (대) 매 출 ××× 또는 (차) 선 수 금 ××× (대) 매 출 ××× 　　매출채권 　　(또는 현금및현금성자산) [가설 예] 상품 100만원을 예약매출 계약을 하고, 그 계약금 100만원을 현금으로 입금한다. (차) 현금및현금성자산 ××× (대) 선 수 금 ××× [가설 예] 기일에 상품 100만원을 인도하고 잔액은 어음으로 받다.	

7. 매출채권 등에 관련하여 발생하는 거래의 세무처리 요령

거래의 성격	주요거래의 내용	유의점·세무상의 요점	관계 법령
매출채권 (매출관계)	사용하는 계정과목	(차) 현 금 100,000 (대) 매 출 1,000,000 매출채권 900,000 • 매입판매가 직접물의 서적 등에 관한 매에 있어서는 그 계약에 관한 건설물의 인도가 중요한 때가 수익계상의 시기가 되는 것이 아니고, 그 일부의 인도가 중요한 분이 인도하여는, 그 인도마다 수익에 계상함이 타당한 것이다. • 상품 등의 인도가 분할하여 행하여질 경우에는 그 분할하여 인도가 행하여지는 것이 가격이 평확하게 되어 있지 아니하였을 때에는 그 거래의 대상이 된 상품 등의 설정에 응하여 판단하게 되는 것이다. 따라서 그 판매가격이 평확하지 아니하고 전부의 인도가 끝날 때까지 수익에 계상하여도 좋다는 것은 아니므로, 이때에 있어서는 차라리 건전에 의한 매출수익의 매경계상을 행함이 합리적인 것이다. • 장기간행물 등과 같이 그 가액이 매기간 비슷한 품목을 구독신청에 의해 판매하는 경우에는 구독기간에 결쳐 정액법으로 수익을 인식한다. 그러나 구독신청에 의해 판매하는 품목의 가액이 기간별로 다른 경우에는 발송된 품목의 판매가액이 구독신청을 받은 모든 품목의 예상 총판매가액에서 차지하는 비율에 따라 수익을 인식한다.	

318 PART▶7 매출채권에 관련하여 발생하는 거래의 세무처리 요령

거래의 신대방	주요거래의 내용	사용하는 계정과목	유의점·세무상의 요점	관계법령
7. 매〈출〉매출관계	7-7 도급공사의 수익	**공사수입** (Construction Revenue)	• 도급이라 함은 당사자 일방이 어느 일을 완성할 것을 약정하고 상대방이 그 일의 결과에 대하여 보수를 지급할 것을 약정함으로써 그 효력이 생기는 것을 말한다. 여기서 말하는 일에는 물건(物件)의 인도를 요하는 것과 그렇지 아니하는 것이 있다. 시·조선 등의 도급계약은 전자의 물건(物件)의 인도와 대가 하겠으며, 전자의 경우에는 완성물을 인도할 때에 보수의 청구권이 발생하게 되는 것이다. • 회계에 있어서도 민법에서 규정한 바와 같이 물건의 인도를 요하는 경우이란 원칙이라 하겠으나, 도급공사의 경우에는 기업회계기준서 제5에서 "진행기준은 거래의 완성도에 따라 용역의 제공으로써 체결되는 회계기간에 결과 수익을 인식하는 방법을 말한다"고 규정하고 있다. • 도급공사수익이란 원도급·하도급·위탁 기타 명칭의 여하에 불구하고 건설업자가 건설공사를 완성할 것을 약정하고, 상대방에 그 일의 결과에 대가를 지급할 것을 약정하는 계약에 의거 수행하는 공사와 관련된 수익을 말한다. • 기업회계기준상 도급공사수익의 인식은 장단기에 관계없이 회사가 선택한 공사진행기준 또는 공사완성기준에 따라 수익이 실제되는 것으로 규정하고 있다. • 이때 공사진행기준은 공사와 관련된 원가 및 공사진행률을 합리적으로 예측할 수 있는 경우에 한하여 적용하도록 되어 있다.	민법 §664

거래의	주요거래의	사용하는	유의점·세무상의 요점	관계
선 택	내용	계정과목		법령
7. 매 출 〈 매 출 관 계 〉			• 일반적으로 계약기간 1년 이내인 단기도급공사는 공사완성기준에 의해 수익을 인식하는 것이 보통이며, 계약기간이 1년 이상인 장기도급공사로서 공사진행기준을 적용할 수 있는 요건을 충족하는 경우에는 공사진행기준을 적용하고, 그 이외에는 공사완성기준을 적용하는 것이 통례이다. • 건설업회계처리준칙상 공사진행률은 다음 각호의 방법 중 당해공사에 가장 적합하다고 인정되는 방법에 따라 계산되어진다. ① 공사수익의 실현이 공사의 발생원가와 비례관계에 있는 도급공사의 경우에는 총공사 예정원가에 대한 실제공사비 발생액의 비율로 계산한다. ② 공사수익의 실현이 작업인수 또는 기성공사의 면적이나 물량 등의 비례 관계에 있고, 전체 도급공사에서 이미 수행되었거나 완성된 부분이 차지하는 재관적으로 산정할 수 있는 도급공사의 경우에는 부분의 비율로 할 수 있다. 공사진행률에 의한 단기공사수익 = (기본도급액 × 회계상누적공사진행률) - 회계상 전기까지 계상한 공사 수익 누계액 • 단기건설 등의 경우의 진행기준 허용 건설 등의 계약기간이 1년 미만인 경우로서 법인이 그 목적물의 건설 등을 착수일이 속하는 사업연도의 결산을 확정함에 있어서 작업진행률을 기준으로 하여 수익과 비용을 계상한 경우에는 진행기준에 의한 수익과 비용을 각각 사업연도의 익금과 손금에 산입한다. 즉, 계약기간이 1년 미만인 단기건설공사 등의 경우에도 회사가 기업회계기준에 따라 결	법인령 §69 ③

거래의 형태	주요거래의 내용	사용하는 계정과목	유의점·세무상의 요점	관계법령
7. 제 · 출 · 판 매 (관 · 계)			산지에 진행기준으로 손익을 인식한 경우에는 법인세법도 이를 인정한다. ※ 회계상 누적공사진행율 = 실제공사비 발생 누적액 / 총공사예정원가 (최근추정치) ※ 총공사예정원가 : 환경된 계약조건에 의하여 도급공사를 수행시 대차대조표일 현재도 발생되었거나 발생이 예상되는 공사원가의 총액 당기공사수익금액의 한도 = 도급금액의 – 회계상 전기까지 계상한 공사수익의 누계액 하는 사업연도로 한다. • 법인세법상 용역제공 등에 의한 손익귀속사업연도 건설·제조 기타 용역(도급공사 및 예약매출을 포함한다. 이하 여기서 "건설등"이라 한다)의 제공으로 인한 익금과 손금의 귀속사업연도는 그 목적물의 인도일(용역제공의 경우에는 그 제공을 완료한 날을 말한다)이 속하는 사업연도로 한다. • 건설 등의 계약기간이 목적물의 착수일로부터 인도일까지의 기간이 1년 이상인 건설등의 경우 그 목적물의 착수일이 속하는 사업연도부터 그 목적물의 인도일이 속하는 사업연도까지의 각 사업연도의 익금과 손금은 그 목적물의 건설 등을 완료한 정도(작업진행율이라 한다)을 기준으로하여 계산한 수익과 비용을 각각 해당 사업연도의 익금과 손금에 산입한다. 위에서 "건설 등을 완료한 정도"라 함은 다음 산식에 의하여 계산한 수익과 비용에는 이를 준용하여 계산한 비율을 말한다.	법인령 §69 ② 법인령 §69 ① 법인칙 §34 ①

7. 매출 거래의 종류별 발생하는 거래별 세무처리 요령

거래의 종류별	주요거래 내용	사용하는 계정과목	유의점 · 세무상의 요점	관계 법령
매출	7-8 매출정산 단위의 기준이 되는 단위의 기준이 되는 누락이 있을 경우 (관련 통계)	매출에누리 (Sales Allowance)	※ 작업진행률 = 당해 사업연도말까지 발생한 총공사비 누적액 / 총공사예정비 ※ 중소기업의 건설업일체 처리기준을 적용하여 계약당시에 당해 사업연도의 발생사항을 반영하여 합리적으로 추정한 공사원가로 한다. • 부가가치세법상 완성도 지급기준·중간지급조건부로 재화를 공급하는 경우 재화의 공급시기는 대가의 각 부분을 받기로 한 때로 규정하고 있다. 다만, 공급시기가 도래하기 전에 세금계산서를 교부하는 경우에는 교부하는 때를 공급시기로 본다. • 매출에누리란 · 리베이트 등을 총괄하여서는 아니된다는 점에 주의할 필요가 있다. • 매출에누리라 함은 매출품의 품질불량·수량부족·파손·남기지연 등의 원인으로 발생한 경우 또는 판매촉진을 위하여 미리 판매가격을 인하하여 주는 경우 등을 말한다. 따라서 매출 전에 판매가격을 에누리한 매는 대가지불 연체에 대한 매출에누리라는 아니라 결국 예산으로 하여야 한다. 또한 매출 일자 차후에 매출금액의 재산정으로 인하여 정정을 할 경우 등은 매출에누리라는 것이 아니며, 매출정정에 불과하므로 정정전표를 발행하여 매출액계정의 차변에 임하게 된다. • 매출에누리는 승인시에 다음과 같이 분개를 하게 된다.	
	7-9 매출상 품 등에 Claim(클레임)으로 한			

거래의 유형	주요거래의 내용	사용하는 계정과목	유의점·세무상의 요점	관계법령
7. 매출	7-10 매매 등의 변동으로 인하여 발생한 매출에누리액이 있어 대가를 감하여 주거나 되돌려 받은 경우	(차) 매출에누리 ×××　　(대) 매출채권 ××× 　　　　　　　　　　　　　　(또는 지급채권)	• 매출에누리액 중 1기 이내의 총매출액에 대한 것은 경상적 발생액인 경우에는 당기의 매출의 공제항목으로 하고, 그 금액이 상당수 이상인 경우에는 특별손익 항목으로 계상할 것이다. • 매출에누리액은 총매출액에서 공제하는 형식으로 기재하는 것이다. • 부가가치세의 과세표준 금액에서 제외하게 되어 매출에누리는 물품의 판매에 있어서 그 품질·수량 및 인도·판매대금결제 기타 거래조건에 따라 그 물품의 매출가액에서 직접공제하는 상품 또는 제품에 대한 부분적인 감량·변질·파손 등에 의하여 매출가액에서 직접공제 하는 금액이다. • 기업회계기준에서는 상품·제품의 매출액은 총매출액에서 매출에누리와 환입 및 매출할인을 차감한 금액으로 개정하였다. 이에 따라 세법에서도 기업회계기준에 의한 매출에누리금액 및 매출할인금액을 제외하도록 하였으며, 1999년 1월 1일 이후 최초로 개시하는 사업연도부터 적용하도록 하였다.	

거래의 형태 내용	사용하는 계정과목	운영상·세무상의 요점	관계 법령
7-11 결제일 전의 현금 등에 의하여 대금의 차감이 있는 경우 매출할인 (지급을 현금 등으로 하는 경우) 매출환입, 매출 관련 계 ( )	매출할인 (Sales Discount)	· 매출할인이란 판매대금 지급기일 전에 대하여 교부하는 금전 또는 매출채권의 면제액을 말한다. · 기업회계에서 매출할인은 영업외비용으로 처리하게 된다. · 세무회계에 있어서 매출할인은 상거래에서 당사자간에 일정한 거래조건을 이행할 것을 조건으로 상품을 판매하거나 또는 판매대금 결제시 판매단가를 기초로 한 판매가액에서 일정한 기준에 따라 감액하는 것으로서 이루어지는 판매대금의 감액을 뜻한다. · 매출할인은 거래상 성립 이전에 합의적인 판매조건으로 제시 및 매출할인은 받은 상대자의 선정이 원본적인 거래관습상 일정한 기준에 의하여 결정된 것이다. · 의 결정도 일정한 기준에 의하여 사전에 결정될 것이다. · <세법상> 거래처와의 사전약정이 있는 경우에 의상매출금 결제시 매출할인은 판매한 상품 또는 제품에 대한 부매입용으로 손비로 산입할 수 있는 것이다. · 사전에 약정한 사항이 없는 사후 매출할인은 기업회계상 영업된 채권의 포기로서 시세금에 해당되어 접대비도 처리하게 된다. · 매출할인 하였을 때 회계처리는 다음과 같이 한다. (차) 매출할인 ××× (대) 매출채권 ××× · 매매계약 후에 의상거래 대금을 결제하는 경우의 매출할인액과 매손금 또는 거래수량·거	

거래의 형태	주요거래의 내용	사용하는 계정과목	유의점·세무상의 요점	관계 법령
7. 매출 에누리, 매출 할인, 매출 환입, 매출장려금 (리베이트) 등의 처리	7-12 계약 등에 의하여 상대방에 지급하는 보증금, 장려금 기타 이에 유사한 금액은 과세표준금액에서 제외하지 아니한다. 7-13 일정기간의 매출 또는 실적에 의한 매출 할인 또는 매출 환입의 경우	지급장려금	• 매출금액 또는 입금액 등의 거래금액 및 매출수량 등에 따라 일정률로서 계산되어 있는가, 없는가, 매출장려금으로 되어 있는가의 여부가 Point인 것이다. • 매출장려금(Rebate)은 일정기간에 걸친 다액(多額) 또는 다량(多量)의 거래를 한 단골처에 대한 매출대금을 환불하는 경우이거나 또는 일시에 다액의 거래를 함으로써 제약이 맞춰부터 유리하게 정해진 경우 Trade Discount를 말하게 된다. • 회사에서 매출장려금이 계상되어 있다 할지라도 거래처에 대하여 그 지급이 되어있는지의 여부, 계약 등에 의하여 상대방이 그 시설을 알 수 있는 경우에는 손금에 산입할 수 없는 것이다. • 매출장려금은 특약점 등을 통하여 제품 등을 판매하는 경우에 일정기간의 매출액에 대하여 리베이트를 적용하여 매출의 일부를 환불하는 것을 말하게 된다. 따라서 기업회계 기준에서는 매출에누리와에 준하여 표시하도록 규정하고 있다. • 매출에누리 등은 당해 실적에 의하여 계산된 매출액의 공제항목으로서 표시하도록 규정하고 실적에 의한 매출	

거래의 선택방	주요거래 내용	사용하는 계정과목	유의점·세무상의 요점	관계법령
7. 매출 (중여하는 경우)	하여 금전 또는 상품 (거래처)에 매출처 을 매출처		• 매출에누리와 매출장려금은 영업 또는 판매활동의 결과를 반영한 것이다 하겠다. 또한 매출에누리와 매출장려금은 실제의 거래에 있어서 반드시 구분되지는 아니한다고도 하겠다. 그러나 그 보기에 따라서는 거래의 품질불량 등에서 발생하는 매출에누리와는 분명한 차이 상이라 하겠으므로, 오히려 매출의 정경 또는 판매비의 성격을 가진 항목으로 생각할 수 있겠다.	
	7 – 13 에 의한 Rebate 또는		• 법인세 계산에 있어서는 거래수량·거래금액에 따라 상대방에게 지급하는 장려금은 이를 계상하여 되는 판매한 상품 또는 제품에 대한 부대비용에 포함하도록 규정하고 있다. 단, 이 경우에 있어서는 거래처와의 사전약정이 있어야만 하는 것이다.	
	7 – 14 이내면		• 매출에누리와 매출장려금의 경우를 판매활동의 결과를 반영한 것이라 하겠다. 또한 출에누리와 매출장려금은 실제의 거래에 있어서 반드시 명확히 구분되지는 아니한다고 하겠다. 그러나 보기에 따라서는 매출에누리와는 분명히 성질을 가진 매출의 정경 또는 판매비의 성격을 가진 항목으로 생각할 수 있겠다.	
	매출 관계		• 이와 같은 매출장려금을 회계상으로 보면 일정한 기간 중에 의한 매출장려금이 특약점 등에 계상 되어서 그 효력이 발생한 것이라면 단연히 매출액에서 계산하는 장려금 상당액을 당기의 매출액의 공제항목)으로서 인식하여야 할 것이다	
	수 하는 경우 되는 곳을 거래처에		• 이 발생비 원인(또는 매출의 공제항목)으로서 인식하여야 할 것이다	

거래의 선택방	주요거래의 내용	사용하는 제정과목	유의점·세무상의 요점	관계 법령
7. 매 출 (매 출 채 권)	통지한 경우		· 거래처(매출처)의 임원·종업원에 대하여 리베이트·여행초대 등은 절대피하게 된다. · 매매거래 후에 있어서 각자의 사정에 따라 지급하거나 공제되는 판매할인, 매출에누리 상의 성질을 가진 보급·장려금 등은 세법상 전액 손비로 인정되고 있지 아니하며, 기재 산에 대한 판매촉진을 위한 업무상 접대비로 간주되기 되어야 할 것이다. · 제경비의 지급된 성질 모든 내용이 판매촉진을 위해서 보다, 그 목적이 시장개척, 판매계 척을 위하여 지급되었다고 볼 때에는 개발비(무형자산)으로 처리함이 타당하다 하겠다. · 리베이트란 일반적으로 기업이 상품의 판매경로에서 자기상품의 판매를 촉진하기 위하여 고객이나, 거래선에 상품판매의 비율에 의하여 일정한 경제적 서비스를 제공하는 것을 말한다. · 이는 일정기간 내에 대하여 모든 다량의 거래를 한 거래선에 대한 매출대금의 반품금이란 말할 수도 있다. ① 가격정책과 관련성을 가지고 있으나, 리베이트 자체가 독자적으로 경제적 의의를 가지 고 있다. ② 과거 일정기간 등의 실적 등을 기준으로 하여 거래 후의 응보적인 지급을 주어, 이 다	

7. 매출

거래의 선택방	주요거래 내용	사용하는 계정과목	유의점·세무상의 요점	관계법령
			③ 일정기간의 거래금액, 거래수량 또는 회수액 등을 기준으로 배분된다. 음의 계속적인 구매유인을 의도한다.	
	7-15 매출상품 등이 매입처의 경우 등이 불합격 되었을 때, 전부 또는 일부가 반품되었을 경우	환입품 (Returned Sales)	· 환입품이란 상품매매거래에 있어서 매출한 상품이 반품되어 환입되는 경우를 말한다. · 일반적으로 매출한 상품이 반품되어 오는 경우는 매출한 상품 등에 결함이 있다던가, 전이 다르다던가 등이다. 또한 출판업과 같이 무조건 반품을 인정할 경우에는 매출장에 대한 반품을 받을 수도 있는 것이다. · 반품이 반품되어 오면, 일단 창고에 입고시키고, 그 수입보고서에 의하여 반품을 확인하고, 상대방에게 통지하게 된다. · 이 통지 서류로서는 대개 납품서에 주기(朱記)한 것이 사용되기도 하는 것이다. · 환입품에 대한 회계처리는 생기의 수입보고서 또는 납품서 부분에 의하여 매출전표를 작성하고, 다음에 반품기입이 행하여지고, 다음에 부가세 이상매출금을 그 만큼 소멸(감소)시켜야 하는 것이다. 그러나 이때에 외상매출채권액에 일을 경우에 있어서는 반품대금을	

거래의 선대별	주요거래의 내용	사용하는 계정과목	유의점·세무상의 요점	관계법령
7. 매출·반출·견품제공( )			· 매출과 주의하여 할 것이다. · 매출에 대한 반품이 빈번히 발생할 경우에 있어서는 한입품계정을 설정하여 회계처리를 할 필요가 있게 되는 것이다. 　(차) 한 입 품 ×××　(대) 매출채권 ××× · 반품에 대하여 회계상 문제가 되는 것은 반품(매출환입)을 어떠한 시점에서 계상하는가의 계상시기이다. · 일반적으로 행하고 있는 회계처리는 다음과 같은 경우가 있겠다. ① 반품의 승인 또는 통지가 있는 시점에서 반품(매출환입품)의 회사에 반환될 때까지는 대치품(보관품)으로 한다. ② 현품이 회사창고에 도착한 반품이 검수완료된 시점에서 반품에 대한 특약이 없는 한 원가대로 기재할 것이며, 기말에 재고자산의 평가시 일괄처리하여야 할 것이다. · 반입품에는 매출액에서 공제하는 형식으로 기재하게 되는 것이다. · 한입품 중 전기 이내의 총매출에 계상된 매출품에 대한 것은 경상적 발생액이 있어서는 금기의 매출액의 공제항목으로 할 수 있겠으나, 그 금액의 이상인 경우에 있어서는 특별손익항목으로 계상하여야 할 것이다.	

거래의 형태	주요거래 내용	사용하는 계정과목	유의점·세무상의 요점		관계법령
			할인판매	매출채권	
			위상매출금 ××× / 매출채정에서 ×××	할인품제정에서 ××× / 매출 및 ××× (매가)	
7. 매출 (매출 관련 계정의 증가하는 경우 , 매출 경정 부로 하는 경우 처 출의 상품을)	7-16 매출금 또는 외상매출금의 입금액에 따라 일정단가를 인하		• 판매촉진을 위한 한 방법으로서 제조업자 또는 도매업자가 자기의 상품을 판매한 거래처에게 약정에 의하여 그 매출액에 대한 일정액의 판매한 상품과 종류 또는 수량에 의하여 지급하고 있는 타상품을 당초의 약정된 할증률에 따라 지급하게 되는데, 이러한 경우 할증판매에 따른다. • 할증에 의한 상품의 제공은 매출총액에 영향을 미친다고 볼 수 없으므로 새로운 회계처리가 필요치 않다고 보겠으며, 당초에 판매한 상품의 수량과 단가를 수정함으로써 중분하겠다. • 할증판매로 인한 공제세수를 회계처리상으로나, 판매장부상으로 파악할 필요에 의하여는		

거래의 종류	주요거래의 내용	사용하는 계정과목	유의점·세무상의 요점	관계 법령
7. 매 출 (차 · 매 출 관 계)	7-17 반품에 요한 운임 등을 거래처(매출처)	운 임 (Freight and Cartage)	반품으로 제공된 상품의 취득원가를 기준으로 하여 다음과 같이 회계처리를 할 수 있다. (가) 판매촉진비 ××× 　　　　(대) 제 품 ××× 　　　　　　　(또는 매입) 나. 담으로 제공된 상품이 사전에 거래처와의 약정이 있었던가 또는 일정한 기준이 없이 제공되어 접대비로 처리하게 되는 경우에는 일단 판매하여 그 대금을 담해 거래처에 기부한 것으로 간주되어 접대비로 처리하게 되는 것이다. (차) 접 대 비 ××× 　　　　(대) 매 출 ××× ・매출한 상품과 다른 상품(견본품)을 첨부하는 경우에는 견본품으로 처리한다. ・견본품 또는 선전용 상품을 첨부한 경우에는, 그 견본품 등의 원가상당액은 광고선전비로 한다. ・반품 체결을 설정하여 처리할 수가 있을 것이다. ・운임의 일부분 처리할 수가 있을 것이다. ・만약 일부가 반품되었을 경우 매출대금에서 차감할 수 있다 합치리라도 구분경리하여 두는 것이 바람직하다.	

거래의 성격	주요거래의 내용	사용하는 계정과목	유의점·세무상의 요점	관계 법령
7. 매출(출하, 매출할인, 매출환입 및 에누리 등 매출과 관계된 것)	7-18 매출처 등에 대한 접대용 선전용 포스터, 부채, 수첩, 달력 등을 작성 배포하기 위한 비용 7-19 불특정 다수의 고객에 대한 팜플렛 등의 항상부담 경우	광고선전비 (Advertising and General Publicity)	• 기업회계상 판매비 및 관리비로서 광고선전비는 상품판매를 위한 광고선전비를 말한다. • 기업이 신제품의 판로를 개척하기 위하여 또는 기업의 제품에 대한 계속적인 소비자·중개시키며, 새로운 시장을 개척하기 위해서는 다액의 광고선전비의 지출이 요청되고 있다. • 상품의 상품·품명 등을 널리 광고함으로써, 그 상품에 대한 품질·특징·가치 등을 일반 인에게 향상 주지시켜야 할 필요에 의하여 광고선전을 필요한 것이다. • 광고선전은 생산자가 소비자에 대하여 상품의 성질·용도·가격·특징 등을 주지시키고 합리적인 구매수요를 환기하기 위한 권고를 하는 데 그 의가 있다. • 신상품의 소개, 상품지식의 보급, 상점명, 회사명, 상품의 보급, 구매의욕을 자극하기 위한, 사용의 시기, 장소, 방법, 가격 등을 대중에게 주지시키는 데 광고선전의 목적이 있는 것이다.	

거래의 상대방	주요거래의 내용	사용하는 계정과목	유의점·세무상의 요점	관계 법령
	7. 매출하는 경우의 비용			
	7-20 카탈로그 POP광고에 요하는 비용		· 광고의 임무는 자기에서 취급하는 상품 또는 제공하는 서비스를 소비자에게 인지시킬 것이며, 소비자로 하여금 그 상품을 선택하게 할 것과 소비자로 하여금 상품에 대한 관심을 가지게 할 것 등이다. · 판매비로서의 광고선전비는 기업회계상 경비로 인정됨은 당연하다.<광고선전비는 순금산입하게 된다>	
	7-21 전시회 견본품 전 시의 개최에 요하는 비용		· 광고선전비는 이와 유사한 비용이 있는가 하면, 이와 성질이 다른 인접비용이 있다. · 광고선전비는 기부금·리베이트·접대비·교정자산·무형자산 등과의 구분이 곤란하지만, 이는 구분되어야 한다. · 광고선전비는 그 종류와 금액에 있어 적정한 것만을 제상하여야 한다.	
	7-22 TV, Radio, 방송, 신문 등의 잡지 광고 게재료 ( )		· 신제품 또는 신판매 개척을 위하여 지출한 입시이익이 다액이며 대역의 개발비>으로 처리하게 된다. · 광고선전비란 불특정 다수자에 대한 선전적 효과를 의도하여 지출하는 비용이며, 특정 수자에 대한 것은 접대비인 것이다. · 일반소비자를 출정에 위한 여행·관극 등에 초대하는 비용은 광고선전비로 할 수 있다. · 제조업자 또는 판매업자가 사전에 일정의 상품 등을 구입하는 일반소비자를 대	

거래의 성격별	주요거래의 내용	사용하는 계정과목	유의점·세무상의 요점	관계법령
7-23 일반의 홍보활동을 위한 비용	자사의 제품·서비스·기타 등등의 통상의 대외적 비용을 대상으로 하는 비용		• 한국 등에 초대하는 비용은 광고선전비로 처리할 것. • 일반소비자 또는 소매업자에 대하여 추첨에 의해 또는 금품인환전부판매의 방법에 의하여 지출한 금품의 가액은 광고선전비로 처리할 수 있다 • 소매업자를 대상으로 하는 중점이고 반드시 순위를 결정하는 등의 형식적인 것은 접대비로 처리된다. • 소매업자가 일반소비자에 대한 상품의 판매에 경품의 가액은 광고선전비로 처리하게 된다. • 신제품, 이벌상품 등의 전시회 등에 단골거래처 등을 초대하는 경우에 교통비·식사·숙박을 위하여 필요한 통상의 비용은 판매하기 위하여 직접 필요한 비용으로서 접대비로 지 아니하는 것이다.	
7-24 소비자에 대한 서비스	단골거래처 등에 대한 견본품·시용품을 중여한 통상의 비용은 광고선전비로 처리한다. • 광고선전비를 일시에 손금산입할 수 없을 경우가 있기 때문에 다음과 같은 접대비·유의할 필요가 있다. ① 불특정다수의 고객을 대상으로 하여야 한다.(특정의 고객대상의 경우에는 접대비 또는 기부금으로 보기 쉽다) ② 선전효과를 노렸을 경우 접대비 중여를 명확히 구분할 것			

가래의 선계량	주요내용의 내용	사용하는 계정과목	유의점·세무상의 요점	관계법령
7. 소비자를 대상으로 하는 광고·판촉 등에 소요되는 비용			③ 통상 광고선전에 소요하는 비용으로서 상시적인 것 ④ 광고선전효과가 1년 이상의 것으로서 다액의 자산을 사용하는 선전의 경우에는 유형자산으로 할 것	
	7-25 견본품, 시용품 등을 제공함에 통상적으로 소요하는 비용		견열장, 진열케이스, 냉장고, 용기, 자동차 등의 일반적으로 사업용에 제공하는 자산으로 체품명, 메이커명 등이 기재되어 있으면 광고선전용 자산으로 보아도 좋다. 연회, 축제일, 세모 등의 경우에 있어서 캘린더, 수첩, 타월, 부채 등의 체품은 접대비로서 아니하여도 좋다. 전시회, 전람전시, 신체품발표회 등에 있어 특정의 거래처를 접대한 비용은 접대비로 된다. 경품권 기타 추첨권에 의하여 받는 당첨금품은 소득세법에 의하여 기타소득에 포함된다.	
체·멱·관·출·계 ( )	7-26 간행·매설·광고 사인·내용은 자신으로 당연히 사용할 수 있는 내용이거나 또는 1년 미만이거나		• 기타소득이 매건마다 다음 자호의 1에 해당할 때에는 단해소득에 대한 소득세를 과세하지 아니한다. ① 한국마사회법에 의한 승마투표권 및 경륜·경정법에 의한 승자투표권 또는 한금으로도서 매건마다 승마투표권 또는 승자투표권의 권면에 한게액이 10만원 이하이고 단위투표금액의 100배 이하인 때 ② 슬롯머신(비디오게임 포함) 및 특정기 기타 이와 유사한 기구를 이용하는 행위에 참가하여 받는 당첨금품·배당금품 또는 이에 준하는 금품이 매건마다 200만원 미만	

7. 매출지 등에 관련하여 발생하는 거래의 세무처리 요령

거래의 선택방법	주요거래 내용	사용하는 계정과목	유의점·세무상의 요점	관계법령
	소액인 것 및 그 밖의 것의 접대에 소요하는 비용		③ 위 ① 및 ② 외의 기타 소득금액이 매전마다 5만원 이하인 때 · 기타소득금액을 지급하는 자는 소득세를 원천징수하여야 한다. 원천징수세율 : 100분의 15 · 법인의 상품을 소개하는 홍보물을 본점에 내방하는 고객에게 그 사업장에서 배포하는 것은 점함광고로 보지 아니하는 것이다.	소득법 §129
7. 매 출 · · 지 · 출 관 련 비	7-27 당사제 품 등의 광고 선전용 <무형자산>	개발비 (Development)	· 법인이 중요한 매출처나 그 특약점 등에 대하여 자기의 제품이나 상품의 광고를 위하여 광고선전용 간판·네온사인·전업장 등 선전용에 적합한 감가상각자산을 특정한 기간에 결처 무상 또는 현저히 저렴한 가액으로 양도하거나 이를 제공하기 위하여 일정한 금액을 교부하는 경우에 있어서는 그 자산의 취득가액 및 그 자산의 취득가액에 양도가액을 공제한 금액 <증여액>, 현금으로 교부한 금액 등은 개발비(무형자산)로 처리함이 타당하다. · 이 경우 자기의 소유자산이 아니고 타인의 자산으로 되어 있으나, 고정이 제속해서 자기 제품·상품 등의 광고선전의 용역에 기여하고 있다는 점에서 증여와 구별된다. · 네온사인 등의 광고용자산에 대해서는 그 성질상 신시장판로(무형자산)의 개척에 소요한 비용으로 취급하여 개발비로 처리함이 타당할 것이다.	

거래의 성격	주요거래의 내용	사용하는 계정과목	유의점·세무상의 요점	관계 법령
7. 매출(판매) 7-28 위 7-27의 경우에 있어 당해 자산의 대부가 이 사업의 매개체에 매각한 경우에는 자부가 판매의 장부 매각가액의 차액(자기제품의 광고 선전 용으로 사용하고 있을 경우) 7-29 거래처 등 증여시	대여금 (판촉비 포함한다)		· 사업의 개시나 신규제품의 판매개시 등으로 인하여 특별히 지출한 불특정시설 이외의 광고선전비는 개발비로 회계처리함이 타당하다 하겠다. · 중여한 광고선전용자산이 제공자산인 경우에는 중여한 사업연도의 손금으로 할 수도 있을 것이다. · 광고선전용이 아닌 자산 또는 그 자산을 취득하여 거래처 등을 위하여 주로 사용되는 자산인 경우에는 자산취득자의 중여으로서 수증익으로 계상하지 않으면 안되된다. 단, 판매업자 등의 광고선전용자산을 받음에 있어, 그 대가의 일부를 부담한 경우에는 그 금액을 공제한 액을 수증익으로 하게 된다. 따라서 자기가 지출한 금액 + 수증익 = 판매업자 의 취득가액으로 된다.	

거래의 유형	주요거래 내용	사용하는 계정과목	유의점·세무상의 요점	관계 법령
7. 매출·판촉·광고선전비	판매처 등에 홍보·선전 등의 목적 등에 제공하기 위한 비용	7-30 상품·제품 등의 선전을 위한 간판, 입간판, 광고탑, 일반 광고선전용 진열장 등에 출연하는 물적 시설의 설치 및 의류 등에 설치하는 비용( )	• 물적시설로서의 광고선전비란 특정 제품이나 상품 등의 선전을 위해 광고탑, 입간판 등, 광고선전에 공여하는 물적시설의 취득 및 설치에 소요된 비용으로서 그 비용이 내 제품의 광고선전의 업무를 가지고 있으나, 그 자체가 하나의 상각자산에 해당하므로 광고선전비용으로 처리함이 타당하다.	
			• 광고용 비품은 법인세법의 규정에 의하여 감가상각자산을 하게 된다.	
			• 광고용 자산이라 하더라도 1개 또는 1조의 금액이 100만원 미만인 경우에는 이를 바로 고정자산비로 처리할 수 있다.	
			• 제약회사 건물은 기업에서 일어나는 거래로서 주요한 병원이나 약품도매업자 등에 게 냉장고를 매입하여 회사명, 제품 등을 기입하여 교부하는 경우에 판매촉진을 위한 접대비로 처리함이 타당할 것이다.	
			• 광고용비품으로 처리하려면 냉장고는 회사의 자산이 아니므로 비품이 될 수 없으며, 광고	

거래의 성격	주요거래의 내용	사용하는 계정과목	유의점·세무상의 요점	관계법령
7. 매 출 (제 품 매 출)	7-31 광고선전비의 귀속시점		· 선전비도 처리하기 위해서는 그 광고의 효과가 불특정다수인에게 미치지 못한다는 점에서 광고선전비가 될 수 있으며, 냉장고를 교부한 자와 받은 자는 고정으로 인한 광고효과에 대한 기대보다는 판매의 실적에 의한 사례 내지 자기제품의 판매촉진을 위하여 교부되는 것으로 이해되므로 접대비로 처리함이 타당한 것이다. · 본인이 기증사업을 유통중시기며, 신제품의 판매개척, 신시장의 개척을 위하여 지출하는 광고선전비는 그 수익에 대응하여 그 수익이 실현되는 시점의 비용으로 함이 당연하다. · 사업상의 문제로서 그 광고선전의 효과 중, 수익실현시기의 파악 또는 그 기간의 측정이 곤란하므로 원칙적으로 그 광고를 행한 사업연도의 손금으로 하게 된다. · 광고선전비도 원칙적으로 수익대응의 견지로 함으로 광고선전의 방법, 형태 등에 따라 그 손금의 귀속연도가 판단되는 것이다. · 물품시설에 의한 광고선전에는 그 광고를 자체가 하나의 감가상각자산이므로 그 자산의 내용연수에 응하는 상각률에 따라 상각하게 되므로, 그 광고선전비는 당초부터 손금처리하지 아니하며, 자본적지출로 보아 처리하게 된다. · 물품 이외의 광고선전비에 대하여는 광고선전이 행하여진 날이 그 손금의 계상시기가 된다. [예] 신문 → 게재일, 방송 → 방송일	

거래의 성격	주요거래의 내용	사용하는 계정과목	유의점·세무상의 요점	관계 법령
7. 지 출 (목 적 별)			• 이 경우에 있어서는 현금지출하는 판체없이 광고선전의 실행을 그 인식의 기준으로 하게 된다. (차) 광고선전비 ×××　(대) 미지급금 ××× • 세무회계에 있어서는 권리의무의 확정에 의하여 기간손익을 인식하게 되므로 그 지출할 의무가 확정된 시점에서 손금으로 계상하게 된다. • 광고탑, 아치간판 등의 토지사용료, 전주광고의 전주사용료 등은 그 기간에 대응하여 사업연도말까지 지급하여야 할 금액만이 의무가 확정된 것이므로, 선급 및 미지급금을 인식계상하게 된다. • 임차계약에 따른 소정기간에 대한 사용료의 기간배분에 의하여 그 손금을 계상하게 된다. • 광고용 장남·부채·손수건 등의 소품에 의한 광고선전비에 있어서는 그 현금의 지급여부에 불구하고, 광고용을 실지광고용에 사용할 때에 손금으로 하며, 미사용분에 대해서는 저장품 등으로 회계처리를 하여야 한다.	
	7-32 거래처 등에 파견하는 종업원의 급여의 경우	급 료 (Salaries)	• 당사출하법인)와는 고용계약을 체결하며, 종업원이 출하신 법인부에서 근무하는 경우인 것이다. • 파견한 종업원의 급료를 출하법인이 지급하였을 때, 출하신 법인이 부담하는 급여에 상	

거래의 종류별 내용		사용하는 계정과목	유의점·세무상의 요점	관계법령
주요거래의 내용				
7. 지 〈 〉 출	파견 점원 인건비		당사는 급액을 출하원법인이 지불함에 있어서 급료로 취급, 동시에 출하원법인의 출하선법인과의 급액조건의 격차를 보충하기 위하여 출하원법인에 지급한 급료 등의 단해 출하법인의 세무계산상 손금산입하는 것이 인정될 것이다.	
	7-33 거래처 등의 경영 지도를 위한 인건비		출하사원은 대체적으로 출하원법인이 지급함에 있어서는 평사원이나 출하선법인에서는 책임있는 지위의 직책을 부여하고, 그것은 경영지도적 색채를 다분히 지니고 있다. 현행 급액을 지급하지 않고 경영지도적인 명의의 대가를 지급하여도 급여라고 보는 실질과 세의 원칙을 견지한다.	
	7-34 7-33, 7-32를 위하여 하는 제 (비 · 교통 비 · 체재 비)	여비교통비 (Travelling Expense and Car Fare)	거래처 등의 인건비를 일부 부담하는 경우에는 그 실태에 의하여 광고선전비 등으로서 계상하여야 하는 것이다. 리하는데, 거래처에 있어서는 수입판매수료 또는 잡수입 등으로 계상하는 범위에 한한다. 회사의 여비규정에 의한 급액으로서 통상적으로 요하는 범위에 한한다. 업무상 여비라도 급품 성격을 지닌 경우에 있어서는 소득세의 원천징수를 필요로 하게 된다.	

거래의 선례별	주요거래의 내용	사용하는 증빙과목	유의점·세무상의 요점	관계법령
7. 판매수수료	7-35 제조회사 등의 특약점 등의 세일즈맨(Salesman)에 대하여 그 취급수량 또는 금액에 일정한 율을 곱하여 계산한 금액을 지급하는 경우	판매수수료 (Sales Commission) 급료 (Salaries) 수당 (Allowance)	• 일정 접대비로 생각될 수 있었으나 접대비는 아닌 것이다. • 이 경우의 조건은 지출하는 금품의 계산기준이 사전에 정하여져 있고, 이 조건에 합치된 모든 경우에 지급하게 된다는 데 있다. • 제조업자가 특약점 등의 외무원에 대하여 그 취급수량이 일정액에 달하였을 경우, 미리 정하여져 있는 것을 지출하는 장려금품의 가액은 접대비에 따라 하지 않아도 좋다. • 외무원을 보상장려금품이 아닌 여행, 관극 등에 초대함에 요한 비용은 접대비로 보아야 할 것이다. • 단골거래처·매입처 등의 종업원에 대하여 거래의 사례 등으로서 지출한 금품의 비용은 접대비가 될 것이다.	
	7-36 사내의 세일즈맨(Salesman)에 대한 일정 기준에 의		• 현금으로 지급할 경우에 있어서는 급료로 된다.	

거래의 형태	주요거래의 내용	사용하는 계정과목	유의점·세무상의 요점	관계법령
7. 매출(판매) 관계	거래에서 지급하는 판매보상금·리베이트·매출할인·매출환출·판매장려금·기타 영업 기타 회사의 직·간접으로 관련이 있는 자에 대한 접대·향응·선물을 하는 등의 비용을 지출	접대비 (Entertainment Expenses)	· 접대비라 함은 일반적으로 본인의 그 매출처나 매입처, 기타 사업과 판매있는 자들에게 대해서 그룹들로부터의 어떠한 유행의 반대급부를 무적으로 접대·향응·선물·위안 기타 이와 유사한 행위에 사용된 비용을 말한다. · 본인이 그 사용인이 조직한 조합 또는 단체에 지출한 복리시설비에 대해서는 다음과 같이 처리해야 한다. ① 조합이나 단체가 법인일 경우에는 이를 접대비로 본다. ② 조합이나 단체가 법인이 아닐 경우에는 그 경리의 일부로 본다. · 이 경우에 있어서 법인 또는 그 법인이 복리후생비로서 일괄지출하였다 하더라도 그 법인이 부담하여야 할 성질의 접대비를 본인이 지출한 것으로 간주하여 처리하게 되는 것이다. · 이 경우에 있어서 그 법인의 경리한 내용 그대로를 그 법인이 지출한 접대비로 본다. · 주주 또는 사원(이하 출자자라 한다)이나 임원 또는 본인이 부담하여야 할 성질의 접대비를 본인이 지출한 것은 접대비로 보지 아니한다. <이 경우 이익의 분배 또는 이익처분에 의한 상여로 간주하게 된다>	7-37 거래한 체재(판매)·매입·외주·공급·기타

주요거래의 상대방	내용	사용하는 계정과목	유의점·세무상의 요령	관계 법령
7. 목적지·출·관계(제)	기 위하여 요하는 비용		• 접대비 등에 대해서는 그 지급이 회사를 위하여 사용했음이 분명하거나 추주 또는 임원 등 개인이 부담할 성질의 것을 법인에게 전가시켰다고 인정될 경우, 그 지출한 사람 또는 금액을 입증할 객관적인 증거가 없을 경우에는 가공지출 또는 추주·임원 등의 부담할 접대비 등으로 간주되기 쉬우므로 증빙비치에 주의를 요한다. • 2인 이상의 법인이 공동으로 접대·향응·위안·선물 기타 이와 유사한 행위를 하여 그 비용을 부담할 경우에 있어서도 접대비의 지출이 있었다고 본다. • 동업자의 단체 등이 접대·향응·위안·선물 기타 이와 유사한 행위를 위해 지출한 경우에도 접대비의 지출이 있었다고 본다. • 사전에 정하여진 기준도 없이 채권의 물건 등을 공제하여 주는 금액은 접대비로 보아야 할 것이다. • 특정한 거래처에만 사용하는 축하의 금액은 접대비로 본다. • 제품의 제조원가 또는 취득원가에 포함되어 있는 접대비로서 그 사업연도의 손금액에 산입되어 있지 않은 지출의 사업연도의 접대비로 허여야 할 것이다. • 일정액 이상의 상품매입이란 사실에 의해 산대방에 특정된 후에 자기제품을 지원 접대비로 보게 된다.	

거래의 주요거래의 선택방 내 용	사용하는 계정과목	유의점 · 세무상의 요점	관계 법령
7. 판 매 촉 진 (견 본 관 제)		• 판매촉진을 위하여 지출된 접대비가 아닌 접대 · 향응 · 위안 · 선물 등의 행위로 거래선 또는 고객에게 구매의욕을 야기시켜 판매를 촉진시키기 위하여 지출된 경비를 말한다. • 상품의 판매에 관한 사례로서 거래로서, 거래선의 1 특정인에게 그 기업의 필요한 특정인 또는 개인에 필요한 가구 등을 선물하였을 경우에 있어서는 이를 사업과 관련하여 판매장려금과 비례하여 지급하였다고 볼 수 없음으로 접대비로 보아 한도액을 초과하는 금액에 대해서는 익금에 산입하여야 할 것이다. • 판매시에는 판매수량의 비례에 의하여 물품을 선물하는 것이라 하겠다. • 물품의 증답방법으로서는 판매하는 상품과 동일한 상품으로 하는 방법과 기타 물품으로 하는 방법 등이 있다. • 판매하는 상품 또는 제품과 동일한 상품 · 제품을 증답할 경우에는 구입자측으로서는 일정한 금액으로 매입하였다고 볼 수 있었으며, 판매자측에서는 판매하였다고 볼 수 있다. 이는 매출원가계정으로 처리함이 타당할 것이다. • 각 사업연도에 지출한 접대비와 이와 유사한 금액으로서 소득금액계산상 손금에 산입할 수 있는 접대비한도의 계산을 다음과 같이 하게 된다.	법인법 §25

거래의 상대방	주요거래의 내용	사용하는 계정과목	관계법령
7. 매 출 〈 채 권 〉 관 계 ( )			

① 1,200만원 × $\dfrac{\text{당해사업연도의 월수}}{12}$
(중소기업의 경우는 3,600만원)

② 당해 사업연도의 수입금액에 적용률을 곱하여 산출한 금액

〈적 용 률〉

수입금액	적용률
100억원 이하	0.3%(0.2%) 2
100억원 초과~500억원 이하	3,000만원 + (수입금액 − 100억원) × 0.2%
500억원 초과	1억,000만원 + (수입금액 − 500억원) × 0.03%

※ 특수관계자와의 거래에서 발생한 수입금액에 대하여는 그 수입금액에 위 표의 적용률을 곱하여 산출한 금액의 100분의 10에 상당하는 금액으로 한다.

③ 한도액 = ① + ②

• 한도액 내에서는 손금산입을 인정하며, 한도액을 초과하였을 경우에 있어서는 당해 사업연도의 수입금액은 손금불산입이 되므로 익금으로 계상하여야 한다.

• 접대비 이외 유사한 금액에 대한 한도액을 계산함에 있어서 당해 사업연도의 수입금액은 다음 각호의 규정에 의한 회계기준에 의하여 계산한 매출액을 말한다.

거래의 주요거래의 내용	사용하는 계정과목	관계법령
7. 목적지·목적물관제 ( )	유의점·세무상의 요점	

① 주식회사의 외부감사에관한법률 제13조의 규정에 의하여 제정된 기업회계기준
② 증권선물위원회가 정한 업종별 회계처리준칙
③ 정부투자기관관리기본법에 의하여 제정된 정부투자기관회계규정
④ 기타 법령에 의하여 제정된 회계처리기준으로서 재정경제부장관의 승인을 얻은 것

다만, 다음 각호의 법인에 대하여는 다음 산식에 의하여 계산한 금액으로 한다.

1) 증권거래법에 의한 증권회사 : 매출액 + 중권거래법 제2조 제8항 제7호의 규정에 의한 영업 및 법인세법에 의한 간접투자자산운용법 제7조 제12호의 간접투자재산운용업무의 관련한 수입수료의 9배에 상당하는 금액

2) 간접투자자산운용법에 의한 자산운용회사 : 매출액 + 간접투자자산운용법 제2조 제12호의 간접투자재산운용업무의 관련한 수입수료의 9배에 상당하는 금액

• 판매촉진 등을 위하여 사례금을 지급하였을 경우에 있어서는 거래처의 영수증이 있어야 한다.

• 접대비에 대한 손금산입시기는 원칙적으로 권리의무확정주의 현금의 지출 등 실질적으로 법인의 순자산을 감소시킨 사업연도의 손금으로 계상하여야 한다.

• 접대비의 지출의 사실이 있을 때에는 접대·향응·위안·증답 기타 이와 유사한 행위가 있을 때이므로, 가지급금 등의 경리를 하고 있을 경우에는 지출한 접대비에 포함되어야 한다.

매출처 등에 관련하여 발생하는 거래의 세무처리 요령

거래의 형태	주요거래의 내용	사용하는 계정과목	유의점·세무상의 요점	관계법령
7. 매 출 치・목・관 계 (접대비)			• 접대비 또는 이와 유사한 지출금의 항목에 대하여는 세법상 열거한 바 없으나, 일반적으로 다음의 경우 이에 속한다 하겠다. ① 회사의 창립기념, 사내신축기념 등을 위한 연회비·교통비 또는 기념품비 ② 새로운 선박의 건조와 토목건축 등에 있어서의 진수식, 기공식, 낙성식 등에 소요된 비용 ③ 하역장·특약점·대리점 등에 지출한 금액 또는 설치운동비 ④ 매입처·매출처 등 거래처에게 경조 및 회복이 있어 지출한 금전의 비용 ⑤ 거래처 및 기타 사업에 관계있는 자에게 지급한 여행·관극의 초대비 • 비치한 증빙서 중 세금계산서·신용카드 영수증 등 상호·주소·사업자등록번호 등이 불분명한 경우에 있어서는 입금가산, 상여로 처리하며, 접대비 또는 이와 유사한 비용으로 접대사유 등 그 내용이 불분명한 것은 대표자의 상여로 처리하게 되며, 또는 임원 등 개인이 부담하여야 할 접대비 또는 유사금액(종업원, 부외금 등)을 법인가지급한다고 간주될 경우에는 손금부인하고 상여로 처리하게 된다. • 매출리베이트와 접대비 관계 매출의 리베이트란 과거의 판매할인을 말한 판매수량·판매가격·외상매출금의 수익 등에 기인하여 지급하는 것으로 접대비의 지출을 계획하는 것이지만, 고정을 가만한다고는 할 수 없다.	

거래의 상대방	주요거래의 내용	사용하는 계정과목	유의점·세무상의 요점	관계법령
7. 매·출·관·계			세법상 다음과 같은 비용은 매출용 매출리베이트로서 취급할 수 없다는 것을 알 수 있다. ① 매출액의 외상매출금의 회수익에 비례하여 지출하는 금전 또는 사업용 자산의 액 ② 매출의 일정액마다 지출하는 금전 또는 사업용 자산의 액 ③ 판결거래처의 영업지역의 특수사정, 협력정도 등을 감안하여 지출하는 금전 또는 사업용 자산의 액 • 여기서 말하는 '사업용 자산'이란 이점을 수취한 판결거래처에 있어서 재고자산 또는 고정자산으로서 판매한 또는 사용하는 것이 명백한 물품을 말한다. 따라서 개인이 사용하는 가정용품·오락용품·시계·골동품 등은 대가에서 사업용 자산으로 되지 않는 한에 다음과 같은 매출리베이트가 아니라 접대비로 할 수 있다. ① 사업용 자산이 아닌 물품의 교부 ② 여행·관극 등의 초대 단, 제조업자가 그 특약점 및 판매업자를 대행·관극 등에 초대하여 신제품의 설명, 판매기술의 연구 회합을 하는 경우에 있어 그 회합이 회의로서의 실체를 가지고 있다고 인정될 때에는 회의의 통상비용의 액을 접대비에 포함하지 않아도 좋을 것이다. • 판매장려금은 특정인 및 소수인에게 판매촉진을 위하여 판매수량에 관계없이 지급하는 것을 말한다.	

거래의 세무처리 요령

거래의 선택방식	주요거래 내용	사용하는 계정과목	유의점·세무상의 요점	관계법령
7. 매 출 〈매 출 관 계〉			이와 같은 판매장려금은 접대비로 인정되고 있으나, 거래를 지급하였을 경우에는 개발비로 처리함이 타당하겠다. 그러나 거래처와의 사전약정이 있는 경우에는 다음의 것을 포함하게 된다. ① 외상매출금을 결제하는 경우의 매출할인 ② 거래수량·거래금액에 따른 상대방에게 지급하는 장려금 ③ 위와 유사한 성질이 있는 금액에 대해서는 세법상 손비로 규정하고, 판매한 상품 또는 제품에 대한 원료의 매입가액과 그 부대비 • 특약점 등의 외무원에 대한 보상장려금과 접대비와의 관계 제조업자가 특약점 등의 외무원에 대해서 일정액에 달하였을 경우, 미리 정하여져 있는 첫 금품의 가액은 접대비라고 하지 않아도 좋다. 단, 다음과 같은 점에 대해서는 충분히 주의를 하여야 한다. ① 미리 정하여져 있지 않은 경우의 지출은 접대비로 보아야 하겠다. ② 외무원을 보상장려금이 아닌 여행·관극 등의 초대함에 요한 비용은 접대비라고 할 수 있다. ③ 단골거래처·매입처 등의 종업원에 대하여 거래의 사례 등으로서 지출한 금품의 비용은 접대비가 될 것이다. • 거래관계를 결실하기 위한 운동비와 접대비의 관계 하청공장·특약점·대리점 등이 되기 위하여 소요된 운동비 등의 비용은 세법상 접대비가	

거래의 주요내용	사용하는 계정과목	유의점·세무상의 요점	관계법령
7. 접대비·교제비·출장비·판공비(관련)		되는 것이다. 단, 이 같은 거래관계를 결성하기 위하여 상대방인 사업자에 대하여 금전 또는 사업용자산을 교부할 경우에 그 비용은 접대비라 하지 않았다. 따라서 사업용자산이 아닌 물품을 교부하거나 여행·관람 등에 초대하는 비용은 접대비로 하여야 할 것이다. • 접대회 등의 초대비용과 접대비와의 관계 다음과 같은 비용은 판매하기 위하여 직접 필요한 비용으로서 접대비라 하지 않아도 좋은 것이다. ① 신제품·제조상품 등의 전시회에 단골거래처 등을 초대하는 경우에 교통비, 식사·숙박을 하는 데 필요한 통상의 비용 ② 부동산판매를 약정하는 본인이 토지의 판매에 있어 일반고객을 현지에 안내할 경우의 교통비, 식사·숙박에 소요한 비용 • 광고선전비와 접대비와의 관계 광고선전비란 불특정다수자에 대한 선전적 효과를 의도하여 지출하는 비용을 말하는 것으로, 특정자에 대한 것을 접대비라 하겠다. 세법상 다음과 같은 광고선전비로서 취급되는 것을 말 수 있다. ① 일반소비자 또는 광고선전자에 대하여 추첨에 의해 또는 금품인환권부판매의 방법에 의하여 지출한 금품의 가액. 단, 소매업자를 대상으로 하는 추첨이고, 반드시 순위를 정하는 등의 현상적인 것을 제외한다.	

주요거래	거래내용	사용하는 계정과목	유의점·세무상의 요점	관계법령
7. 예(豫)출(出)계(計)		기부금 (Donation)	② 일반소비자를 추첨에 의한 여행, 관극 등에 초대하는 비용 ③ 제조업자 또는 판매업자가 사전에 일정액 이상의 상품 등을 구입하는 일반소비자를 여행, 관극 등에 초대한 비용 ④ 소매업자가 일반소비자에 대한 상품의 판매에 대하여 지출하는 경품의 가액 ⑤ 일반공장견학자에 제공되는 시음, 시식 시설 비용이 같은 통상의 다과 등의 접대에 하는 비용을 포함 ⑥ 단골거래처 등에 대한 견본품, 시용품에 공여한 통상의 비용 ⑦ 법인이 광고선전적으로 견본품, 달력, 탁상, 수첩, 부채, 컵, 손수건 또는 이와 유사한 물품을 불특정다수인에게 기증하기 위하여 지출한 비용	법인령 §24
7-38	국가 또는 지방자치단체 예 무상으로 기증하는 금품의 가액		• 손금용인 기부금이다. • 정부가액에 의한다. • 국가 또는 지방자치단체에 무상으로 기증하는 금품의 가액은 손금용인 기부금이다. 단, 기부금품모집규제법의 적용을 받는 기부금품은 동법 제조 제2항의 규정에 의하여 접수하는 것에 한한다. • 국방헌금과 국군장병 위문금품의 가액은 손금용인 기부금이다. • 국방헌금에는 향토예비군설치법에 의하여 설치된 향토예비군에 직접 지출하거나 국방부	법인령 §38

거래의 유형	주요거래의 내용	사용하는 계정과목	유의점·세무상의 요점	관계 법령
7. 체납처분에 의한 재산의 매각·공매 관계	7-39 국방원금과 국군장병위문금품의 가액		장관의 승인을 얻은 기관 또는 단체를 통하여 지출하는 기부금을 포함한다. 그러나 법인의 직장민방위대를 지출하는 금품은 기부금으로 보지 아니하고, 지급하는 장비의 따라 직장체육비, 교통비, 부리후생비, 고정자산 등으로 계상한다.	법인통칙 24-0-4
	7-40 천재지변으로 생기는 이재민을 위한 구호금품의 가액		국가 또는 지방자치단체에 무상으로 기증하는 금품의 가액은 법인이 개인 또는 법인에게 자산을 기증하고, 이를 기증받은 자가 지체없이 국가 또는 지방자치단체에 무상으로 기증한 금품의 가액과 한국은행법에 의한 한국은행이 국제금융기구에 가입조치에 관한 법률 제2조 제3항의 규정에 의하여 출연한 금품의 가액은 손금에 산입하게 되는 것이다. ・천재·지변으로 생기는 이재민을 위한 구호용인 기금품이다. 태풍이나 홍수 등으로 인하여 생긴 이재민을 위한 구호금품의 가액을 말한다. 이재민이란 한해의의 천재·지변 등으로 인하여 이재민 또는 당해 법인이 사용인도 포함한다. 또한 구호금품을 이재민에게 직접 전달하는 것은 물론이고, 국가 또는 언론기관이 모집하는 것을 통하여 지출하는 것도 포함하며, 재해복구공사를 시공하는 법인이 공사대금 중 이재민의 부담하여야 할 공사대금 상당액을 이재민을 위하여 부담하였을 경우, 그 금액을 포함한다.	법인통칙 24-0-3

거래의 성격	주요거래의 내용	사용하는 계정과목	유의점·세무상의 요령	관계 법령
7. 출자 및 출연금으로 하지 아니하고 특정의 효과를 기대하지 아니하는 것 (출연금)	7-41 사업에 직접 관계가 없는 자에의 금전, 물품 등의 증여 등에 대하여 사업의 원활한 지행을 도모하기 위하여 지출한 것	기부금 (Donation)	• 기부금이라 함은 민법상에 있어서는 재산의 출연을 의미하며, 무상증여를 하는 중, 무상으로 재산의 출연을 의미하며, 사회통념상으로 타인을 보조 또는 원조할 목적으로 대가를 바라지 아니하고 있는 것이다. • 일반적으로 기부금이라 함은 직접적으로 법인자신의 사업을 위하여 지출한 것이 아니며, 사업과 직접적인 관련이 없이 타인의 보조를 위하여 지출한 재산점부만 하겠으며, 그 금부내용에 있어서는 금전뿐만 아니라 유가증권, 채권 등, 모두한 자산실지라도 경제적 가치가 있으면 기부금이 되는 것이다. • 기부가 이루어지는 형태에 있어서도 자산의 전체적인 증여이든, 부분적인 증여이든지간에 형식여하에 관계없이 그 행위의 무상성의 경우에는 기부금에 속하는 것이다. • 기부금은 법인의 사업과 직접적으로 관련이 있는 경우와 직접적으로는 관련이 없는 것이며, 이들이 고정이 법인자신의 사업을 위하여서 보다 타인의 보조를 위하여 지출된다는 점에서 집접 법인의 사업을 위하여 지출한 접대비등과 구별되는 것이다. • 일정한 자산을 증여하였을 경우에 있어서 그 행위가 법인의 사업무적을 위한 것이 아니라면 기부금이라 하겠으나, 그 행위가 법인의 사업무적을 위한 것이라면 간접적인 성격을 가지게 되며, 경우에 따라서는 광고선전비의 성격도 가지게 될 것이다. • 기부금이라 함은 다음의 경우를 말하게 된다.	

거래의 주요내용	사용하는 계정과목	유의점·세무상의 요점	관계법령
7. 매 입 · 매 출 관 계 (제 조)		① 법인이 특수관계가 없는 자에게 법인의 사업과 직접관계없이 무상으로 지출하는 재산적 증여의 가액 안분하거나 정상가액보다 낮은 가액으로 양도함으로써 그 차액 중 실질적으로 증여한 것으로 인정되는 금액, 이 경우 정상가액은 시가에 시가의 100분의 30을 차감한 범위안의 가액으로 한다. ② 법인이 특수관계자 외의 자에게 정당한 사유없이 자산을 정상가액보다 높은 가액으로 매입함으로써 그 차액 중 실질적으로 증여한 것으로 인정되는 금액, 이 경우 정상가액은 시가에 시가의 100분의 30을 가산한 범위안의 가액으로 한다. • 고가매입의 경우 세무조정(예체기부금 세무조정) 고가매입의 경우 그 고가매입 차액은 세무조정에 의하여 손금산입 유보(△유보) 처분하고 동시에 동 금액을 기 계상한 기부금에 가산하여 한도초과액을 계산한다. 한도초과액은 손금불산입한다. 이 경우 손금산입유보(△유보) 처분한 기타 사외유출의 경우에는 한도액 내 손금산입한 금액을 손금불산입 기타사외유출로 처분한다. 또한 정상가액보다 낮게 양도(저가양도)하여 세의제하여 감가상각자산(유형자산기액에서 세의제하여야 한다. 즉, 법인이 자산을 감가상각할 때 감가상각자산가액을 손금불산입의 상각비를 계상하면, 차액에 해당하는 감가상각비를 손금불산입하여야 한다. • [기본 예] 시가 390, 매입가액 400인 경우 ① 회사의 분개 (차) 자 산 400　　(대) 현 금 400	법인령 §35

거래의 신방법	주요거래 내용	사용하는 계정과목	유의점·세무상의 요점	관계 법령
	7. 매출제 (치, 매출관계)		② 세무상 분개 　(차) 자 산 390　　(대) 현 금 400 　　　기부금 10 ③ 세무조정 　(가) 기부금(자산) 10　손금산입(유보) 　(나) 기부금 종류에 따라 한도시부인(법정, 조특법 73 ①, 지정기부금과 손금불산입) 　　　지정기부금으로 본다. • 자가인도한 경우의 세무조정(의제기부금 세무조정) 　정상가액보다 낮게 양도하는 경우의 자액은 한도액을 계산(미지정기부금의 경우에는 한도액계산 없이 손금불산입한다)하고 한도초과액이 발생한 때에는 손금불산입 기타 사외유출 처분함으로써 충족된다. [기설 예] 정부가액 200, 시가 300, 자산 200을 받고 자가인도한 경우 ① 회사의 분개 　(차) 현 금 200　　(대) 자 산 200 ② 세무상 분개 　(차) 현 금 200　　(대) 자 산 200 　　　기부금 10　　　처분익 10 ※ 정상가액 = 시가 × 70% = 300 × 70% = 210	

거래의 성격	주요거래의 내용	사용하는 계정과목	유의점·세무상의 요점	관계 법령
7. 목적 외 지출 관리 등 (제)			③ 세무조정 (차) 처분의 10 (대) 기부금 10 　　(익금산입유보)　　　(손금산입) ※ 소득금액에 영향이 없으므로 세무조정을 시부인계산을 하여도 된다. 기부금의 종류에 따라 한도액 시부인(법정·지정기부금)과 손금불산입(비지정기부금)의 경우이다. · 기부금이란 사업에 직접 관련이 없는 자에 대한 금전, 물품등의 증여인 것이며, 사업에 직접 관련이 있는 자에 대해서는 접대비로 하겠다. · 지정기부금의 손금산입한도액은 법인이 각 사업연도에 지출한 기부금 중 사회복지·문화·예술·교육·종교·자선·학술 등 공익성을 감안하여 지정기부금 중 다음의 ①의 금액(손금산입 한도액)을 예내서 ②의 금액을 차감한 금액을 공제하여 산출한 금액(손금산입 한도액)을 초과하는 금액은 당해 사업연도의 소득금액 계산에 있어서 이를 손금에 산입하지 아니한다. ① 당해 사업연도의 소득금액(②의 기부금과 지정기부금을 손금에 산입하기 전의 소득금액)과 전액 손금산입하는 기부금(법정기부금)의 손금산입 한도액 이월결손금의 합계액 ② 전액 손금산입하는 기부금(법정기부금)의 손금산입 한도액 · 국가 등에 지출한 기부금(법정기부금)의 손금산입 한도액	법인법 §24 ①

거래의 상대방/주요거래 내용	사용하는 계정과목	유의점·세무상의 요점	관계법령
7. 제·출·접·관·리비 (접대비)		한도액 = 당해사업연도의 소득금액 − 이월결손금 = (차감소득금액 + 법정기부금 − 이월결손금 · 조특법 §73 ①의 기부금 · 지정기부금손금제산입) − 이월결손금 • 조세특례제한법 제73조 제1항에서 규정하는 기부금의 손금산입한도액 한도액 = (당해사업연도 소득금액 − 이월결손금 − 법정기부금 한도초과액 + 조특법 §73 ①의 기부금 한도초과액) × 50% = (차가감 소득금액 + 법정기부금 한도초과액 + 조특법 §73 ①의 기부금 및 지정기부금 손금제산입 − 이월결손금) × 50% = (법정기부금 한도액 − 이월결손금) × 50% • 지정기부금의 손금산입한도액 한도액 = (당해사업연도 소득금액 − 법정기부금 손금용인액 − 조특법 §73 ①의 기부금 중 손금용인액) × 5% = (차가감 소득금액 + 법정기부금 한도초과액 + 조특법 §73 ①의 기부금 한도초과액 + 지정기부금 손금제산입액 − 이월결손금) × 5% • 법인이 지정기부금 또는 접대비 등을 금전 이외의 자산으로 제공한 경우의 당해 자산의 가액은 이를 제공한 때의 시가에 의하여 하는 것이다. 다만, 접대 손금용인되는 기부금에 대하여는 장부가액으로 한다. ※ 지정기부금의 범위는 법인세법시행령 제36조에 열거하고 있음.	

거래의 선별	주요거래의 내용	사용하는 계정과목	유의점·세무상의 요점	비고
7. 매 출 〈지·출·판·관·제〉			• 기부금을 가지급금 등으로 이연계상한 경우에는 이를 그 지출한 사업연도의 기부금으로 하고, 그 후의 사업연도에 있어서는 이를 기부금으로 보지 아니한다. ① 지출연도 : 손금산입, △유보처분과 동시 시부인계산 ② 비용계상연도 : 손금불산입·유보 • 기부금을 미지급금으로 계상한 경우 실제로 이를 지출할 때까지의 당해 사업연도의 소득금액 계산에 있어서 이를 기부금으로 보지 아니한다. 즉, 지출한 사업연도의 기부금으로 계산한다. ① 비용계상연도 : 손금불산입·유보 ② 지출연도 : 손금산입, △유보처분과 동시 시부인계산 • 전액 손금산입 기부금과 지정기부금 이외의 기부금은 당해 사업연도의 소득에 산입하지 아니한다는 데 주의를 할 필요가 있다. • 기부금에 대한 비치하여야 할 증빙은 다음과 같다. ① 기부요청서 ② 기부승낙서 ③ 지출품의서 ④ 영수증	

거래의 실태별	주요거래의 내용	사용하는 계정과목	유의점·세무상의 요점	관계법령
7. 목적·통제·출제(한정출제)	7-42 창립기념, 신사옥준공기념, 신입원환영회 등 의례행하는 파티예 있어서 소요되는 비용	접대비	• 사내의 종업원에 대하여 지급하는 상품·기념품·상금 등은 급료·수당으로서 소득세가 과세된다. 다만, 상품·기념품 등으로 소액의 것은 제외한다. • 창립기념일, 국가경축일, 신사옥낙성식에 있어서 종업원에게 일률적으로 지출한 비용은 복리후생비로 처리할 수 있다. • 회사의 벚꾸넘기념, 사옥의 신축기념 등에 있어서 진수식, 기공식, 낙성식에 있어서 연회비, 기념품 등은 접대비에 해당한다. • 신선(神船)건조·토목건축 등에 있어서 소요되는 연회비, 교통비, 기념품 등은 접대비에 해당한다.	
	7-43 거래관계(한정출제)·대리점 등의 비용	접대비	• 하청공장·특약점·대리점 등이 되기 위하여 소요된 운동비 • 거래관계를 맺기 위하여 상대방인 사업자에 대하여 금전 또는 사업용자산을 교부할 경우에 그 비용은 접대비와 하지 않아도 좋을 것이다. 따라서 사업용자산이 아닌 물품을 지출한 것은 교부하거나 대행 전국 등에 초대되는 비용은 접대비로 하여야 할 것이다.	
	7-44 수금을 위한 지출한 동비용		• 다음과 같은 것은 세무상 접대비에 포함된다. ① 음식물의 접대 ② 사업용자산 아닌 물품의 교부	

거래의 유형	주요거래의 내용	사용하는 계정과목	유의점·세무상의 요점	관계법령
7. 목 적 (매 출 처 ， 매 입 처 등 거 래 처 및 종 업 원 에 지 출 한 회 부 의 있 어 금 품 등 의 비용)	7-45 매입처, 매출처 등 거래처에 지출한 회부의 조 및 종업원에 지출한 금 품 등의 비용	접대비	③ 여행·관극 등에의 초대 • 7-45에 관련하여 지출하는 현금은 보서 증빙을 청구하지 않고, 지출계를 실행할 수가 있기 때문에, 임원의 인정상여 등으로 되는 경우가 있기 때문에 유의하여야 한다. • 거래의 상대방에 대하여 지급하는 보증금은 보증금으로서 자산계상이 되중금으로 계상하게 되며, 이를 손금에 산입하여서는 아니된다. • 7-45에 관련하여, 현금을 지급한 경우에 있어서는 영수증을 받든가, 그것이 불가능한 경우에는 상품권 또는 자기표를 등으로 지출하도록 노력할 필요가 있겠다. • 매출처·매입처 등 거래처에 대한 정조·회부를 위한 지급금은 접대비에 해당한다. • 종업원의 친목 등의 경조·회부에 일정한 기준에 따라 지급하는 금품의 가액은 복리후생비에 해당된다. • 접입원, 종업원이었던 자들서, 현재 사외의 자에 해당하는 자에 대한 정조·회부에 있어서 지출한 것은 접대비에 표함한다. • 종업원의 친족 등에 대하여 지급한 정조·회부의 것으로서, 일정한 기준이 없이 또한 정이 아닌 지급한 금품에 소요된 비용은 전액은 접대비로 하게 된다. • 재해 등이 있었던 경우에 거래처에 재해위문금 등의 지출은 접대비에 해당한다.	

세무회계편람 361

매출자 등에 관련하여 발생하는 거래의 세무처리 요약

거래의 선택방	주요거래의 내용	사용하는 계정과목	유의점·세무상의 요점	관계 법령
7. 7-46 특정의 거래처 등(주요한 거래처 등)에 대한 지출	거래처 등 특정의 거래처에 있는 사업에 관한 집판 관계가 있는 지출에 대하여 지불하는 경품 등 매출, 판매 등을 위한 여행·관광 등에 초대하는 대가, 요리 등의 비용	접대비	• 거래처 및 기타 사업에 관계있는 자에게 지급한 여행·관광 등의 초대비용은 접대비에 해당한다. • 경품비용은 접대비로서 사무인계산한다. • 특정개인수인(일반소비자 등)에 상품의 판매에 대하여 지출하는 경품의 가액은 광고선전비로 한다. • 일반소비자를 추첨에 의한 여행·관광 등에 초대되는 비용은 광고선전비에 포함한다. • 제조업자 또는 판매업자가 사전에 일정액 이상의 상품 등을 구입하는 일반소비자를 여행·관광 등에 초대한 비용은 광고선전비로도 한다. • 매출에누리는 매출액의 공제항목이고, 본래 금전에 지출되는 것이므로, 그 지출금은 거래처인 기업 자체의 재산에 귀속되는 것이다. 이에 대하여 수입하는 측에서의 물품을 교부하는 경우에는 비록 그 교부의 기준이 판매의 수입금액 회수액을 기준으로 하는 것 또는 외상매출금에 해당하지 않는 경우에도 매출에누리에 해당하지 않는 것으로 취급한다. 그리고 그 교부하는 거래처의 사업자에 있어서는 재고자산으로서 판매하고 또는 사용하는 것이 분명한 물품인 경우로서 그 교부하는 물품의 가액이 매출액의 일정액마다 교부하는 것 또는 매출액에 비례하여 교부하는 것 또는 매출액의 일정액마다 교부하는 것 또한 이에 준하여 접대비로서 취급하지 않는다.	

거래의 성질	주요거래의 내용	사용하는 계정과목	유의점·세무상의 요점	관계법령
7. 매 〈 매 출 〉 관 계			• 거래처의 영업지역의 특수사정·협력정도 등을 감안하여 지출하는 것이란, 예컨대 미리 정하고 있는 산정기준에 의해 산출된 금액으로 일정지역의 거래처(예컨대 판매실적이 양호하였던 거래처)에 대하여 합중율을 가산하여 지출하는 경우라든가, 또는 대금의 지불이 호의하였던 거래처, 판매액의 신장률이 높았던 거래처 등에 합중율에 의한 합인의 지출을 하는 경우 등을 말한다. 매출할인의 지출에 대하여 이와 같은 방법으로 지출하는 경우는 결과적으로 그 지출의 매출할인의 체결채권의 회수액에 비례하지 않는 매출할인의 지출의 범위에 포함하지 않는다. 따라서 거래처의 개별사정을 감안하여 지출하는 것에 대하여는 그것이 거래의 지출하거나 또는 거래처의 특정의 개인에 대하여 지출하는 것이 아닌 사실을 분명히 해둘 필요가 있다. • 법인이 거래처에 대한 매출할인으로서 동일한 기준에 의하여 물품의 교부를 하는 경우에 있어서는 그 교부하는 물품이 사업용자산(재고자산)에 있어서 재고자산 또는 그 법인이 판매하는 사용하는 것이 명백한 물품에 해당하는 때에는 당해 물품에 따른 비용의 금액에 한해서는 포함하지 않는다. • 동업자의 단체 등이 점대·향응·위안·증답·기타 이와 유사한 행위를 하여, 그 비용을 법인이 분담한 경우에도 접대비의 지출이 있었다고 본다.	

거래의 상대방	주요거래의 내용	사용하는 계정과목	유의점·세무상의 요령	관계 법령
7. 상공회 등 공과금	7-47. 상공회 의소 등에 회비를 납부하는 경우	공과금 (세금과공과)	• 제조업자 또는 도매업자가 소매업자 등에게 지급한 여행, 관금비용의 전부 또는 일부를 부담한 경우의 부담액을 접대비에 포함한다. • 법인세법상 손금으로 인정하게 되는 공과금은 다음과 같은 것을 말한다. ① 법령에 의하여 의무적으로 납부하는 것이 아닌 것 ② 법령에 의한 의무의 불이행 또는 금지·제한 등의 위반에 대한 제재로서 부과되는 것	
	7-48. 대한적 십자사 회비를 납부하는 경우		• 법인이 단체 등에 대하여 회비 또는 그 외의 경비를 부담하였을 경우에 채는 단체상호간의 협력을 개최하는 등의 조직이있다고 인정을 받을 적에 그 단체에 대하여서 접대비의 지출이 있었다고 보아야 할 것이다. • 신년회·망년회 등을 위한 특별회비는 접대비에도 된다.	
	7-49. 동업 자의 조합 등에 시장 예의 경조사 회비를 납부하는 경우		• 조합 등에서 예탁된 회비 중, 회관이건 후에 반환할 것이 결정되어 있는 것은 예탁금이 된다. • 조합 등에서 회관 건설하기 위하여 부담한 특별회비는 차입권(무형고정자산), 조합원 등의 우선이용권을 받은 경우에는 기부금으로 취급한다. • 회원이 아닌 경우에는 기부금으로 취급한다.	

거래의 성격	주요거래의 내용	사용하는 계정과목	유의점·세무상의 요점	관계법령
7. 매출	7-50 무역협회 가입비(수출입의 허가를 받기 위함이 아님)를 지급한 경우	영업권 (Goodwill)	• 동업자단체에 가입하기 위하여 지급하는 가입비, 기타 이와 유사한 금액은 그 단체에 가입함으로써 사업상 특별한 권리 또는 영업권의 취득이나, 수익사업의 증가, 기타 경영상의 유리한 관계를 형성하는 경우를 제외하고는 특별회비로 처리하게 되는 것이다.	
	7-51 건설업 등을 영위하는 법인이 전기공사업 면허를 취득하기 위하여 관계 협회에 가입비를 지급하는 경우	영업권 (Goodwill)	• 법인이 특정사업의 면허를 취득하기 위하여 동업자조합 또는 협회에 가입할 때 지급하는 입회금이 회비와 같이 반환청구할 수 없는 경우에는 동 금액을 그 사업에 대한 영업권으로 처리하는 것이다.	

거래의 선(종)별	주요거래의 내용	사용하는 계정과목	유의점·세무상의 요점	관계 법령
7-52 커래처 등을 대상으로 하여 행하는 신제품 발표회, 판매 반성회, 판매 요인을 분석하는 회합 등에 통상 소요되는 비용	회의비 (Conference)		· 접대비와 혼동하기 쉬우므로 명확히 구분할 필요가 있다. 통상의 회의에 요하는 비용은 다음과 같은 것이다. ① 다과·대(주류를 포함하지 아니한다) ② 통상 회의중에 사용하는 담배의 대금 ③ 통상의 식사대 ④ 소얀의 기념품대 ⑤ 회의용 배포 서류작성비 ⑥ 회의 참가자의 왕부교통비 <실비> ⑦ 회의장 임차료 및 숙박비 회의에 뒤따른 연회 등에 행하여지는 경우에는, 그 비용을 명확히 구분경리함과 동시에 회의목적에 명확히 해할 필요가 있다. 회의의 목적이 충분하고 경우에는 대비로 인정되는 경우가 있다.	
7-53 자기가 제조, 채굴 <자변과무> 한, 갈산물, 매입한 상	매출		· 자기제품 등을 견본용으로 체공한 것으로 보아 부가가치세 과세표준에 산입하게 되는 것이나, 자기 매입에서 이익이 발생하지 않는 것으로 간주하여 그 취득가를 매출원으로 제상하게 된다. (차) 견본비 ××× (대) 매 출 ×××	

거래의 형태	주요거래의 내용	사용하는 계정과목	유의점·세무상의 요점	관계법령
	품을 견본 등으로 타인에게 제공하여 있을 경우		유의점·세무상의 요점	
7. 매출	7-54 매출액을 증감시킬 목적으로 가격차의 사전약정에 의하여 특진판매를 하여, 이를 판매할인 하고, 이를 현금회계 판매로서 순금회계 처리하여	접대비	· 거래자에게 판매촉진수료를 현금으로 지급하였을 경우에는 사례금으로서 접대비 또는 이와 유사한 성질의 금액으로 취급하여야 한다. · 매출채권과 대체경리하였을 경우에는 그 채권금액 상당액을 중여하였다고 인정할 수 있다.	

거래의 선택방	주요거래의 내용	사용하는 계정과목	유의점·세무상의 요점	관계 법령
7. 매출	현금으로 지출하거나 보통예금·당좌예금으로 결제한 경우 있는			
	7-55 신문 사의 신문지 처리	광고선전비 접대비	• 신문사에서 배부하는 무가지에 있어 ① 국가기관 등에 대한 배포, 광고주의 증정용, 원고집필자의 내용확인 등은 사업상의 필요경비임. ② 선전용이 표시되는 것으로서 불특정 다수인에게 무료증정하는 것은 광고선전비임. ③ 지국, 보급소 가판원 등 특정인에게 제공하는 무가지는 접대비임. ④ 운송중 파손, 분실 등은 사업상의 필요경비도 됨.	
	7-56 불품을 외상판매 하고 외상판매 기간에 놓여 자산이 남아있는 경우 〈대변과목〉 매출		• 물품을 외상판매하고 외상기간에 상당하는 이자어음할인이자를 상당액에 가산하여 받는 경우에 있어서는, 물품가액에 이자상당액을 가산한 금액이 물품대금으로 되는 것이다. 따라서 상대방에 있어서는 지급되는 금액이자를 가산한 금액이 물품 매입대금으로 되는 것이다.	

개별의 세목	주요개정의 내용	사용하는 계정과목	유의점·세무상의 요점	관계 법령
7	7-57 국외연수기대에 해외에서의 체재에 기업내 외국내에 한연수 다음 수반되는 동반하는 여비, 숙박비 및 비품 비 등을 지출 한 경우의 경리	여비교통비 해외시장 개척비 국외시장 개척비	• 해외에서 시장개척을 위하여 지출하는 접대비, 판매비 기타 이와 유사한 비용은 해외시장 개척비보다 손금에 산입하게 된다. • 해외출장이 당해법인의 사업의 수행상 필요한 것으로서, 사회통념상 해외 체재되어진 것은 법인에 있어 여비로 경리하여도 무방할 것이다. • 다음에 게기하는 여행은 원칙적으로 법인의 사업상 필요한 해외출장으로 인정되지 아니하는 것이다. ① 관광여행의 허가를 얻어 행하는 여행 ② 여행알선을 행하는 자 등이 행하는 단체여행에 응모한 여행 ③ 동업자단체, 기타 이에 준하는 단체가 주최한 여행으로서 주로 관광목적이라 인정되는 것	§24 법인법
	7-58 해외의 지점에서 지출하는 접대비		• 그러나, 위와 같은 경우에 있어서도 여행의 행선지, 행하는 일의 내용 등으로 보아 법인의 업무에 직접관련을 가진 부분의 여행에 대하여서는 그 비용을 여비로 할 수 있을 것이다.	
	7-59 종업원 경비대비			

3. PART▶7 매출처 등에 관련하여 발생하는 거래의 세무처리 요점

거래의 선례명	주요거래내용	사용하는 계정	유의점·세무상의 요점	관계법령
7. 매출관계	또는 임의의 해약에 의한 위약금의 지출 이외에서 지출한 경우대비			
	7-60 상품 등의 운반에 필요한 처에 지불한 운반에 지출하여 제반에 관한 체제비의 지출에 포장비의 지출 경우	운반비 포장비	• 납품운임을 거래처에서 부담하기로 약정이 되어있을 때, 운임 등을 대불(입체)하였을 경우에는 가지급금(입체금)으로 처리하게 된다. • 자사소유의 차량을 사용하는 경우에 있어서는, 차량의 감가상각비는 감가상각비로 처리하게 되며, 휘발유대는 연료비 또는 차량유지비로, 운전사 등의 인건비는 급료로 처리함이 일반적이다. • 포장재료의 매입액 중 미사용의 저장품으로 하여 차기이월하게 된다.	
	7-61 상품 등을 판매한 곳에 위한 수송, 보관에	보험료 (Insurance Expenses)	• 보험료를 거래처에서 부담하기로 계약한 것에 대한 것을 입체한 경우에는 대불금(대체계정 품) 또는 가지급금으로 처리한다. • 매입상품에 대한 보험료로서, 당사부담분은 상품 등의 원가에 산입하게 된다.	

거래의 신내빙	주요거래의 내용	사용하는 계정과목	유의점·세무상의 요점	관계법령
	재해석, 당해상품 등의 부가기법에 합격제약의 위한 보험료			
7. 지출 (대외) 관계비	7-62 상용으로 출장하는 기업에 대하여 지출되는 교통비, 숙박비, 일당	여비교통비 해외시장 개척비	• 여비·교통비가 비용으로서 인정되기 위해서는 실비변상적인 원칙이 전제가 된다. • 일정한 기준없이 지급되고, 실비변상적이 아닌, 여비는 명목여하에 불구하고 급료 또는 상여로 되는 것이다.	
	7-63 상용을 위하여 해외출장을 한 경우, 이에 준하는 대비·준비금 등	여 상	• 여비·교통비·일당·체재비 등에 대하여서는 사내에 여비규정 등이 정하여져 있으면 인정상액으로 지급되는 아니할 것이다. • 여비규정 등을 초과하여 지급한 경우에는 그 지출의 목적이 명확하고 증빙 등이 완비되어 있으면 인정상액으로 지출되는 아니할 것이다. • 용도불명의 대비 또는 상용이 아닌 개인적인 대비(예컨대 임원의 개인적 여행, 종업원의 귀향대비 등)를 회사가 부담한 경우에는 이익처분에 위한 상여로 본다.	

거래의 성격별	주요거래 내용	사용하는 계정과목	유의점·세무상의 요점	관계법령
7. 매 출 채 수 금 관 계 (매 출 지 급 수 수 료)	7-64 거래의 중개, 집금 업무의 대행 등을 위탁한 경우 위의 자체 계산기준에 의하여 지급하는 보수의 경우	판매수수료 집금수수료 (Selling or Collection Commission)	• 사내의 자체에 지급하는 경우에는 급료·수당으로 취급하게 된다. • 일정의 계산기준에 의하지 아니하였을 경우에는 접대비로도 보기가 쉽다. • 사회의 판매의무원, 집금인에게 지급하는 보수에 대해서는 소득세를 원천징수하게 되는 경우가 있다.	
	7-65 채무자가 파산·강제집행·형의 집행	대손금 (Bad Debt Loss)	• 대손이란 한은 채권이 채무자의 고의적 부도 등으로 인하여 회수불능이 된 사유를 말하게 되며, 그 회수불능이 된 금액을 대손금이라 한다. • 위의 같은 대손은 회계실무상 채권의 포기·면제 등 소위 중여에 해당하는 것과 구별하기 어려워 때문에 대손과 채권의 면제와 구분할 수 있는 명확한 기준을 마련할 필요가 있	

거래의 주요개념	사용하는	유의점·세무상의 요점	관계
실태별 내용	계정과목		법령
7. 매출채권, 매출 (자)채권 (판매)	7-66 채무자의 사망·행불·실종 등으로 인하여 회수할 수 없는 채권 7-67 매출채권, 미수금으로 상법상의 소멸시효가 완성된 경우	채권 • 대손은 채권의 회수불능이 확정된 날에 순자산이 감소할 권리의무가 이를 대손으로 계상하게 될 것이나, 객관적으로 어느 시점에서 회수되었는가를 포착하기 어려운 일이다 하겠다. • 이에 대하여 세법은 손금으로 산입하게 되는 대손금에 대하여 다음과 같이 규정하고 있다. ① 채무자의 파산, 강제집행, 형의 집행 등으로 사업을 폐지함으로 인하여 회수할 수 없는 채권 ② 채무자의 사망·실종·행방불명으로 인하여 회수할 수 없는 채권 ③ 매출채권 및 미수금으로서 상법상의 소멸시효가 완성된 것 ※ 상법 제64조 (상사시효) 상행위로 인한 채권은 본법에 다른 규정이 없을 때에는 5년간 행사하지 아니하면 소멸시효가 완성된다. 그러나 다른 법령에 이보다 단기의 시효의 규정이 있는 때에는 그 규정에 의한다. ※ 상법 제122조 (운송주선인의 채권의 시효) 운송주선인의 위탁자 또는 수하인에 대한 채권은 1년간 행사하지 아니하면 소멸시효가 완성된다.	§19의12

매출채권 등에 관련하여 발생하는 거래의 세무처리 요령

거래의 형태별	주요거래 내용	사용하는 계정과목	유의점·세무상의 요점	관계 법령
7. 매출채권, 매입채무의 관리	7-68 어음법 규정에 의하여 예에 의하여 어음 가 완성된		※ 상법 제167조 (창고업자의 채권의 시효) 창고업자의 임치인 또는 창고증권소지인에 대한 채권은 그 물건을 출고한 날로부터 1년간 행사하지 아니하면 소멸시효가 완성된다. ※ 상법 제487조 (단기청구권의 시효) ㉠ 사채의 상환청구권은 10년간 행사하지 아니하면 소멸시효가 완성된다. ㉡ 제484조 제3항의 청구권도 전항과 같다. ㉢ 사채의 이자와 전조 제2항의 청구권은 5년간 행사하지 아니하면 소멸시효가 완성된다.	
	7-69 수표법 규정에 의하여 예에 의하여 수표 가 완성된		※ 상법 제662조 (소멸시효) 보험금액의 청구권과 보험료 또는 적립금의 반환청구권은 2년, 보험료의 청구권은 1년간 행사하지 아니하면 소멸시효가 완성한다.	
	7-70 대여금 및 선급금 으로 받아 계		※ 상법 제736조 (보험적립금 반환의무 등) ㉠ 제649조, 제650조, 제651조 및 제652조 내지 제655조의 규정에 의하여 보험계약이 해지된 때 제659조와 제660조의 규정에 의하여 보험금액의 지급책임이 면제된 때에는 보험자는 보험수익자를 위하여 적립한 금액을 보험계약자에게 지급하여야 한다. 그러나 다른 제약이 없으면 제659조 제1항의 보험사고가 보험계약자에 경우에는 그러하지 아니한다. ㉡ 삭 제 (1991.12.31)	

거래의 선박별	주요거래의 내용	사용하는 계정과목	관계법령
7. 멸 출 치·어 및 출 결 관 제 ( )	위의점·세무상의 요점 ※ 상법 제848조 (선박충돌채권의 소멸) 선박의 충돌로 인하여 생긴 손해배상청구권은 그 충돌이 있는 날로부터 2년내에 재판상 청구가 없으면 소멸한다. 그러나 제811조 단서의 규정은 이 경우에 준용한다. ④ 어음법 규정에 의하여 소멸시효가 완성된 어음 ※ 어음법 제70조 [시효기간] ㉠ 주인에 대한 환어음상의 청구권은 만기의 날로부터 3년간 행사하지 아니하면 소멸시효가 완성한다. ㉡ 소지인의 배서인과 발행인에 대한 청구권은 적법한 기간내에 작성시킨 거절증서의 일자로부터 무비용상환의 문언이 기재된 경우에는 만기의 날로부터 1년간 행사하지 아니하면 소멸시효가 완성한다. ㉢ 배서인의 다른 배서인과 발행인에 대한 청구권은 그 배서인이 어음을 환수한 날, 또는 그 자가 제소된 날로부터 6월간 행사하지 아니하면 소멸시효가 완성한다. ※ 어음법 제71조 [시효의 중단] 시효의 중단은 그 중단사유가 생긴 자에 대하여서만 효력이 생긴다. ※ 어음법 제80조 [소송고지로 인한 시효중단] ㉠ 배서인의 다른 배서인과 발행인에 대한 어음상의 청구권의 소멸시효는 그 자가 제소된 경우에는 소송고지를 함으로 인하여 중단된다. ㉡ 전항의 규정에 의하여 중단된 시효는 재판이 확정된 때로부터 다시 진행을 개시한다.		

거래의 성대방	주요거래 내용	사용하는 계정과목	유의점·세무상의 요점	관계 법령
	7. 매 출 채 권 관 계 ( )		※ 어음법 제79조 (이득상환청구권) 환어음 또는 약속어음에서 생긴 권리가 절차의 흠결로 인하여 소멸한 때나, 그 소멸시효가 완성한 때라도 소지인·발행인·인수인 또는 배서인에 대하여 고가 받은 이익의 한도내에서 상구할 수 있다. ※ 어음법 제77조 (환어음에 관한 규정의 준용) 다음의 사항에 관한 환어음에 대한 규정은 약속어음의 성질에 상반하지 아니하는 한도에서 이를 약속어음에 준용한다. ⑤ 수표법의 규정에 의하여 소멸시효가 완성된수표 8. 시효 (제70조와 제71조) ※ 수표법 제51조 (시효기간) ① 소지인의 배서인·발행인 기타의 채무자에 대한 소구권은 제시기간 후 6월간 행사하지 아니하면 소멸시효가 완성된다. ⓒ 수표의 채무자의 다른 채무자에 대한 소구권은 그 채무가 수표를 환수한 날 또는 그 자가 제소된 날로부터 6월간 행사하지 아니하면 소멸시효가 완성한다. ※ 수표법 제52조 [시효의 중단] 시효의 중단은 그 중단사유가 생긴 자에 대하여서만 효력이 생긴다. ※ 수표법 제58조 [지급보증인의 의무의 시효]	

거래의 상대방	주요거래의 내용	사용하는 계정과목	유의점·세무상의 요점	관계법령
7. 제 · 출 관 계 ( )			지급보증한 지급인에 대한 수표상의 청구권은 제시기간 경과 후 1년간 행사하지 아니하면 소멸시효가 완성한다. ※ 수표법 제63조 (이득상환청구권) 수표에서 생긴 권리가 절차의 흠결로 인하여 소멸한 때나, 그 소멸시효가 완성한 때라도 소지인은 발행인·배서인 또는 지급보증을 한 지급인에 대하여 그가 받은 이익의 한도내에서 상환을 청구할 수 있다. ※ 수표법 제64조 (소송고지로 인한 시효중단) ㉠ 배서인의 다른 배서인과 발행인에 대한 수표상의 청구권의 소멸시효는 그 자가 제소된 경우에는 전자에 대한 소송고지를 함으로 인하여 중단한다. ㉡ 전항의 규정에 의하여 중단된 시효는 재판이 확정된 때로부터 다시 진행을 개시한다. ⑥ 대여금 및 선급금으로서 민법상의 소멸시효가 완성된 것 ※ 민법 제162조 (3년간의 단기소멸시효) 다음 각호의 채권은 3년간 행사하지 아니하면 소멸시효가 완성한다. ㉠ 이자, 부양료, 급료, 사용료 기타 1년 이내의 기간으로 정한 금전 또는 물건의 지급을 목적으로 한 채권 ㉡ 의사, 조산원, 간호원 및 약사의 치료, 근로 및 조제에 관한 채권	

거래의 상대방	주요거래의 내용	사용하는 제정과목	유의점·세무상의 요령	관계법령
7. 매출·제출관계			ⓒ 도급받은 자, 기사, 기타공사의 설치 또는 감독에 종사하는 자의 공사에 관한 채권 ⓐ 변호사, 변리사, 공증인, 공인회계사 및 사법서사의 직무상 보관한 서류의 반환을 청구하는 채권 ⓔ 생산자 및 상인의 판매한 생산물 및 상품의 대가 ⓕ 수공업자 및 제조자의 업무에 관한 채권 ※ 민법 제164조 (1년의 단기소멸시효) 다음 각호의 채권은 1년간 행사하지 아니하면 소멸시효가 완성한다. ⓐ 여관, 음식점, 대석, 오락장의 숙박료, 음식료, 대석료, 입장료, 소비물의 대가 및 체당금의 채권 ⓑ 의복, 침구, 장구, 기타 동산의 사용료의 채권 ⓒ 노역인, 연예인의 임금 및 그에 공급한 물건의 대금채권 ⓓ 학생 및 수업자의 교육, 의식 및 유숙에 관한 교주, 숙주, 교사의 채권 ※ 판결 등에 의해 확정된 채권의 소멸시효 ⓐ 판결에 의하여 확정된 채권은 단기의 소멸시효에 해당한 것이라도 그 소멸시효는 10년으로 한다. ⓑ 파산절차에 의하여 확정된 채권 및 재판상의 화해, 조정, 기타 판결과 동일한 효력이 있는 것에 의하여 확정된 채권도 전항과 같다.	

거래의 상대방	주요거래의 내용	사용하는 계정과목	유의점·세무상의 요점	관계법
7. 목 지 · 출 자 · 관 계 ( )			㉢ 제2항의 규정에 판결확정 당시에 변제기가 도래하지 아니한 채권에 적용하지 아니한다. ※ 민법 제166조 (소멸시효의 기산점) ㉠ 소멸시효는 권리를 행사할 수 있는 때로부터 진행한다. ㉡ 부작위를 목적으로 하는 채권의 소멸시효는 위반행위를 한 때로부터 진행한다. ※ 민법 제167조 (소멸시효의 소급효) 소멸시효는 그 기산일에 소급하여 효력이 생긴다. ※ 민법 제168조 (소멸시효의 중단사유) 소멸시효는 다음 각호의 사유로 인하여 중단된다. ㉠ 청구 ㉡ 압류 또는 가압류, 가처분 ㉢ 승인 ※ 민법 제169조 (시효중단의 효력) 시효의 중단은 당사자 및 그 승계인간에만 효력이 있다. ※ 민법 제170조 (재판상의 청구와 시효중단) ㉠ 재판상의 청구는 소송의 각하, 기각 또는 취하의 경우에는 시효중단의 효력이 없다. ㉡ 전항의 경우에 6월내에 재판상의 청구, 파산절차 참가, 압류 또는 가압류, 가처분을	

거래의 성격별	주요거래의 내 용	사용하는 계정과목	유의점·세무상의 요점	관계 법령
7. 매 출 채 권 관 계 ( )			※ 한 때에는 시효는 최초의 재판상 청구로 인하여 중단된 것으로 본다. ※ 민법 제171조 (파산절차 참가와 시효중단) 파산절차 참가는 채권자가 이를 취소하거나, 그 청구가 각하된 때에는 시효중단의 효력이 없다. ※ 민법 제172조 (지급명령과 시효중단) 지급명령은 채권자가 법정기간내에 가집행신청을 하지 아니함으로 인하여 그 효력을 잃은 때에는 시효중단의 효력이 없다. ※ 민법 제173조 (화해를 위한 소환, 임의출석과 시효중단) 화해를 위한 소환은 상대방이 출석하지 아니하거나, 화해가 성립되지 아니한 때에는 1월내에 소를 제기하지 아니하면 시효중단의 효력이 없다. 임의출석의 경우에 화해가 성립되지 아니한 때에도 그러하다. ※ 민법 제174조 (최고와 시효중단) 최고는 6월내에 재판상의 청구, 파산절차 참가, 화해를 위한 소환, 임의출석, 압류 또는 가압류, 가처분을 하지 아니하면 시효중단의 효력이 없다. ※ 민법 제175조 (압류, 가압류, 가처분과 시효중단) 압류, 가압류 및 가처분은 권리자의 청구에 의하여 또는 법률의 규정에 따르지 아니함으로 인하여 취소된 때에는 시효중단의 효력이 없다.	

거래의 종류	주요거래의 내용	사용하는 계정과목	유의점·세무상의 요점	관계법령
7. 제 출 관 계 ( )			※ 민법 제176조 (압류, 가압류 및 가처분과 시효중단) 압류, 가압류 및 가처분은 시효의 이익을 받은 자에 대하여 하지 아니한 때에는 이를 그에게 통지한 후가 아니면 시효중단의 효력이 없다. ※ 민법 제177조 (승인과 시효중단) 시효중단의 효력있는 승인에는 상대방의 권리에 관한 처분의 능력이나 권한이 있음을 요하지 아니한다. ※ 민법 제178조 (중단 후의 시효진행) ㉠ 시효가 중단된 때에는 중단까지에 경과한 시효기간은 이를 산입하지 아니하고 중단사유가 종료한 때로부터 새로이 진행한다. ㉡ 재판상의 청구로 인하여 중단한 시효는 전항의 규정에 의하여 재판이 확정된 때로부터 새로이 진행한다. ※ 민법 제179조 (무능력자와 시효정지) 소멸시효의 기간만료 전, 6월내에 무능력자의 법정대리인이 없는 때에는 그가 능력자가 되거나, 법정대리인이 취임한 때로부터 6월내에는 시효가 완성하지 아니한다. ※ 민법 제180조 (재산관리자에 대한 무능력자의 권리, 부장간의 권리와 시효정지) ㉠ 재산을 관리하는 부모 또는 후견인에 대한 무능력자의 권리는 그가 능력자가 되거나, 후임의 법정대리인이 취임한 때로부터 6월내에는 소멸시효가 완성하지 아니한다. ㉡ 부부의 일방이 타방에 대한 권리는 혼인관계의 종료한 때로부터 6월내에는 소멸시효가 완성하지 아니한다.	

거래의 상대방	주요거래의 내용	사용하는 계정과목	유의점·세무상의 요점	관계법령

※ 민법 제181조 (상속재산에 속한 권리)
상속재산에 속한 권리나 상속재산에 대한 권리는 상속인의 확정, 관리인의 선임 또는 파산선고가 있는 때로부터 6월내에는 소멸시효가 완성하지 아니한다.

※ 민법 제182조 (천재, 기타 사변과 시효정지)
천재, 기타 사변으로 인하여 소멸시효를 중단할 수 없을 때에는 그 사유가 종료한 때로부터 1월내에는 시효가 완성하지 아니한다.

※ 민법 제183조 (종속된 권리에 대한 포기 기타)
⊙ 소멸시효의 이익은 미리 포기하지 못한다.
⊙ 소멸시효는 법률행위에 의하여 이를 배제, 연장 또는 가중할 수 있으나, 이를 단축 또는 경감할 수 있다.

7. 매〈매·출·출〉관계

⑦ 금융기관·한국산업은행·중소기업은행·한국주택은행·한국수출입은행·농협중앙회·수협중앙회·축협중앙회·상호신용금고의 채권으로서 한국은행 은행감독원장으로부터 승인을 얻은 것

⑧ 금융중앙회·한국은행 은행감독원장으로부터 대손처리 요건을 갖춘 채권으로 계상한 것

⑨ 은행법에 의한 인가를 받아 설립된 금융기관의 채권, 단기금융업법에 의한 단기금융회사의 채권, 장기신용은행법에 의한 장기신용은행의 채권, 종합금융회사에 관한 법률에 의한 종합금융회사 또는 증권거래중개회사의 채권 및 신

거래의 주요거래의 내용	사용하는 계정과목	유의점·세무상의 요점	관계법령
7. 매 출 채 권 의 (매 출 관 계)		⑩ 부도발생일부터 6월 이상 경과한 수표 또는 어음상의 채권 및 매출채권중소기업의 매출채권으로서 부도발생일 이전의 것에 한한다. 단, 당해 법인이 채무자의 재산에 대해 저당권을 설정하고 있는 경우를 제외한다. ⑪ 대여금등에 있어서 제21조 및 동법시행령 제8호 다음의 규정에 의하여 외국환 은행의 장으로부터 미화수대금처리와 승인을 얻은 것 ⑫ 중권거래법에 의한 중권회사의 채권으로서 중권감독원장의 승인을 얻은 것 ⑬ 세무서장으로부터 국세결손처분청수수권의 채권(국세징수법 §86 ①)을 받은 채무자에 대한 채권(거당 권이 설정되어 있는 채권 제외) ⑭ 채무자의 재산에 대한 경매가 취소된 압류채권(민사소송법 §616) ⑮ 회사정리법에 의한 정리계획인가의 결정에 따라 회수불능채권으로 확정된 채권 • 위에서 열거한 비의 각 항목이 가진 공통된 점은 먼저 채권의 회수가 근본적으로 확정된 사실을 설명하고 있다는 보겠으며, 다음으로 회수할 수 없는 것으로 하여 결국 대손이 확정된 기 준을 사실판단에 의하여 결정하는도록 한 것이라고 해석할 수 있을 것이다. • 대손금에 대한 회계처리는 실제적으로 대손(회수불능등)이 확정되었을 경우에 대손충당금을 설정하여 처리하게 된다.	

7. 매출채권 관련(계)

거래의 선택방	주요거래의 내용	사용하는 계정과목	유의점·세무상의 요점	관계법령
7-71 대손중 당기의 실현정시		대손상각 대손충당금 (Bad debt)	즉 대손이 확정되었을 경우 대손금제정의 차변에 기업회계 동시에 매출채권 제정 등의 대변에 기업함으로써 채권 소멸시점과 동시에 대손이라는 손실을 계상하게 된다. (차) 대손금 ××× (대) 매출채권 ××× · 법인에 대한 채무자가 총의 집행이 확정되어 제산이 없는 경우의 채권은 법인세법의 규정의 대변으로부터 각 사업연도의 소득금액계산상 산입하는 것이다. · 회사정리법 제241조의 규정에 의하여 면책된 경리계획의 채무소멸액은 제사유가 발생한 날이 속하는 사업연도는 대손금이 되는 것이다. · 채무자가 지급능력이 있는데도 불구하고, 간단히 발들 수 없다고 하여 채권액을 법인측에도 채무면제의 수속에 의하여 대손금으로 제상한다면, 채권자도 쌍방과세되는, 즉 이중과세가 되는 경우가 있다. · 이외 권은 경우, 세무상에 있어서는 대손금으로 보지 아니하게 되며 채권자에 대하여서는 채권을 채무자에게 증여한 것으로 보아 기부금으로 인정하게 되는 것이다.	
	· 세법상 손금으로 산입될 대손에상액을 당해 사업연도의 순계도서 제상한 대손충당금으로서, 당해 사업연도 중에 현재 ① 매출채권, ② 대여금, ③ 받들어음, ④ 선수금, ⑤ 미수금, ⑥ 경상적인 영업거래에서 발생하는 선일자수표상의 채권의 정부기액에			

거래의 형태별 내용	주요거래의 내용	사용하는 계정과목	유의점·세무상의 요점	관계법령
7. 대 손 충 당 금 (제)		대손충당금 Expense, Provision for Bad Debt	• 다음 각 호의 금융기관 등을 제외한 내국법인의 해당 사업연도 종료일 현재의 외상매출금·대여금 기타 이에 준하는 채권의 합계액의 100분의 1에 상당하는 금액을 한도로 하여 대손충당금을 설정, 손금에 산입하게 되는 것이다. • 다음 각 호의 금융기관 등에 해당하는 법인(3의 법인의 경우에는 신용사업에 한함)은 직전사업연도의 대손실적률에 의하여 계산한 금액을 한도로 계산할 수 있다. ① 은행법에 의한 인가를 받아 설립된 금융기관 ② 한국산업은행·중소기업은행·한국수출입은행·장기신용은행 ③ 농업협동조합중앙회·수산업협동조합중앙회·축산업협동조합중앙회 ④ 신탁업법에 의한 인가를 받아 신탁업을 영위하는 법인 ⑤ 단기금융업법과 종합금융회사·상호신용금고 ⑥ 신용보증기금 및 농림수산업자 신용보증기금 ⑦ 보험업법에 의한 보험사업자 ⑧ 한국증권거래소의 증권사업자 ⑨ 한국신전문금융회사 및 한국금융기관 ⑩ 기술신용보증기금 ⑪ 한국수출보험공사 ⑫ 주택금융신용보증기금 ⑬ 등가대중개회사	

거래의 형태	주요거래의 내용	사용하는 계정과목	유의점·세무상의 요점	관계법령
7. 매출 〈 〉 제 출 목 관 계 ( )			⑭ 중소기업경영투자회사 〈대손실적률의 산식〉 직전 사업연도의 대손실적률 = 직전 사업연도 중도말의 채권전액의 대손금 / 당해사업연도의 현재의 채권잔액 • 충당금이란 현행 경제의 지급 또는 자산의 감소에 대한 자산의 유보액을 표시하는 채권을 말하는 것이다. 이러한 충당금은 결산 전후에 있어서 단지 경부상의 과목대체로서 설정하고 있으며, 본 결산시의 유보를 의미하며, 그 연도의 비용이라 할 수 없다. 그리고 충당금은 손실에 설정되며, 일종의 부채계정이라 할 수 있다. 또한 충당금은 손익계산을 확정하기 전에라도 계상할 수 있으므로, 결손이 생긴 경우에 이서도 설정할 필요가 있는 것이다. 대손충당금은 이미 자산의 가격에 변동이 있었던 사실을 명료하게, 체계적으로 표시하기 위하여, 그 자산계정에 대한 공제계정으로서 설정되는 평가성 충당금이라 하겠다. 이러한 대손충당금은 외상매출금, 대여금, 받을어음, 미수금, 선급금 등의 채권에 대하여 현실적으로는 회수불능 등이 발생하지 아니하였으나, 앞으로 발생될 대손을 예상하여, 과거의 경험 등을 기준으로 당기 전액에 대하여 일정률을 승하여 대손견적(예정)하여 그 가결 비용(대손으로) 계상함과 동시에 채권에 대한 평가계정으로서 대손충당금을 설정하는 것이다.	

거래의 형태	주요거래의 내용	사용하는 계정과목	유의점·세무상의 요점	관계법령
7. 매출(판매)(계)			· 이와 같이 대손충당금을 설정하여 대손충당금의 환입을 비용으로 계상하는 부적절한 기간적 수익과 비용의 대응을 피하기 위해서라 하겠다. 즉 기말에 외상매출금, 대여금, 받을어음, 미수금, 선수금 등의 채권에 대하여 차기에 대손이 현실적으로 발생하였을 때 이것을 발생시킨 연도의 수익에 대응한 손실로 하는 것이 아니고, 이 채권이 발생한 연도의 수익에 부담시켜야 한다는 원칙에서 볼 때 대손이 발생 예측되는 그 채권의 설정연도에 계상하게 되기 때문에 대손충당금을 계상하는 것이다. · 이러한 대손충당금은 그 후 차기에 전기에서 이월된 채권에 대하여 확실하게 대손이 발생하였을 경우 그 대손금은 이미 계상된 대손충당금과 상계하여 처리하여야 하며, 차기 중 당해 사업연도에서 대손이 확인되지 않은 대손충당금은 환입으로써 이를 익금에 산입하게 되는 것이다. · 대손충당금을 설정하는 방법으로서는 <제1방법> 전기의 대손충당금이 당기에 매출채권의 실제 대손액보다 많았을 때 그 잔액을 대손충당금의 단순합계액으로 처리하고 소정의 계상방법에 의하여 대손충당금을 설정하는 방법 <제2방법> 전기의 대손충당금 과대계상액을 당기말에 계상된 대손추산액에서 차감한 잔액만을 설정하는 방법 <제3방법> 전기의 대손충당금 과대계상액은 그대로 두고 설정하여 누적계상하는 방법 등이 있으나, 제1방법이 가장 합리적이라 하겠다.	

거래의 종류	주요거래 내용	사용하는 계정과목	유의점·세무상의 요점	관계 법령
7. 대손〉매출관계			대손충당금에 대한 회계처리는 다음과 같다. ① 대손충당금을 계상할 경우 　(차) 대손상각　×××　　(대) 대손충당금　××× 〈계산 예〉 결산시는 외상매출금 3,000,000원에 대하여 1%의 대손충당금을 기말결산시에 설정한다. 　(차) 대손상각 30,000　　(대) 대손충당금 30,000 ② 현실적으로 대손이 발생한 때 　대손충당금을 계상하였을 경우에 있어서는 발생한 대손금은 이미 계상되어 있는 대손충당금과 먼저 상계하여야 한다. 　(차) 대손충당금　×××　　(대) 매출채권　××× 〈계산 예〉 그 기의 중간에 가서 실제로 대손이 25,000원 발생하였다. 　(차) 대손충당금 25,000　　(대) 매출채권 25,000 ③ 현실적으로 대손이 발생한 때에 계상되어 있는 대손충당금보다 대손이 적을 경우에 있어서 이미 계상되어 있는 대손금이 적을 경우에 있어서 회계처리는 다음과 같다. 　(차) 대손충당금　×××　　(대) 매출채권　××× 　　　　　　　　　　　　　　　　대손충당환입　××× • 대손충당금으로서 손금에 산입한 금액이 다음 사업연도에서 대손이 확정되어 이를 차감하고 남은 금액에 대하여서는 다음 사업연도의 익금에 산입한다.	

거래의 형태별	주요거래의 내용	사용하는 계정과목	유의점·세무상의 요점	관계 법령
7. 매 〈 매 출 〉 출 관 계 ( )			• 대손충당금환입액은 기업회계에 있어서는 당기영업주의 하에 해당되므로 기간손의계산서에서는 체외되어 이월이익잉여금의 증가액이 된, 포괄주의 하에 있어서는 특별이익으로 처리하게 된다. 세무회계에 있어서는 기간계산득령의 원칙에 따라 다음 사업연도의 익금에 산입하게 된다. 그러므로 대손충당금 전액을 환입시키고 동시에 당해 사업연도의 체권에 대한 대손충당금을 다시 계상하여야 하는 것이다. 〈계산 예〉 대손충당금 30,000원을 설정하여 계상하였을 경우 (차) 대손충당금 39,999 (대) 대손충당금환입액 5,000 손금은 25,000원일 경우 (차) 대손충당금 ××× (대) 매출채권 25,000 대손금 ××× 대손충당금환입액 5,000 ④ 현실적으로 대손이 발생한 때에 다음과 같다. (차) 대손충당금 ××× (대) 매출채권 ××× 대손금 ××× 〈계산 예〉 대손충당금으로 30,000원을 계상하였으나 실지 대손금은 35,000원일 경우 (차) 대손충당금 30,000 (대) 매출채권 35,000 대손금 5,000 ⑤ 대손으로 확정되어 상각한 채권이 회수되었을 경우 〈분 개〉	

거래의 신대방	주요거래의 내용	사용하는 계정과목	유의점·세무상의 요점	관계법령
7. 매 출 · 매 출 값 (계 속)			(차) 현금및현금성자산 ××× (대) 상각채권추심이익 ××× 이 경우 회수된 대금상각채권추심이익은 그 회수된 날이 속하는 사업연도의 익금에 산입하게 된다. <계산 예> 대손금으로 처리한 금액 중 5,000원이 현금으로 회수된다. (차) 현금및현금성자산 5,000 (대) 상각채권추심이익 5,000 ⑥ 대손충당금을 계상하였으나, 대손이 발생하지 아니하였을 경우 (차) 대손충당금 ××× (대) 대손충당금환입이 ××× 이 경우 계상된 대손충당금은 전액 환입시키고(대손충당금환입이) 다시 대손충당금을 설정하여 손금으로 제상, 산입하게 될 것이다. 이에 대손충당금에 사업연도의 소득금액계산상 익금에 산입하지 아니한다. <계산 예> 전기 말에 대손충당금 30,000원을 설정 계상하였으나, 대손단지 아니하여 당기에 의상매출금 2,000,000원에 대하여 1%를 대손충당금 설정하다. (차) 대손충당금 30,000 (대) 대손충당금환입이 30,000 (차) 대손상각 20,000 (대) 대손충당금 20,000	
	7-72 소비세의 매출가 산	개별소비세	• 주류, 자동차, 전기제품 등에 대하여서는 제조장으로부터 출고하거나, 제조장에서 반출하는 경우, 주세와 특별소비세가 과세된다. 이것은 일종의 소비세도서 물품을 소비하는 자가 부담하게 되는 간접세인 것이다. 판매자는 이것을 상품 대금에 포함시켜 회수하여 정세산은 판매자로 하여금 납세시킴으로써, 판매자는 이것을 상품 대금에 포함시켜 회수하여	

거래의 선택방	주요거래의 내용	사용하는 계정과목	유의점·세무상의 요점	관계법령
7. 매출 (제·목)·(판·출)·(관·계)			틀 피하게 되는 것이다. • 개별소비세에 있어서는 제조장 또는 판매장내에서 사용되거나, 소비된 때, 제조장 또는 판매장내에서 과세물품이 아닌 물품의 원료에 사용된 때, 과세물품의 제조장 공매, 경매 또는 파산절차로 환가된 때, 과세물품을 제조장 또는 판매장에 반출하는 때에 있어서도 이를 제조장에서 반출하거나, 판매장에서 판매한 것으로 보는 것이다. • 그러므로, 공장 재고도 원가로 이월되거나 영업소의 그것은 재포함된 것으로 평가하게 된다 하겠다. • 또한 개별소비세의 납세의무가 있는 자는 매월 제조장에서 반출하거나, 판매장에서 판매한 물품의 수량과 가격을 기재한 신고서를 익월 10일까지 정부에 제출하여야 하며, 매월분을 익월 말일까지 정부에 납부하여야 하는 것이다. • 판매하지 아니한 제품에 대한 사정별 또는 만들별의 주세, 기타 소비세의 미납부은 소득금액계산상 손금에 산입하지 아니하는 것이다. • 제품가격에 그 세의 상당액을 가산한 경우에 있어서는 그러하지 아니하며 다음과 같이 분개를 행한다.	

거래의	주요거래의	사용하는	유의점·세무상의 요점	관계
선대방	내용	계정과목		법령
7. 목			(차) 개 별 소 비 세 ××× (대) 특별소비세미지급 ×××	
적			그리고 개별소비세를 납부하게 되면	
세			(차) 개별소비세미지급 ××× (대) 현금및현금성자산×××	
(목			으로 회계처리하게 된다.	
적				
세				
관				
계				
)				